« Lève-toi et marche »

Jacques Arnould

Jacques Blamont

« Lève-toi et marche »

Propositions pour un futur de l'humanité

Odile Jacob

15, RUE SOUFFLOT, 75005 PARIS

www.odilejacob.fr

ISBN : 978-2-7381-2240-7

Prologue

par Jacques Blamont

Ayant consacré ma vie à l'exploration spatiale, j'ai constaté que s'écoulaient dix-huit ans à peu près entre une de mes propositions de recherche et sa réalisation, dans le meilleur des cas, c'est-à-dire quand le projet parvenait à son terme. J'ai participé à sept expéditions successives vers Mars, qui ont toutes échoué… Avec un taux de mortalité de 90 % affectant mes idées, il fallait mener de front beaucoup d'affaires.

Si l'énergie ne me manque pas encore, le temps dont je dispose se rétrécit ; j'ai dû trouver un mode d'action au résultat plus rapide, et me suis rabattu sur l'écriture. J'ai ainsi publié quatre livres en dix-sept ans, donc un tous les quatre ans, délai compatible avec mon espérance de vie. En 2004 cette durée m'a paru beaucoup trop longue, et j'ai repris une fantaisie abandonnée depuis 1977, la peinture à l'huile : un projet dans ce domaine parvient à son terme en quelques semaines, voire quelques jours, car il dépend seulement de celui qui tient la brosse. Retiré pendant une bonne partie de l'année dernière dans ma thébaïde bien-aimée de Saint-Martin d'Uscladelles (ne cherchez pas sur la carte), j'ai barbouillé une demi-douzaine de toiles. Un octogénaire plantait…

L'une d'entre elles s'intitule *Notre-Dame du développement durable*, peinte du 4 au 30 août 2006 avec une double inspiration : d'une part quelques dessins remontant au début des années 1960, crayonnés pendant les séances de comités divers en réminiscence de Piero della Francesca et représentant des anges musiciens ; d'autre part une photographie restée dans ma mémoire depuis la même époque, où l'on voyait un petit tuberculeux mourant dans les bras d'une infirmière.

Après l'avoir terminé, je montrai l'objet à la femme de ménage. Elle en eut si peur qu'elle ne put dormir la nuit suivante. Le tableau suscitait donc une émotion. Je me suis avisé qu'il trahissait une inflexion dans mon indifférence habituelle à ce qui n'est pas quantitatif et, non sans hésitation, j'ai osé en donner une reproduction photographique au Très Réverend Père Jacques Arnould, dont le bureau avoisine le mien au Centre national d'études spatiales. Je n'avais encore jamais laissé voir aucune de mes croûtes à personne, sauf à quelques membres de ma famille.

Voici la réponse de Jacques Arnould au tableau.

Cher Monsieur,

Je reviens enfin à votre tableau et écris de vive plume les pensées qui me traversent l'esprit en le regardant.
Le monde est en feu, disait Thérèse d'Avila. Et vous-même ne le dites-vous pas, à longueur de pages et de conférences ? Où sont les pompiers, les secours ? Personne ne se tourne vers la maison assaillie par les flammes. Le bœuf et l'âne (nous représenteraient-ils, nous les humains, devenus « bêtes à manger du foin » ?) regardent de leurs yeux mi-clos une autre scène, mélange étrange d'une nativité et d'une pietà. La Vierge a pris le voile de la bonne sœur, l'enfant Jésus a les traits d'un enfant africain et affamé. La sœur a un drôle de regard presque aveugle, comme les deux animaux. On pense à *L'Annonce faite à Marie* de Claudel, mais on sait que la femme ne pourra ressusciter le petit squelette à peine capable de crier. Notre humanité aussi ? Deux pots (un lys, une rose ? Encore des symboles religieux forts. Virginité ou stérilité ?), trois anges (eux aussi des figurants pour occuper le fond de scène comme le feraient des vases ?). Mais ce ne sont pas des anges de l'Apocalypse : leurs instruments sont ceux du plaisir, de la cour, pas de champs de bataille et d'extermination. Pour qui jouent-ils puisqu'ils ne sonnent pas le glas ? Et cette balustrade, prétentieuse comme le carrelage blanc et noir. Et si tout cela n'était finalement qu'une mise en scène ? Pour quoi faire alors ? Juste pour nous faire peur, nous

attendrir ? Où est le piège ? Décidément, on ne donnerait pas le bon Dieu sans confession à cette étrange sœur…

Un dialogue naissait entre nous ; il me vint à l'esprit que nous pourrions le prolonger en abordant ensemble les préoccupations qui m'ont conduit à écrire *Introduction au siècle des menaces*[1]. La pratique des affaires spatiales introduit à la réflexion stratégique, et c'est pourquoi il m'avait paru légitime d'analyser l'évolution du monde dans un texte éclairé par des connaissances scientifiques et techniques. Longtemps après l'avoir conçu, j'ai hésité à l'entamer, parce que je n'apercevais aucune solution aux crises vers lesquelles se dirige l'humanité, et qu'il me paraissait impossible de laisser l'éventuel lecteur inquiété par mes thèses, sans le rassurer par une pensée positive. Je m'y suis pourtant résigné. Depuis la publication de ce livre, les événements et en général l'évolution du monde ont

1. Odile Jacob, 2004.

conforté mes analyses. Convaincu désormais que la seule manière d'infléchir une évolution dangereuse repose sur un changement d'éthique, j'ai proposé à Jacques Arnould de confronter nos points de vue sous forme d'une *disputatio*.

1

Inventaire[1]

Si tu crois aux lendemains qui chantent, lecteur, comme ton père et son père, prends connaissance de l'état actuel de la démographie, de l'économie et du niveau des ressources naturelles disponibles, et tu changeras sans doute d'avis.

Les tendances sont des menaces

JACQUES ARNOULD – Pour entamer notre dispute, notre débat, j'aimerais que nous fissions le point sur l'état du monde ; vous êtes à même de le faire mieux que moi, je vous écouterai donc. En 2004, vous avez publié un ouvrage intitulé *Introduction au siècle des menaces*, dans lequel vous dressiez un inventaire particulièrement noir de la situation de nos sociétés et de notre planète. Cinq ans plus tard, comment la voyez-vous ? Dans quelle direction, dans quel sens a-t-elle évolué ? Sommes-nous aujourd'hui plus menacés encore ? Bref, quel nouvel inventaire dressez-vous aujourd'hui ?

1. Les idées présentées dans ce premier entretien résument l'analyse plus complète contenue dans le premier Document figurant en annexe (voir *infra*, p. 203-275) ; sa lecture préliminaire est recommandée.

JACQUES BLAMONT – En 1971, le célèbre rapport du Club de Rome a émis l'idée que si l'humanité maintient son double objectif d'accroître la population en même temps que le niveau matériel de chaque individu, elle ne manquera pas d'atteindre l'une ou l'autre des nombreuses limites de notre écosystème. Cet avertissement n'a pas été écouté, et les prévisions de ses modèles ont été tournées en ridicule, tant par la découverte de nouvelles réserves naturelles que par le progrès scientifique et technique. Ainsi, la philosophie productiviste, qui consiste à promouvoir l'augmentation permanente de la production des biens matériels grâce à l'exploitation maximale des ressources offertes par le globe, cette philosophie productiviste a triomphé.

J. A. – Pouvait-il en être autrement ? Nos sociétés n'étaient-elles pas alors en pleine euphorie, persuadées ou se persuadant que rien ne pouvait arrêter leur progrès ? La première crise pétrolière nous a frappés après le rapport du Club de Rome... L'année suivante a eu lieu la première conférence mondiale consacrée à l'environnement ; je ne crois pas que le rapport préliminaire, rédigé par Barbara Ward et René Dubos, ait eu plus d'impact ; et, pourtant, il mentionnait tous les dangers auxquels nous sommes aujourd'hui réellement confrontés !

J. B. – Sans doute avaient-ils sonné l'alarme trop tôt. Les bases du rapport du Club de Rome restent correctes, même si, depuis, des évolutions nouvelles sont intervenues qui doivent désormais être prises en compte dans les analyses.

J. A. – Ce qui est donc navrant, c'est le retard que nous avons accumulé dans notre prise de conscience des menaces, c'est notre incapacité à tenir compte de tels avertissements, pourtant intelligemment lancés. Faut-il y voir, comme le prétendent certains analystes contemporains, une sorte de fatalité, je veux dire un comportement humain en fin de compte très habituel ? Quoi qu'il en soit, pouvez-vous me préciser les évolutions auxquelles vous venez de faire allusion ?

J. B. – La première est l'urbanisation rapide et l'entassement des populations dans des zones de misère.

Raisonnons, si vous le voulez bien, comme je le fais d'habitude, en distinguant les pays industrialisés ou développés dont le citoyen dispose de plus de 50 euros par jour et par tête, et les pays pauvres « en développement » où la ressource quotidienne est de quelques euros par tête. Les pays en développement constituent 77 % de la population mondiale et vivent avec 15 % du PIB.

La population mondiale, aujourd'hui de 6,6 milliards d'âmes, atteindra au moins 9,2 milliards à partir du milieu du siècle. Les 3 milliards de nouveaux habitants proviendront des pays en voie de développement.

Chaque semaine dans le monde 1,3 million de gens quittent la campagne pour la ville (70 millions par an) ; en conséquence, on estime à 80 % de la population mondiale la proportion qui sera urbanisée au milieu du siècle ! Dès 2008, les zones urbaines sont désormais plus peuplées que les rurales. Faut-il préciser que les nouveaux citadins s'installent à peu près tous dans un bidonville ?

J. A. – Je sais que vous êtes très sensible à ce développement des bidonvilles et nous aurons l'occasion d'y revenir dans une perspective plus sociale et politique que géographique et démographique. Autant de raisons pour que nous nous mettions d'accord sur ce que nous entendrons par ce terme.

J. B. – Je vous propose d'utiliser la définition des Nations unies : un bidonville est une zone urbaine où la majorité des habitants occupent des constructions faites de matériaux non permanents, des constructions surpeuplées, privées d'eau potable et de sanitaires adéquats. Aujourd'hui, c'est plus de 1 milliard d'âmes, soit un tiers de la population urbaine, qui vivent dans de telles conditions ; en 2050, la proportion pourrait dépasser la moitié, c'est-à-dire concerner plus du tiers de l'humanité !

J. A. – Une telle évolution est certes dramatique ! Elle pose une multitude de questions : l'existence en ville, qui plus est dans des bidonvilles, est-elle réellement préférable à celle à la campagne ?

Pourquoi ces mouvements d'exode rural ? Que signifient-ils, que cachent-ils du point de vue socio-économique, mais aussi écologique ? Notre humanité n'a-t-elle pas besoin des campagnes pour se nourrir ? Nous avons vite l'impression que la fuite des campagnes et le développement des villes cachent une crise plus grave encore, dans le rapport de l'humanité à sa planète, à ses ressources naturelles ; vous l'expliquez en particulier par des rapports de productivité entre les pays pauvres et les pays industrialisés qui poussent les premiers à importer les denrées alimentaires produites (et éventuellement subventionnées) par les seconds[1] ! Il y a quelque chose de détraqué qui fait penser qu'une menace alimentaire aggrave celle liée à l'évolution démographique.

J. B. – Nous sommes là confrontés aux conséquences et aux limites du modèle productiviste. Aujourd'hui, 1 milliard de personnes habitant les pays en voie de développement ont une alimentation insuffisante. Alors que l'humanité compte 6 milliards d'individus, nous pouvons nous demander si elle peut produire assez de biens et de services pour 9 milliards en 2050, et quelles sont les voies de l'agriculture qui sauront répondre aux besoins. Après la Seconde Guerre mondiale, on a craint une crise alimentaire ; elle ne s'est pas produite, grâce à la révolution verte qui a permis à l'Asie d'atteindre l'autosuffisance. Mais comment nourrir bientôt nos 9 milliards ? Il faudrait augmenter la production globale de 2 % par an pour éradiquer la malnutrition et remplir les nouvelles bouches ; mais nous savons que la répartition est inégale entre les différentes régions. Philippe Collomb[2] a estimé les besoins alimentaires en 2050 : l'Asie et l'Amérique du Sud devront doubler leur production et l'Afrique la quintupler ! C'est donc vers un progrès important dans les rendements qu'il faudra aller. Or les techniques utilisées par la révolution verte ont déjà montré leurs limites en termes économiques et environnementaux.

1. Voir p. 57.
2. Voir note p. 219.

J. A. – Vous pensez à l'inégale répartition des gains de production ?

J. B. – Pas seulement. Force est de constater que la révolution verte a bouleversé la vie des paysans, tout en assurant effectivement la subsistance des populations, par exemple en Asie, avec beaucoup moins de succès en Afrique il est vrai. Le plafonnement suivi d'effets pervers qui caractérise toute technique productiviste se fait sentir. De par son succès même, la révolution verte devient un vrai facteur de fuite vers les villes. De plus, elle provoque ou accélère l'érosion des sols, ce qui entraîne une baisse des rendements ; il faut aussi admettre que le recours à l'irrigation ou à l'agriculture pluviale a des limites. Sans oublier la déstabilisation de structures sociales parfois millénaires, qui a nourri l'explosion des naissances, l'urbanisation, la perte de pouvoir social, déchaînant un nouveau cycle d'appauvrissement et de famine.

J. A. – En vous écoutant, l'ancien agronome que je suis pense évidemment aux techniques plus innovantes que le seul recours aux engrais et aux pesticides ! Même si le dossier est extrêmement sensible, il paraît difficile désormais d'écarter totalement et définitivement le recours au génie génétique. Qu'en pensez-vous ?

J. B. – Il s'agit, à terme, d'opérer un véritable changement de paradigme, en passant de la chimie à la biologie pour assurer cette indispensable augmentation des rendements, puisque les surfaces cultivables ne sont pas extensibles au-delà d'une dizaine de pour cent. Malheureusement, personne ne connaît les éventuelles conséquences d'un recours massif aux OGM.

J. A. – Nous venons d'évoquer rapidement les thèmes de l'urbanisation et de l'alimentation. Puisque nous en sommes encore au stade de l'inventaire, faisons le point sur les ressources en eau.

J. B. – Vous le savez déjà : la répartition de la population mondiale ne coïncide pas avec la disponibilité de l'eau. Aujourd'hui, 1 milliard d'individus, chiffre sans précédent, n'ont pas accès à un point d'eau potable ; 2,6 milliards ne disposent pas d'assainissement ; 3 milliards n'ont pas de robinet chez eux. Aux régions déficitaires en eau pour des raisons physiques (j'entends que les prélèvements y sont supérieurs à 75 % des ressources), s'ajoutent celles qui le sont pour des raisons économiques par manque de moyens pour exploiter la ressource. Si les 3 milliards d'hommes à naître d'ici 2050 s'entassent, comme nous le pensons, dans des zones déficitaires, on peut craindre qu'alors la moitié de l'humanité ne se trouve en situation de pénurie, où sont déjà 26 pays. Par exemple, en Afrique du Nord et dans le Proche-Orient, on estime qu'à l'horizon 2050, la quantité d'eau potable disponible par tête, déjà insuffisante, sera divisée par deux.

J. A. – Et la question sous-jacente à laquelle nous ne saurons sans doute pas répondre est la suivante : verrons-nous l'émergence et le développement de « guerres de l'eau », comme il existe déjà des guerres pour les ressources énergétiques, comme le pétrole ?

J. B. – L'évolution de la situation énergétique est en effet inquiétante elle aussi. Au rythme de son augmentation actuelle, la demande mondiale en énergie aura doublé en 2050. Et nous savons que la production est assurée aujourd'hui à 90 % par des combustibles fossiles (40 % pour le pétrole, 20 % pour le gaz et 25 % pour le charbon), qui ne sont pas des ressources inépuisables. Qu'allons-nous faire, nous qui avons fondé nos modes de vie sur leur abondance, sachant qu'elles auront disparu entre 2050 et 2150 (2075 environ pour le pétrole) ? Facteur aggravant, les pôles de production et de consommation sont distants géographiquement, politiquement et culturellement, ce qui signifie une dépendance énergétique croissante pour des régions comme l'Europe ou l'Asie, déjà de l'ordre de 80 % en 2030.

J. A. – Changeons de domaine, si vous le voulez bien, pour aborder celui de notre environnement naturel, avec le dossier bien connu de l'érosion accélérée de la biodiversité. Nous savons désormais que, depuis l'origine de la vie sur notre planète, la biosphère a connu plusieurs crises majeures, plusieurs grandes extinctions ; probablement cinq.

J. B. – Les espèces disparaissent selon deux rythmes possibles : soit en dehors des crises où leur taux d'extinction est très faible, soit pendant les crises où le pourcentage d'élimination peut atteindre 80 %. Sous l'influence de l'homme et avec l'avènement de l'ère industrielle, le taux est devenu supérieur à la tendance naturelle, au moins d'un facteur mille. Nous sommes donc les témoins et les acteurs d'une sixième extinction. Le Programme des Nations unies pour l'environnement, le PNUE, en a fait l'inventaire : un quart des espèces de mammifères est menacé, plus d'un dixième des espèces d'oiseaux ou encore 20 % des espèces de poissons d'eau douce. Permettez-moi de m'étendre sur un exemple qui résume l'attitude moderne de l'homme vis-à-vis de la biosphère.

Dans le dernier quart du XXe siècle, la pêche industrielle a commencé d'exterminer la faune des mers. Le chalut benthique non seulement attrape grands et petits poissons avant qu'ils n'aient pu se reproduire, mais de plus détruit l'écosystème des fonds océaniques, engendrant au long de son parcours une colonne verticale de mort qui se transforme en bouillie bactérienne, nourrie par des cadavres d'algues, de mollusques, de crustacés et, en général, de tous les êtres qui prospéraient ensemble. Son emploi devrait être banni, au moins dans la zone de 200 milles bordant les côtes, afin de laisser leur chance aux animaux qui s'y confinent et donc aux pêcheurs artisanaux, mais les lobbies et l'appât du gain empêchent l'adoption de tels règlements. En un an, la moitié du plancher de la mer du Nord est ravagée. Les gouvernements unis assurent la disparition rapide de la vie marine, essentiellement par leurs subventions et aussi par leur refus d'appliquer les quotas avec rigueur. Il faudrait créer des réserves où la pêche serait interdite pendant plus de trente ans, mais la surface de celles qui existent ne dépasse pas 1 % de la surface des mers et n'augmente que de 5 % par an (doublement en quinze ans), alors qu'elle devrait atteindre au moins 30 % pour parvenir à enrayer la baisse universelle des stocks ; de fait, seuls 10 % des zones protégées le sont véritablement. Avant 2050 il n'y aura plus ni poissons ni pêcheurs.

Nous n'avons qu'une connaissance limitée de la manière dont les écosystèmes menacés évolueront. Nous savons cependant qu'il existe des seuils critiques au-delà desquels le retour à l'équilibre antérieur n'est pas possible ; le basculement peut être aussi rapide qu'imprévisible. Les disparitions sont alors irréversibles. Celle des espèces préfigure peut-être celle de l'homme. Pourquoi la biodiversité est-elle si importante ? C'est qu'elle offre aux écosystèmes une assurance contre les perturbations ; grâce à elle, des processus de rétroaction ou encore de couplage peuvent intervenir pour sauvegarder des populations en danger, puisque les espèces ne réagissent pas toutes de la même manière aux crises. Voilà un domaine où l'expression « gestion de la planète » prend son sens ; malheureusement un discours ne saurait arrêter les intérêts tout-puissants qui font mourir les espèces.

J. A. – Je reconnais là une idée que vous avez développée dans votre *Introduction au siècle des menaces*, celle que nous serions parvenus à un point de discontinuité, de rupture particulièrement grave et surtout imprévisible dans ses conséquences, dans son issue. Mais, pour revenir aux questions environnementales, je suis presque aussi soucieux des changements climatiques que de l'érosion de la biodiversité : là encore, ne devons-nous pas craindre des phénomènes de désorganisation, de rupture des équilibres ?

J. B. – Inutile de s'étendre longuement sur ce que nous connaissons sous le nom de réchauffement climatique. Les émissions annuelles de CO_2 dues aux activités humaines ont doublé en cinquante ans, et produisent un effet de serre qui s'ajoute à l'effet de serre naturel ; il en résulte que, d'après les modélisations, d'ici 2100, la température moyenne de l'atmosphère au sol croîtra d'une valeur comprise dans la fourchette 1,5-4,5 °C selon les hypothèses faites quant au comportement économique de l'humanité.

L'augmentation ne sera pas un phénomène bénin, parce que l'atmosphère reçoit une importante quantité d'énergie supplémentaire dont on ne sait pas exactement comment elle se répartira entre air et mer. Son caractère le plus chargé de conséquences est qu'elle se produit très rapidement, en un temps trop bref pour permettre un ajustement en douceur des écosystèmes bien adaptés au climat actuel.

L'impact climatique de l'effet de serre s'étendra à toutes les productions, au mode de vie, à la satisfaction des besoins de base, à la santé et à l'environnement. On s'accorde à penser que les pays en cours de développement souffriront beaucoup plus que les développés.

Un rapport récent analyse région par région et cartes à l'appui l'impact des changements climatiques sur les migrations. Si aujourd'hui l'ONU comptabilise 42 millions de personnes déplacées, le dérèglement de l'environnement aura jeté sur les routes 200 autres millions de réfugiés[1] vers 2050.

J. A. – Et tout cela à cause de la boulimie énergétique humaine, du modèle productiviste que vous dénoncez !

J. B. – Le changement climatique, tout inquiétant qu'il soit, n'est qu'une des séquelles de notre comportement parmi d'autres aussi néfastes.

Modes de vie et maladies sociales

J. A. – Venons-en donc, même si nous les avons déjà évoquées précédemment, aux conséquences sociales des menaces démographiques, alimentaires, énergétiques, biologiques que vous avez rappelées.

J. B. – Un premier effet saute aux yeux, l'expansion de ce que j'appelle la vieillesse toute-puissante. En France, nous nous enorgueillissons de posséder une espérance de vie parmi les plus élevées dans le monde (84 ans pour les femmes en 2003 et 78 ans

1. *En quête d'abri : cartographie des effets des changements climatiques sur le déplacement des populations et la migration humaine*, rapport rédigé par CARE, l'Institut pour l'environnement de l'Université des Nations unies (UNU-EHS) et l'Université Columbia, présenté le 11 juin 2009 à la conférence de Bonn sur le climat, Convention-cadre des Nations unies sur les changements climatiques (UNFCCC).

pour les hommes), avec une croissance de 4 mois par an. Or la moitié des dépenses de santé consacrées à chacun pendant sa vie par la communauté nationale est consommée dans la dernière année de l'existence. Ces dépenses augmentent avec le nombre des octogénaires. Devant un doublement de la population mondiale des plus de 65 ans d'ici 2025, je n'hésite pas à dire que la vieillesse apparaît comme une des épidémies du XXIe siècle. J'entends que le poids imposé à la population productive par le maintien en vie de grabataires se répercutera en dernière analyse sur la biosphère…

J. A. – Je reconnais bien là votre propension à la provocation ! Parler de la vieillesse comme d'une épidémie, vous seul pouvez le faire. Malheureusement, comme l'actualité ne cesse de nous le rappeler, cette épidémie n'est pas la seule que nous ayons à craindre.

J. B. – Depuis 1973, une maladie infectieuse nouvelle apparaît chaque année. Cette situation est directement liée à l'accroissement démographique qui détruit les milieux naturels, et aux changements de mœurs qui en découlent, tandis que reviennent en force de grandes endémies traditionnelles qu'on avait cru pouvoir vaincre définitivement : le paludisme, la tuberculose, la fièvre jaune et le choléra. Ajoutons que la dissémination des anciennes maladies comme des nouvelles se trouve facilitée par le développement des transports. La rapidité et la globalité des déplacements entraînent le fait que les microbes ne sont plus confinés à des écosphères lointaines ou à des espèces réservoirs rarissimes ; ils font le tour de la planète en vingt-quatre heures. Le sida est l'exemple et le symbole des maladies modernes causées par nos mœurs et mondialisées. Même si nous disposons aujourd'hui d'armes puissantes qui nous ont permis de juguler récemment l'expansion du SRAS et de la maladie de Creutzfeldt-Jacob, on doit s'attendre à une crise mondiale en ce qui concerne les maladies infectieuses. J'ai écrit que le XXIe siècle serait l'ère classique des épidémies.

J. A. – Et je ne vois guère d'arguments à opposer à votre constat ! Avec lui s'achève notre rapide inventaire. Pouvons-nous en tirer une première conclusion ?

J. B. – Je tiens d'abord à rappeler qu'après le rapport du Club de Rome, la sonnette d'alarme a été tirée une nouvelle fois, par des scientifiques, lors d'un sommet à New Delhi en octobre 1993. Les représentants de cinquante-sept académies des sciences ont cosigné un manifeste dont la conclusion était la suivante : « L'humanité s'approche d'une crise créée par le couplage des problèmes de la population, de l'environnement et du développement. » Couplage : un mot que j'ai déjà utilisé précédemment et qui définit l'originalité de la situation au XXIe siècle. Pour modifier l'évolution, il faudrait agir sur tous les facteurs à la fois et, en particulier, sur la pression qu'impose à la nature le développement des pays émergents ou des pays pauvres, alors que la doctrine politiquement correcte veut qu'on les aide à augmenter leur consommation, puisque leurs droits sont considérés comme égaux à ceux des pays industrialisés.

J. A. – Mais que penser alors de la notion de développement durable, désormais répandue, mais pas nécessairement bien comprise ?

J. B. – Pour moi, il s'agit du dernier avatar de la pensée productiviste, puisqu'elle prétend promouvoir l'augmentation du niveau de vie d'une population, tout en préservant les ressources disponibles pour les générations futures. Dans « développement durable », il y a développement, c'est-à-dire croissance. Et la croissance est l'objectif affiché de tous les gouvernements sans exception. Klaus Schwab, président exécutif du World Economic Forum, ou club de Davos, qu'il a fondé en 1971, a ouvert la réunion de 2009 où se sont retrouvés 43 chefs d'État ou de gouvernement, y compris le Russe Poutine et le Chinois Wen Jiabao, et 1 400 dirigeants des plus grandes entreprises, en énonçant des principes pour sortir de la crise financière et économique dont voici le cinquième[1] : « Une grande opportunité existe pour engendrer une nouvelle vague de croissance économique fondée sur des technologies, des produits

1. *International Herald Tribune* , 28 janvier 2009.

et des services répondant directement aux besoins sociétaux en éco-efficacité, santé, transport et gouvernance des gens. » Consensus pour une panacée... Mais la croissance, voulue partout rapide et forte tant chez les développés que chez ceux qui veulent les rattraper, ne permet pas la préservation recherchée des ressources... ce que sous-entend l'adjectif durable. Or nous ne disposerons pas de technologie de substitution utilisable avant des décennies, et la pratique des pays émergents est calquée sur la nôtre. Qu'on vante des produits dits verts, c'est-à-dire moins gourmands, est de bonne guerre et qu'on les fabrique une nécessité. Diminuer notre ponction des ressources naturelles s'impose, et les politiciens commencent à en parler sérieusement ; mais, en réalité, les quelques économies de consommation que pourrait accepter notre système globalisé sont négligeables devant l'accélération imposée par les nouveaux venus. Dans l'état actuel des ressources naturelles, je le répète, aucun mode de développement ne peut aujourd'hui être appelé durable, ni dans un seul pays ni sur notre planète commune à tous ; qu'en sera-t-il lorsque la Terre comptera 9 milliards d'habitants ? Prétendre posséder la recette de la durabilité est donc une illusion ; l'exploitation forcenée de la nature continuera à un rythme de plus en plus rapide.

Un premier message

J. A. – Vous me disiez que les faits, les évolutions ont confirmé les conclusions de votre livre, publié en 2004...

J. B. – Je continue en effet à penser qu'une « singularité » dans l'histoire se produira au milieu de ce siècle, lorsque l'addition des pénuries en nourriture, en eau, en énergie, en combustibles fossiles engendrera des conflits où l'emploi des armes de destruction massive se généralisera. Et savez-vous pourquoi les défenses dont nous disposons se révéleront peu efficaces ? Parce que les menaces sont de nature horizontale et les parades de nature verticale ! Je veux dire que les déséquilibres démographiques, l'épuisement des ressources naturelles, le réchauffement climatique, la constitution des réseaux activistes comme le cartel de la drogue ou Al-Qaida possèdent une nature hors frontières et présentent à l'humanité entière une confrontation à l'échelle mondiale. À l'inverse, les politiques de contrôle de croissance, la maîtrise des productions minières ou agricoles, la formation des élites, la défense, la recherche scientifique en physique nucléaire ou en biologie ont une nature étatique ou semi-étatique et se présentent comme des moyens disponibles à l'échelle nationale. Comment voulez-vous que ces solutions aient une quelconque efficacité : les mathématiciens savent que le produit de fonctions orthogonales est nul !

J. A. – Je trouve votre conclusion plus noire encore que celle de 2004 ! Et pourtant, nous avons décidé de nous rencontrer pour envisager d'éventuelles voies de sortie, d'éventuelles solutions ! Avant de nous y engager, voudriez-vous ajouter encore quelque chose ?

J. B. – Oui. Le diagramme qui suit décrit l'évolution de la démographie humaine depuis le néolithique.

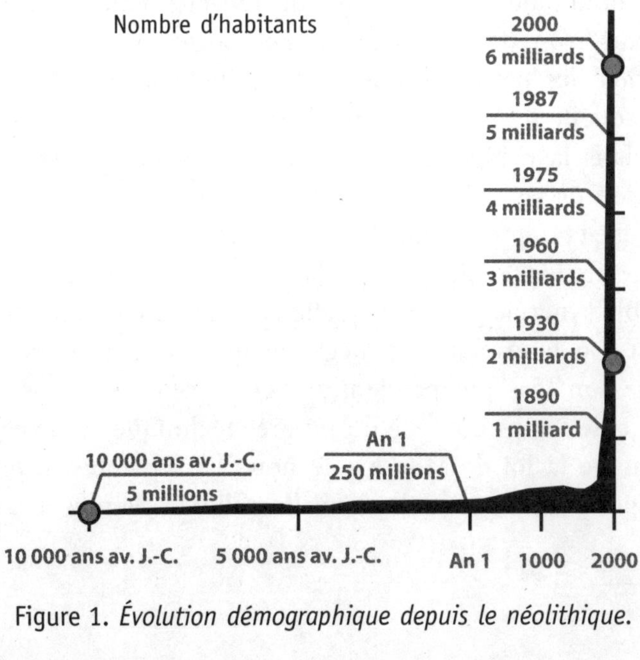

Figure 1. *Évolution démographique depuis le néolithique.*

Cette représentation montre quelle catastrophe géologique subit la biosphère depuis le début de l'ère industrielle. Avec une forte probabilité, la courbe se renversera pour décroître peut-être beaucoup plus vite qu'elle n'a crû.

Et que signifie une chute brutale de la population ?

Permettez-moi de me départir pour un instant d'une analyse purement factuelle pour avouer ma conviction que la biosphère évolue depuis sa création en établissant des équilibres entre ses constituants multiples, et qu'elle n'a jamais toléré et ne tolérera pas la domination d'une espèce, comme celle que le prédateur *Homo sapiens* impose à l'ensemble des règnes animal, végétal et minéral. En exerçant une hégémonie brutale, sans frein, sur tous les êtres vivants, et en s'appropriant les ressources de la planète pour les prodiguer au jour le jour, il crée des instabilités qui se nourrissent les unes des autres. Les espèces dominantes ont toutes fini par succomber à l'anomalie même qui permettait leur suprématie. L'espèce humaine sera bientôt confrontée à une sorte de rébellion inorganisée de la nature, qui se manifestera sous la forme d'attaques sur de nombreux fronts.

Sans doute notre ingéniosité devrait-elle nous permettre de parer sans trop de dommages à *une* sorte de danger ; c'est la *conjonction* des périls grandissant simultanément de toutes parts contre laquelle il nous sera difficile de nous défendre. Les conflits armés, dans la perspective inévitable d'un recours aux armes de destruction massive, l'expansion d'épidémies favorisée par la mondialisation, et l'épuisement des ressources naturelles consécutif à la surpopulation et au pillage de la Terre conspireront en une redoutable synergie grâce à laquelle la biosphère donnera un coup d'arrêt à son bourreau. Les mégatendances que nous avons évoquées ne sont pas indépendantes. Toutes ces évolutions, dont la constante de temps est celle du progrès technique, donc égale aux deux ans de la loi de Moore[1], ne nous laissent plus le temps de développer avant la crise de nouvelles filières, de nouveaux médi-

1. Voir p. 212.

caments, de nouvelles règles du jeu. Et cette rapidité ne nous permet pas de décrire l'avenir.

Mon message est le suivant : au vu d'une analyse quantitative des évolutions exponentielles actuelles, il apparaît que l'humanité ne peut continuer dans la voie où elle s'est engagée depuis la découverte du principe de la dynamique par Isaac Newton en 1686, cette voie balisée par la machine à vapeur, le pétrole et Internet.

Des forces qui transcendent la volonté des peuples sont à l'œuvre, et j'ai du mal à concevoir quel mécanisme pourrait arrêter la course à l'abîme. Peut-être pourrez-vous m'aider à sortir de mon sommeil dogmatique ?

2

Humanité et responsabilité

Le monde change avec une constante de temps de deux ans, dois-je m'en inquiéter ? Après moi le déluge.

Le sujet de la dispute

JACQUES ARNOULD – À vous croire, l'humanité se dirige vers une singularité essentielle de son histoire, de son propre fait mais aussi, vous l'admettrez, par suite de l'enchaînement d'événements dont elle porte la responsabilité, mais dont l'ampleur la dépasse ainsi qu'une connaissance globale. Elle ignore ce qui lui adviendra à l'horizon d'un demi-siècle. À vous croire encore (et pourquoi ne le ferais-je pas ?), il n'y aurait rien à faire. Si, par ce « faire », vous entendez un ensemble de mesures plus rassurantes qu'efficaces, malheureusement non dénuées d'hypocrisie, voire de machiavélisme, je suis prêt à partager votre conclusion : il n'y a sans doute rien à faire de cet ordre ou, pour le moins, il est inutile d'espérer trouver dans une telle démarche de véritables et efficaces réponses à tout ce qui menace notre siècle. En revanche, je suis persuadé qu'il est temps, encore et toujours temps, de nous interroger sur l'« être humain » qui, demain, affrontera ces menaces annoncées. J'y vois davantage qu'une option, bien plutôt un devoir ; feindre de l'ignorer serait, à mes yeux, plus dangereux encore que prêcher de ne rien faire.

JACQUES BLAMONT – La seule réponse que vous faites à mes chiffres, c'est qu'il est temps de nous interroger sur l'être humain qui demain affrontera les menaces prévisibles, et vous vous arrêtez là.

J. A. – Vous n'êtes pas le premier qui s'étonne d'une telle réaction ! Nous voulons tous savoir ce qu'il convient de faire ; vous-même posez la question : y a-t-il quelque chose à faire ? C'est normal et je ne nie pas qu'il faille se poser cette question. Mais nous sommes tous tentés de lui donner soit votre réponse : il n'y a rien à faire, soit celle des « *yaka* ». Vous vous élevez avec raison contre ceux qui prônent de fausses pistes, ceux qui s'étourdissent ou endorment leurs contemporains en annonçant la découverte d'un nouveau gisement de pétrole ou la mise au point d'une technologie plus performante. Mais, vous le savez, nous le savons, ils se « font » un cinéma, tout comme nous pouvons jouer à nous faire peur ou nous faire plaisir… Alors devons-nous admettre votre réponse ? N'y a-t-il vraiment rien à faire ? Vous l'avez compris : je me rebiffe face à une telle issue, je n'y retrouve pas l'humain que je découvre autour de moi, tout au long de l'incroyable odyssée de notre espèce. Cette histoire est-elle seulement faite d'actions, d'entreprises ? Évidemment non. La maîtrise du feu et des énergies, la pratique de l'agriculture, le développement moderne des sciences, que sais-je encore, n'ont pas seulement influencé le faire humain, mais aussi son être, j'entends la compréhension qu'il a de lui-même, le projet qu'il a pour lui-même et pour son espèce. N'est-ce pas là la question de l'être ? À bien y regarder, l'humanité se l'est souvent posée ; pourquoi pas nous aujourd'hui ?

J. B. – Si nous engageons la discussion dans cette voie, pourrons-nous avancer ?

Un impératif catégorique

J. A. – Craignez-vous vraiment qu'un peu de réflexion, de retour sur soi freine, gêne, empêche de prendre des décisions et de les appliquer ? Ne pensez-vous pas utile de se demander quelle humanité nous sommes en train de construire lorsque nous mettons en place telle politique sociale, tel type de production agricole ou de commercialisation, etc. ? Pourquoi ne pas tirer profit de la réflexion menée par le philosophe Hans Jonas ? Dans son *Principe responsabilité*, publié à la fin des années 1970, conscient lui aussi des menaces auxquelles notre humanité s'est elle-même soumise par suite du développement des techniques et de certains modes de vie, il énonce des impératifs catégoriques, à la manière de Kant : « L'impératif catégorique de Kant affirmait : "Agis de telle sorte que tu puisses également vouloir que ta maxime devienne une loi universelle." [...] Un impératif adapté au nouveau type de l'agir humain et qui s'adresse au nouveau type de sujets de l'agir s'énoncerait à peu près ainsi : "Agis de façon que les effets de ton action soient compatibles avec la permanence d'une vie authentiquement humaine sur terre" ; ou, pour l'exprimer négativement : "Agis de façon que les effets de ton action ne soient pas destructeurs pour la possibilité future d'une telle vie[1]." » Je suis particulièrement sensible à cette référence de l'authentiquement humain (même si elle reste encore et toujours à définir : nous aurons l'occasion d'y revenir) ainsi qu'à l'importance accordée au lien qui existe entre les humains, entre les générations. Universel et transgénérationnel doivent désormais être articulés.

J. B. – Est-ce que la notion antique de catholicité ne correspond pas à ce concept ? Dans ses premiers temps, l'Église avait aussi une vision de l'humanité entière, et c'est à elle que vous pensez.

---

1. Hans Jonas, *Le Principe responsabilité. Une éthique pour la civilisation technologique*, Flammarion, « Champs », n° 402, p. 39-40.

J. A. – C'est vrai : la vision de l'humanité, du monde que nous possédons aujourd'hui n'a jamais été aussi « catholique », autrement dit globale, universelle, mais pas nécessairement d'un point de vue religieux ! Les techniques aériennes et spatiales y sont d'ailleurs pour quelque chose, par les moyens d'observation, de surveillance, de communication, d'information qu'ils mettent à notre disposition. Joël de Rosnay parle de la « sorte de système nerveux de l'organisme sociétal construit par l'humanité à la surface de la planète ». Marshal McLuhan du « village global » et, avant eux, Pierre Teilhard de Chardin de la « noosphère ». Que notre humanité l'ait revendiqué ou qu'ils lui aient été imposés, le sentiment, l'expérience ou l'épreuve du lien qui existe entre ses membres comme entre ses générations ont progressivement envahi son horizon. Les fondements en sont anciens : les tribus et les clans. Les nations et les races ont été autant d'étapes sociales, politiques et culturelles qui ont conduit à reconnaître le caractère universel de l'être humain, de ses devoirs et de ses droits. De la même manière, le souci de survivre à travers une progéniture ou encore celui de lui laisser un patrimoine ont posé et développé les prémices du souci pour les générations futures qui occupe désormais une place reconnue au niveau même des lois. Pour autant, l'époque moderne a amplifié et, simultanément, conjugué ces soucis d'une manière tellement particulière qu'il paraît désormais difficile, voire impossible, de les ignorer. Jusque dans les réponses qu'il est possible d'imaginer face aux menaces annoncées. Désormais, nous ne pouvons plus dire : ce qui arrive en Chine, en Birmanie ou n'importe où ailleurs dans le monde ne me concerne pas. Tous les autres sont devenus des alter ego, des vis-à-vis, des égaux ! Ce qui pose évidemment la question de la responsabilité que nous avons les uns à l'égard des autres. Parce que nous savons.

J. B. – En effet, il s'est produit une globalisation, mais s'accompagne-t-elle d'une responsabilisation ? Il me semble que le contraire est vrai. L'humanité entière exploite au maximum, aussi vite que possible, les ressources naturelles pour élever le niveau de vie des populations grâce à une technologie à base scientifique d'une efficacité toujours grandissante. L'interdépendance de multiples acteurs a pour corollaire l'absence de responsabilités susceptibles d'être identifiées. Qui, des paysans ou de l'industrie chimique répond de la contamination des eaux et des sols ? Qui répond de la prolifération de l'automobile ? Qui de Tchernobyl ? La répartition des tâches dans le tissu intellectuel, politique et économique crée un réseau de complicités qui équivaut à l'innocence universelle. Chacun est cause et effet, personne n'est cause de quoi que ce soit. J'agis en mon absence. Ni responsable ni coupable. Aucune responsabilisation n'apparaît mais tout simplement l'aliénation de l'humanité organisée dans le but unique de jouir.

J. A. – C'est justement pour cette raison que la mise en garde de Jonas est pertinente ! Notre humanité ne pense pas nécessairement en termes de responsabilité et de générations futures, mais plus spontanément en termes de profit personnel ! C'est le rôle des philosophes de nous rappeler les limites d'une telle attitude. Pour autant, à côté des dangers liés à la globalisation, à la généralisation du productivisme, pourquoi ne pas constater que les moyens offerts par la globalisation peuvent aussi servir à prendre au sérieux ce principe de responsabilité ?

J. B. – Vous vous référez aux moyens pour amorcer une réflexion sur l'être. N'est-ce pas reconnaître que l'être dont vous parlez coïncide avec le faire ?

J. A. – Ou plutôt, si vous me permettez de jouer avec les mots, l'homme est trop souvent réduit à son faire, sans vraiment se fonder sur un « être », un fondement idéologique, philosophique ou religieux choisi. La Déclaration des droits de l'homme et du citoyen, du 26 août 1789, le reconnaît, lorsqu'elle énonce, dans son premier article : « Les hommes naissent et demeurent libres et égaux en droits. Les distinctions sociales ne peuvent être fondées que sur l'utilité commune. » L'égalité est un droit, non pas une évidence ; elle s'impose seulement comme un choix, une décision volontaire. L'impératif catégorique n'est pas loin, qu'il soit formulé par Kant ou encore par Jonas, car nous ne pouvons plus désormais ignorer à la fois chaque membre de l'humanité présente et l'humanité encore à venir.

J. B. – Je dis que ce faire contamine l'être.

J. A. – Absolument : c'est pour aller plus loin que j'ai trouvé intéressantes les réflexions de Hans Jonas sur la responsabilité, sur l'impératif catégorique. Je ne dis pas qu'il possède la solution, mais j'estime qu'il a bien défendu l'idée selon laquelle, une fois la situation prise au sérieux par le biais de la peur (et tout le monde n'a pas aimé sa vision catastrophiste), il n'est plus question de rester dans le flou, le souhaitable, le possible mais réellement de s'imposer une véritable responsabilité ! Je ferai seulement remarquer que Jonas n'est pas très loin de Teilhard de Chardin dans l'idée que l'histoire du vivant est marquée par l'émergence d'une conscience toujours plus grande ; mais sa conclusion, si je puis dire, est moins irénique, moins optimiste que celle du savant jésuite : il faut absolument sortir de l'idée que les sciences et les techniques n'apportent que du progrès à l'humanité.

Construire une éthique

J. B. – Tout le monde s'accorde sur le diagnostic ; maintenant, ce que je veux vous demander, c'est comment une réflexion sur l'être, non l'être d'un homme, mais l'être de l'humanité, comment peut-elle déboucher sur autre chose qu'une méditation paisible ? Moi je vous réponds que je vis dans un bidonville avec 1 euro par jour pour toute ma petite famille. Où est ma responsabilité ? Et puis je suis 3 milliards. Un philosophe dans sa tour d'ivoire proclame : voilà ce que devrait être notre impératif catégorique. Et, pendant cette contemplation, s'avance le rouleau compresseur des menaces.

J. A. – Bien évidemment, vous avez raison de ramener le philosophe à la réalité, de le sortir de sa tour d'ivoire ; mais, je le répète, pensez-vous qu'il soit possible d'entreprendre quoi que ce soit sans s'interroger en termes philosophiques, culturels ?

J. B. – Voulez-vous parler d'une éthique ?

J. A. – Oui, effectivement, d'une éthique. Si du moins nous ne réduisons pas l'éthique à un ensemble d'interdits, auxquels s'ajoutent, pour faire bonne mesure, quelques autorisations ! L'éthique est une manière de penser et d'agir, de poser la question de la finalité d'une entreprise, celle de ses moyens et celle de ses conséquences. Nous ne sortirons pas de l'idéologie du « produire plus » sans une réflexion éthique, sauf à attendre la catastrophe en se disant intérieurement : « Après moi, le déluge ! » Où et surtout comment trouver une éthique qui puisse être commune à un plus grand nombre possible d'humains ?

J. B. – À vous de me le dire.

J. A. – Je ne crois évidemment pas à une éthique qui tombe du ciel… même si nous pouvons choisir de lui donner des références religieuses. Qui dit éthique, dit concertations, débats. Je le répète : il s'agit de trouver une manière commune d'agir et de penser. Pour cela nous avons besoin de philosophes et de sages, mais aussi de politiques et d'économistes, de scientifiques et d'ingénieurs, sans exclure l'homme à 1 euro par jour ! Le XXe siècle n'a-t-il pas été le premier à être capable d'introduire une dimension internationale à la gestion des affaires humaines ? L'Unesco a ainsi tenté de formuler une bioéthique à l'échelle de l'humanité ; tâche difficile, voire impossible, je le concède, mais du moins commençons-nous à nous doter des instruments qui peuvent la rendre possible. L'un des principaux défis, me semble-t-il, est de rendre responsable. Vous évoquez les bidonvilles ; c'est là en particulier que se développent les initiatives de microéconomie ; pourquoi ne pas appliquer cette approche à nos sociétés, tellement menacées par l'assistanat et la déresponsabilisation ? Pensons aussi à l'insertion ou à la réinsertion des personnes handicapées dans la vie active ou tout simplement dans la vie sociale. Ne convient-il pas mieux de leur demander : que pouvez-vous faire pour nous ? plutôt que : que ne pouvez-vous pas faire ? Sans oublier de se demander : que pouvons-nous faire pour elles ?

J. B. – Voulez-vous revenir à l'Évangile qui nous donne les pauvres en exemple ? Dans cette perspective, les pauvres n'exercent pas de responsabilité, sauf celle de leur propre salut. Les Églises avaient mis au point un encadrement serré pour les pousser à s'en occuper. À l'instar de ce système, pensez-vous à la création de cadres pour responsabiliser les gens et les influencer, par exemple par des peurs ?

J. A. – N'est-ce pas justement ce que cherchait à faire Jonas ? Après la peur de l'enfer, qui vous pousse à œuvrer vous-même pour votre salut, voici la peur de l'avenir terrestre ! La difficulté est que, cette fois, il ne s'agit pas seulement de la sauvegarde individuelle et immédiate (autrement dit, avoir de quoi se nourrir, se vêtir, etc.) mais aussi de celle des générations futures pour lesquelles il est plus difficile de se mobiliser. L'« après moi, le déluge ! » a encore de beaux jours devant lui… Il faudrait sans doute s'interroger sur l'état du lien de chacun avec le reste de la société. Si nous prenons l'exemple de l'insertion ou de la réinsertion, nous devons d'abord constater combien est raide la pente qui mène à l'exclusion. Ensuite, comment il peut être tentant de se battre pour sortir des personnes de situations économiques, fiscales, juridiques extrêmement lourdes, en demandant qu'elles soient blanchies, exonérées de leurs diverses dettes ; mais quel lien construisons-nous ainsi avec le reste de la société ? N'oublions-nous pas un peu vite que le lien social est fait de droits mais aussi de devoirs ? Que payer des impôts, évidemment justifiés, est une manière de participer à la vie sociale ? Je ne crois pas qu'il soit possible de retrouver sa place au sein de la société à coups d'exonérations d'impôts !

J. B. – La définition du citoyen est l'appartenance à un groupe régi par un contrat entre ses membres ; vous voulez aller plus loin en lui imposant une solidarité avec ses descendants, en disant, si je vous suis bien : il faut élaborer une doctrine de responsabilité vis-à-vis de l'avenir et cette doctrine doit être vécue par tous les individus du haut en bas de l'échelle sociale et partout sur le globe.

J. A. – Parfaitement. Cela vous choque-t-il ? Ou bien préférez-vous que nous réduisions la responsabilité à ce que nous avons fait aujourd'hui dans le domaine juridique : une manière de nous en remettre à un système d'assurance, afin d'être sûrs que les victimes soient indemnisées, sans qu'une faute soit réellement déclarée, un jugement prononcé et des coupables poursuivis et condamnés ?

J. B. – Je crois comprendre que vous vous intéressez à la responsabilité collective, vis-à-vis de l'humanité. Dans la société de droit, la responsabilité se définit par rapport à une autorité. Et nous n'avons pas d'autorité mondiale. Chacun ressent parfois des responsabilités nationales, souvent des responsabilités personnelles mais elles consistent à maximiser son bien-être et celui de ses proches dans l'esprit du productivisme.

J. A. – Face à votre approche réductionniste, je suis prêt à reconnaître que les instances internationales paraissent encore faibles ; mais elles existent quand même ! Je n'ignore pas le mépris de certains responsables, de certains États à leur égard ; mais que savons-nous de leur avenir, à l'horizon d'un demi-siècle ? Si nous devons toujours rester critiques à leur égard, nous devons aussi reconnaître leurs réussites et leur accorder notre confiance. Et, je le répète, je ne puis accepter la tendance à reporter toute responsabilité au seul niveau du groupe et de la société, de la règle et de l'obligation.

J. B. – Donc vous définissez l'être humain qui devra affronter la crise d'abord par sa conscience ou sa responsabilité, mais on ne sait pas bien devant qui ni quoi.

J. A. – D'abord devant ses plus proches ! L'idée de patrimoine ou encore celle d'héritage existe d'abord à l'échelle familiale ; pourquoi nous en passer ? Regardons ce qu'il en est aujourd'hui de l'éducation des enfants : parents et enseignants se renvoient la responsabilité comme aussi d'être les références des enfants. Or ce niveau est primordial. Ensuite viennent les références sociétales, juridiques, politiques, religieuses, avec leurs garants. La plus fragile, nous venons de le dire, est celle qui se situe à l'échelle internationale ; pour moi, il n'y a là rien d'étonnant car c'est elle la plus récemment acquise, conquise par l'humanité. Mais il existe tout de même un tribunal international ! Comment oublier la manière dont notre espèce a su répondre à cette question de l'existence des autres qui suit décidément notre humanité comme son ombre. Son histoire, c'est celle d'alter devenus, progressivement et le plus souvent laborieusement, d'autres nous-mêmes, des alter ego. Du clan à l'ONU et à l'Union européenne, des alliances tribales aux traités de désarmement Ouest-Est, l'espèce humaine est ainsi parvenue à se constituer en un vaste groupe d'alter ego, où chacun est déclaré posséder les mêmes droits et les mêmes devoirs ; je viens de le rappeler. Je n'oublie pas pour autant le massacre des populations indigènes du Nouveau Monde, ni les entreprises esclavagistes, ni les crimes contre l'humanité qui noircissent nos mémoires et nos journaux, même les plus récents. Vous m'y avez rendu attentif. Je n'oublie pas non plus que, si nous avons géographiquement fait le tour de la question de l'autre en humanité (les chances de découvrir de nouvelles populations humaines sont désormais extrêmement réduites), nous ne l'avons pas encore fait au plan de la chronologie, du déroulement de chaque existence humaine : quel statut accorder à ces autres, lorsqu'ils ne sont pas encore tout à fait des personnes ou lorsqu'ils ne le sont plus vraiment ? Aux seuils de la vie, les ombres de l'avortement et de l'euthanasie se font parfois menaçantes : mais c'est là aussi où la question de la valeur de la personne comme de l'espèce humaine se fait la plus pertinente.

Il y a du religieux là-dessous

J. B. – Dans ce que vous venez de dire se cache, il me semble, une référence religieuse. Cette « valeur de la personne comme de l'espèce humaine », qui me paraît assez nébuleuse, n'est-elle pas liée dans votre esprit à l'idée biblique selon laquelle Dieu a créé l'homme à son image ?

J. A. – C'est là en effet le cœur de l'anthropologie et de la foi chrétienne, voire judéo-chrétienne. Je vous rappelle ce verset, l'un sans doute des plus connus de la Bible : « Dieu créa l'homme à son image, à l'image de Dieu il le créa, homme et femme il les créa. Dieu les bénit et leur dit : "Soyez féconds, multipliez, emplissez la terre et soumettez-la ; dominez sur les poissons de la mer, les oiseaux du ciel et tous les animaux qui rampent sur la terre[1]." » Inutile de nous appesantir sur la fascination que ce passage a exercée et exerce encore non seulement sur les penseurs, mais aussi sur les artistes : n'invite-t-il pas à scruter, à décrire, à représenter l'image offerte par l'humain pour tenter de saisir quelques traits de celle de Dieu lui-même ? Dieu crée l'homme à son image. Je dis bien « crée » et non, selon la lecture courante, « a créé ». La création de l'être humain par Dieu n'appartient pas seulement au passé, mais aussi, j'allais dire : en bonne théologie chrétienne, au présent et au futur. Il faut dépasser la vision habituelle qui fait des êtres humains que nous sommes des copies dégénérées d'un Adam ou d'une Ève qui ressemblent à des dieux et à des déesses grecs, bronzés à souhait et aux formes avantageuses. Une telle anthropologie ne peut être que désespérante ! Je préfère la vision d'une humanité en train de se créer et d'être créée par Dieu, au sein d'une réalité et d'une histoire présentes et particulières, dont le futur, sans être déjà déterminé, a pour référence la réalité et l'histoire du Christ, autrement dit une victoire sur toutes les formes d'excès dans le mal, la souffrance, la violence. Pour le christianisme, l'homme est encore à venir.

J. B. – Vous n'ignorez pas que j'aurais plutôt tendance à penser avec Feuerbach : « L'homme crée Dieu à son image. »

J. A. – Et il n'a pas entièrement tort ! Les humains ont effectivement, comme le montre leur histoire, créé des dieux à leur image. Les approches sociologiques et anthropologiques qui par-

1. Livre de la Genèse I, 27-28.

tent de ce constat méritent que nous nous y intéressions : les religions appartiennent effectivement aux productions, aux artifices imaginés par les humains, leurs sociétés et leurs cultures, pour répondre à leurs questions, calmer leurs peurs, conforter leurs organisations[1]. D'ailleurs, nous n'aurions guère de difficultés à trouver, parmi les productions millénaristes, de quoi répondre à votre question : « Que faut-il faire ? » Les ingrédients du prophétisme, du quiétisme ou du sectarisme feraient alors, je n'en doute pas, merveille. Mais je ne crois pas que les religions soient seulement cela, j'entends des créations à l'image de l'homme et de ses besoins d'être assuré, d'être rassuré. Elles peuvent lui offrir davantage, j'entends les moyens de développer en lui des capacités neuronales particulières, d'expérimenter une réalité plus profonde, une forme d'existence plus unifiée. C'est une idée que la tradition théologique connaît de longue date lorsqu'elle affirme que l'être humain est *capax Dei*, capable d'accueillir Dieu qui se communique à lui[2]. Les religions sont les dépositaires de telles expériences ; mais elles ne sont évidemment pas les seules : l'art, l'amour, le recours à certaines substances chimiques peuvent aussi conduire à de tels états. Toutefois, les religions sont aussi à la source de valeurs, de commandements, bref de systèmes moraux. Ce lien entre ces expériences et le souci de la conduite immédiate est singulier et mérite d'être introduit dans notre échange. Une fois encore, il n'est pas question d'imaginer des paradis virtuels ou des postures de fuite, mais d'instaurer une attitude morale au nom d'une expérience de transcendance. Je crois que nous sommes là au cœur du défi posé à l'humanité par les menaces dont vous nous entretenez. Les religions, quelles que soient les

1. Pascal Boyer, *Quand l'homme créa les dieux. Comment expliquer la religion* , Robert Laffont, 2001.

2. Andrew Newberg et Eugen d'Aquili, *Pourquoi « Dieu » ne disparaîtra pas. Quand la science explique la religion*, Éditions Sully, 2003 ; Jacques Arnould, « Notre cerveau est-il *capax Dei* ? Quelques questions à la neurothéologie », *La Vie spirituelle*, juillet 2005, n° 759, p. 351-367.

conceptions de l'humain qu'elles proposent et véhiculent, ne peuvent les ignorer, mais doivent elles aussi s'y consacrer.

J. B. – Sans insister sur nos divergences fondamentales, il me semble que l'homme ne s'améliore pas ; que devient alors votre belle idée d'une réalisation en cours ? Que signifie, au fond, cette projection dans l'avenir ? Je crois comprendre que vous étendez le concept aristotélicien de nature : la nature d'un être n'est pas ce dont il part, mais ce vers quoi il tend. L'homme *tend* vers l'image de Dieu… dans le futur. Le problème s'évapore aujourd'hui.

J. A. – Pourquoi parler d'évaporation ? À moins que vous ne développiez une vision systématiquement régressive de l'histoire. En fait, je constate que deux visions de l'être humain peuvent s'enraciner dans cette affirmation de foi ; j'en ai trouvé une belle illustration dans un numéro de la revue des Témoins de Jéhovah, consacré à l'un de mes thèmes de réflexion, le lien entre la foi en la création et les sciences de l'évolution. L'article expliquait qu'il était impossible d'accepter la vision scientifique qui faisait de l'homme un animal, un singe évolué, alors que la Bible en parlait comme d'un être parfait dégénéré ! Il y a donc deux visions possibles de l'histoire de l'humanité : l'une est progressiste (du singe à l'homme), l'autre régressive (d'Adam, l'homme parfait, à nous). Les Témoins de Jéhovah ne sont pas les seuls à défendre une telle vision ; j'ai lu, dans un catéchisme catholique des années 1920, que l'homme de Cro-Magnon avait un plus gros cerveau que le nôtre, était plus intelligent et donc que nous étions bien dans un régime de régression ! Faut-il nécessairement choisir entre ces deux visions ? Je dirais plutôt que chacune ne donne qu'une compréhension partielle de la réalité et que la question commune, centrale est plutôt, comme vous l'avez déjà souligné, celle du mal, de la méchanceté de l'homme[1]. Comment l'expliquer ? La tradition chrétienne, d'une certaine manière, ne s'arrête pas, ne se focalise pas sur cette question ; elle préfère considérer que l'avenir de

1. Voir « Documents », p. 277 *sq*.

l'homme dépend en partie d'une promesse divine et du choix, de la responsabilité de chacun.

J. B. – Mais quelle vision avez-vous de cet avenir ?

J. A. – Je n'ai aucun don pour le genre prophétique ! Je sais seulement que l'odyssée de l'humanité ne manque pas de civilisations qui ont sombré, puis disparu sans tenir le moindre compte des signes sinon prophétiques du moins avant-coureurs de leur fin toute proche. Jared Diamond a raconté l'effondrement de plusieurs d'entre elles[1]. Ne devrions-nous pas nous en effrayer davantage ? Plus encore que ce qu'il conviendrait désormais de faire ou même d'être pour affronter la singularité que vous annoncez, c'est cette absence de peur qui m'inquiète… Vous connaissez l'histoire du prophète Jonas : il est envoyé par Dieu aux habitants de Ninive pour leur annoncer que leur ville sera détruite dans quarante jours ; alors ceux-ci quittent leur conduite mauvaise et, ainsi, échappent à la colère divine. Mais n'est-ce pas là une histoire trop belle ? N'est-ce pas oublier celle du Déluge où Noé rencontre encore moins de succès que Jonas ?

J. B. – Je vois que vous me rejoignez dans ce que certains de mes amis appellent mon pessimisme.

J. A. – Je ne pense pas que ma vision soit pessimiste ; elle n'est tout simplement pas assurée ! Rien ne nous prouve que l'humanité subsiste, ne s'autodétruise pas ; rien ne nous prouve qu'elle se sente plus responsable. Les propositions évangéliques, comme celles des autres religions, n'assurent pas le salut ; elles sont seulement des guides. À chacun de décider ce qu'il en fait !

1. Jared Diamond, *Effondrement. Comment les sociétés décident de leur disparition ou de leur survie*, Gallimard, 2006.

Principes à approfondir

J. B. – À ces guides d'origine religieuse, vous voulez ajouter l'impératif catégorique de Hans Jonas : « Agis de façon que les effets de ton action soient compatibles avec la permanence d'une vie authentiquement humaine sur terre. » Quelque chose dans cet énoncé m'embarrasse : que veut dire vie authentiquement humaine ? Il est gênant de poser un principe que l'on ne comprend pas, puisque vous dites vous-même que le concept reste à définir.

J. A. – Attention à ne pas vouloir tout réduire à un principe énoncé en quelques mots ! Bien entendu qu'il n'est pas aisé de comprendre ce qu'est une vie authentiquement humaine ; mais n'est-ce pas précisément ce à quoi je vous invitais en vous disant : posons la question de l'être humain, avant de nous demander que faire ? C'est justement ce à quoi conduit la prise au sérieux du principe élaboré par Jonas. Lui non plus n'a pas la recette miracle qu'il suffirait de suivre à la lettre ; lui aussi renvoie chacun à sa propre conscience...

J. B. – En posant la question de l'être humain, vous ne pouvez pas ne pas aborder celle de son entreprise sur le monde, qui le détermine.

J. A. – Oui, en vous proposant un autre principe, celui auquel je faisais tout à l'heure allusion : le principe dit de précaution. Une manière simple de le résumer est la suivante : « Dans le doute, ne t'abstiens pas, mais agis comme si le risque était avéré. » C'est évidemment plus facile à dire qu'à faire, mais je crois qu'il y a quelque chose de vrai dans le « ne t'abstiens pas ». C'est aussi (mais pas seulement) dans l'action, dans l'engagement que nous découvrirons et comprendrons ce qui est authentiquement humain. Nous ne pouvons pas nous cacher systématiquement derrière la loi et nous décharger ainsi de toute responsabilité. La définition d'une existence, d'une vie authentiquement humaine ne se trouve pas dans les pages du code civil ou du code pénal, mais dans le regard porté, le choix opéré, la décision prise entre humains.

J. B. – Nous discutons aujourd'hui de ce qu'il faut demander à l'homme pour affronter l'évolution historique. Vous proposez qu'il adopte deux principes – impératif catégorique et précaution – qui reposent l'un et l'autre sur cette notion de « vie authentiquement humaine ». Or la marche des événements modifie rapidement notre appréhension des problèmes posés par la maladie, le grabat ou la possibilité très répandue d'avortement, étapes décisives de la vie que vous avez introduites dans notre discussion. Pour la première fois dans l'histoire, l'idée que nous nous faisons de l'homme n'est plus fixée. L'évolution de la biologie déstabilise. Et aussi l'évolution des mœurs. En 2008, la moitié des enfants français naît hors mariage, alors que naguère (il n'y a guère...) la « condition authentique » de la femme coïncidait avec un mariage en dehors duquel la procréation ne s'admettait pas. On rencontre donc une difficulté majeure puisque vos principes se réduisent à l'affirmation : je veux préserver une vie authentiquement humaine. Il faut pourtant avouer que *ce qui est authentiquement humain aujourd'hui n'est pas ce que c'était il y a vingt ans. Dans vingt ans, ce ne sera peut-être pas ce que c'est aujourd'hui*. À ce moment-là, il devient difficile d'en faire un principe.

J. A. – Attention, le principe ne dit pas ce qu'est une vie authentiquement humaine, mais invite seulement à en tenir compte ; ce qui signifie, concrètement, se poser souvent la question du sens à donner à cette vie humaine... Et vous avez, vous les scientifiques, une grande part de responsabilité dans cette évolution ! Sans oublier que les médecins sont eux aussi très présents sur ce champ de questionnement.

J. B. – Ils ont répondu avec le serment d'Hippocrate.

J. A. – Un serment qui est tout de même bousculé par les nouvelles connaissances et les nouvelles techniques, même si son fondement demeure l'engagement de sauver les vies. La question de l'euthanasie est délicate parce qu'elle touche plusieurs zones d'ignorance humaine. D'abord, comment définir la mort ? Il en existe tellement de définitions, selon les époques et les cultures, les connaissances scientifiques et médicales. Nous pensons qu'il suffit de mettre en place une procédure, des moyens d'analyse pour que la décision tombe d'elle-même, en toute sécurité juridique ; mais nous oublions qu'une personne arrivée au terme de son existence est le plus souvent entourée, qu'elle est encore au centre de relations qui ne sont pas réduites au simple juridique, qu'il est encore temps de choisir d'être humain avec elle et de s'interroger sur les moyens, parfois singuliers, de l'être. Je ne dis pas que c'est facile, je dis seulement que nous ne pouvons pas éviter ce genre de situation de responsabilité individuelle à propos de laquelle, à la limite, le regard des autres, de la loi n'a pas à s'immiscer.

J. B. – J'admire la liberté de votre pensée, car il me semble que la responsabilité individuelle n'est d'habitude pas exercée dans ce type de circonstances, mais est rejetée vers le système. Par exemple, l'acharnement thérapeutique dans les cas désespérés me paraît une fuite devant la responsabilité. L'adoption de méthodes d'ingénieurs pour gérer un certain nombre de situations comme, par exemple, les hôpitaux, les abattoirs, évacue la responsabilité individuelle. Personne n'est responsable de la brutalité avec laquelle sont traités des milliards de poules ou de bovins. On voit bien que cette dérive est générale et c'est là où je dis que, pour reprendre votre vocabulaire, le faire écrase l'être.

J. A. – Comme vous, je constate en effet le triomphe du faire sur l'être, de l'ingénieur sur le scientifique, de la pratique sur la théorie, de l'action sur la contemplation. Mais je ne baisse pas les bras pour autant et me demande comment introduire une interrogation éthique dans tous ces champs d'activité et d'intelligence humaines. C'est par exemple ce que je fais au CNES... Pour l'avenir, ces questions, échafaudées, alimentées, me paraissent aussi importantes que nos techniques, nos procédures, nos réglementations.

J. B. – L'introduction de cette interrogation éthique, imposée par l'emprise croissante de la technologie sur les mœurs, n'impose-t-elle pas de reconsidérer notre système de valeurs ? Nous disposons aujourd'hui d'un système de valeurs hérité des siècles pendant lesquels il a bien marché. Il marchait même très bien. L'humanité était stable et puis, pour des raisons multiples qui proviennent essentiellement de la conquête de l'énergie, maintenant elle se trouve dans un régime instable. Et l'instabilité croît si vite que nous voyons arriver une crise générale dans quelques dizaines d'années. Faut-il maintenir notre système à tout prix, y a-t-il une possibilité d'en changer ou de le modifier, est-ce même intéressant d'y penser ? Il fonctionne encore et c'est là ma question. C'est que l'immense majorité des gens sur terre fonctionne avec le *plus est mieux*...

J. A. – Vous avez raison : la plupart d'entre nous fonctionnent avec ce système de valeurs du plus et du mieux, voire du toujours plus. L'idéologie du progrès est encore très prégnante, y compris dans les milieux religieux qui n'hésitent pas à parler de progression, de progrès sur le chemin vers Dieu. L'enjeu est de prendre conscience des pratiques d'abus et de mésusage qui sont les nôtres : nous avons touché aux limites de nos pratiques, nous accumulons les imperfections au nom même du perfectionnement et du progrès. Et nous rencontrons ce que vous soulignez souvent : la méchanceté humaine. L'homme n'est pas seulement un être en progrès ; il est aussi marqué par la dégénérescence, la chute possible, la mort. Telle est bien la condition humaine qui a tellement fasciné André Malraux.

J. B. – Prenons le cas particulier des changements survenus dans la gestion des problèmes de reproduction. Études, carrières, recomposition familiale, de multiples raisons conduisent beaucoup de femmes à souhaiter devenir mère au bord de la quarantaine. Or, si elle se croit encore jeune, à cet âge les ovaires de l'aspirante à la maternité ne rajeunissent pas et aucun traitement n'améliorera la qualité de ses ovocytes. D'où une probabilité accrue de malformations génétiques dans les naissances ainsi désirées. Autre aspect du changement de nos mœurs, l'assistance médicale à la procréation prend assez d'importance pour avoir permis en France, pendant l'année 2006, la mise au monde de 20 000 enfants, c'est-à-dire 2,4 % des naissances. Intervention artificielle avec spermatozoïdes d'origine variée, injection intracytoplasmique ou fécondation *in vitro*, ces pratiques mêlent plus qu'étroitement l'artificiel à la nature. Les transformations psychosociales survenues dans les dernières années ne devraient-elles pas être gérées par une adaptation de nos valeurs et si oui, comment faire ?

Je vous soumets le parcours de Nadya Suleman, une femme de 33 ans, sans mari ni emploi, mère de six enfants âgés de 2 à 7 ans dont l'un est autiste et un autre ne peut parler. Elle vit à Bellflower, une banlieue de Los Angeles[1]. Possédée par le désir de maternité dès l'adolescence, elle a utilisé les embryons restants de ses premières mises bas, obtenus par fertilisation *in vitro*, pour donner naissance, comme une truie, à des octuplés qui ont survécu. Plus est mieux… Bientôt dans les pays comme ceux de l'Europe de l'Est où la natalité s'effondre, ce comportement sera imité comme le plus « authentiquement humain ».

Voyez maintenant la vieillesse. Si nous vivons plus âgés, nous ne restons pas intacts. Dans notre pays, la majorité des hommes de plus de 68 ans et des femmes de plus de 69 ou 70 ans souffrent déjà de motricité réduite. Ils n'ont pas tous quelqu'un pour s'occuper d'eux. Qu'en est-il des nonagénaires ? Devant le nombre croissant de grabataires, la liberté de mourir à son heure, selon son style, ne découle-t-elle alors pas d'un droit à refuser la déchéance ? Mais ce n'est pas tout : le Japon, qui précède les autres nations dans la voie du vieillissement, puisque 40 % de sa population aura plus de 60 ans en 2020, montre le risque qui en découle. Selon un rapport officiel publié le 7 novembre 2008, 48 605 personnes âgées de 65 ans et plus ont, en 2007, été arrêtées ou fait l'objet d'une enquête criminelle. Les vols constituent les deux tiers des délits, mais la proportion des meurtres commis par les personnes âgées a augmenté de 40 % en vingt ans. Les crimes et délits commis par des vieillards ont représenté 13 % de l'ensemble de la criminalité répertoriée au Japon en 2007 contre 2,5 % en 1988, alors que la criminalité totale diminue depuis 2002. S'ajoutent à la stagnation

1. *International Herald Tribune* , 5 février 2009.

des pensions pour enfler la vague, la solitude et surtout un fort sentiment de « dévalorisation sociale ». Le rapport note que la plupart de ces délinquants vivent seuls, dans des conditions instables, et souffrent de problèmes mentaux et physiques. Certains « sont aussi des veufs qui commettent des crimes pour aller en prison et manger trois fois par jour ». Les foyers éligibles à l'aide sociale, au nombre de 300 000 en 2001, dépassent aujourd'hui le million.

Voilà comme finira la vie des hommes en 2050, du crime au grabat.

À terme, le cas du Japon n'est pas le pire : en 2050, 435 millions de Chinois jouiront de leur retraite, c'est-à-dire un tiers de la population. À raison d'un enfant par couple, on se demande si les descendants sauront garantir à leurs parents une vie « authentiquement humaine ». La question engendrerait plus d'inquiétude encore si le couple avait deux enfants !

Nous sommes partis de vos principes reposant sur le concept de vie authentiquement humaine, et je constate que l'exemple des femmes et celui des vieillards nous amènent brutalement à nous demander : de quoi s'agit-il ?

J. A. – La description que vous donnez de cette part de l'humanité est effectivement troublante et les effets d'une dévalorisation sociale avancée effrayants ! Vous-même l'avez dit : il est bien question d'une adaptation (mais peut-être aussi d'une maladaptation) de nos valeurs. Faut-il, comme certains l'avancent, en tenir rigueur aux sciences et à leur développement ?

3

Et la science ?

Pourquoi écouter les Cassandre ? Savants et industriels nous ont donné le confort et le bonheur. Ils sauront trouver les moyens de les rendre durables car le pouvoir du cerveau humain dépasse l'imagination.

Libération par la science

JACQUES BLAMONT – Aujourd'hui, vous avez souhaité que nous parlions de science. Rappelons une fois de plus que le but de la révolution scientifique du XVIIe siècle était – comme le dit Descartes – de *rendre l'homme maître et possesseur de la nature*. Eh bien, c'est fait. Le but est atteint. Il fallait placer l'homme par rapport aux phénomènes dans un cadre spatio-temporel régi par des lois ne dépendant pas de ses sens. Une description cohérente permet aujourd'hui de répondre à un certain nombre d'interrogations dont beaucoup faisaient l'objet de la métaphysique et constituent maintenant la physique. Appelons ce corpus un système du monde. Nous ne nous y arrêterons pas. Mais, quand les physiciens du XVIIe siècle ambitionnaient de posséder la nature, là, c'est l'objet de notre discussion, nous la possédons bien, nous en exploitons toutes les ressources et il en résulte qu'en trois cents ans l'homme a été libéré des servitudes quotidiennes dans les domaines de l'énergie, de la chimie et de la santé.

Commençons par l'énergie. La science a permis de multiplier la capacité de travail. Un esclave de l'Antiquité ou de maintenant fournit 100 watts par jour. Aujourd'hui tout Français consomme 4 400 watts ; c'est dire qu'il dispose de 44 esclaves. Par tête et par an, la quantité d'énergie mise à son service est de 4 tep[1]. Et cette augmentation du nombre d'esclaves dont nous disposons est due quasi uniquement à l'utilisation des combustibles fossiles. Le charbon au XIXe siècle, le pétrole au XXe et maintenant. L'effet est immense sur la vie quotidienne et en particulier sur la condition des femmes. L'éclairage : on n'a plus de chandelles. Le chauffage : plus de bois à porter. À la cuisine, eau courante chaude et froide. La femme à 50 euros dispose de 44 domestiques : les aspirateurs, le réfrigérateur, etc. Nous considérons cet état de choses aujourd'hui comme acquis. Il est dû à la science, puisque le véhicule principal de l'énergie, l'électricité, est une création des physiciens.

Deuxième axe de libération : la chimie. Tout d'abord, les aliments. Nous disposons – je parle pour 5 milliards de gens sur 6 – d'aliments sains et abondants, grâce à l'irrigation, à l'emploi des engrais et des pesticides et aux chaînes de conservation. Ensuite, nous utilisons des vêtements et des objets qui ne sont pas fabriqués comme l'étaient ceux de jadis : nous ne portons plus beaucoup de laine mais des fibres synthétiques à base de pétrole, et nos maisons sont bourrées d'ustensiles faits de matériau plastique. Enfin, nous nettoyons le linge sale et la vaisselle avec des détergents ; plus de journées passées à battre les draps à la fontaine.

Troisième axe de libération : la santé. Jadis, la médecine était impuissante. Jusqu'en 1945, elle ne servait qu'à soulager, mais elle ne guérissait pas. La science a transformé la situation en trois étapes. Pasteur a compris ce qu'étaient les maladies infectieuses vers 1860 ; puis les antibiotiques, inventés dans les années 1940, ont fait quasi disparaître ces maladies dont la morbidité est passée de 25 % au début des années 1900 à 2 % ; enfin l'intervention de la physique à partir de 1960, avec la mise au point de toute une série

1. 1 Gtep est 1 milliard de tep ; 1 tep est une tonne d'équivalent pétrole.

de méthodes comme la radiographie, l'échographie, l'IRM, la cœlioscopie et autres, permet les diagnostics de précision et les interventions non invasives.

En conséquence, et grâce aussi à d'autres facteurs liés à la technologie comme l'amélioration de la qualité de l'eau, l'hygiène, l'évolution des habitudes alimentaires et surtout l'éducation des femmes, l'espérance de vie est passée de 35 ans en France en 1800 à 80 en 2005, et la dépendance des vieillards de 12 mois en 1970 à 9 mois en 2005. Et nos vieillards, bon pied bon œil pour beaucoup, ne ressemblent pas à ceux qui les ont précédés ; Molière nous présente le quadragénaire Arnolphe comme un barbon. Dans le domaine de la santé, j'insiste sur la maîtrise des fonctions de reproduction, avec, entre autres, l'introduction des contraceptifs oraux, la baisse de la natalité de 10 enfants à 1,5 par couple dans les pays industrialisés.

Le résultat de cette foudroyante avancée est que l'homme développé vit dans un cocon, protégé de tout contact avec la nature. Ces résultats sont indiscutables et indiscutés. On ne peut pas retourner en arrière. Bon, voilà la partie positive.

JACQUES ARNOULD – L'image des esclaves est très claire : depuis le XVIIe siècle, avec quelques prémices dès le Moyen Âge, l'humanité, en particulier dans sa composante européenne, est passée d'un régime de survie à un régime de vie qui permet de consacrer du temps non seulement à la culture (c'était déjà le cas auparavant, malgré tout), mais aussi au temps libre, aux vacances, etc. Oui, la science nous a offert et continue à nous offrir une véritable libération, d'ordre matériel et d'ordre intellectuel, psychologique. François Jacob, au terme de son ouvrage *Le Jeu des possibles*, cite les mots de Tristan Bernard, au moment de son arrestation par la Gestapo : « Le temps de la peur est fini. Maintenant commence le temps de l'espoir. » La science est l'un des moyens dont use notre humanité pour passer de la peur à l'espoir, car l'ignorance est une source efficace de peur. En même temps, vous le dites très bien, l'homme ainsi doté de connaissances et de pouvoirs vit dans un cocon.

J. B. – Un enfermement à l'intérieur d'un jeu de miroirs où il ne voit plus que lui-même.

J. A. – Oui, un enfermement qui s'explique par une notion que j'ai relevée en vous écoutant, celle d'adaptation. L'homme montre une grande capacité, grâce à ses techniques, à adapter son environnement à ses besoins, mais aussi à s'adapter à son environnement. En évoquant cette idée, je pense bien entendu aux travaux et aux réflexions de René Dubos, l'un des découvreurs des antibiotiques. Adapter, s'adapter : il est assez facile de comprendre comment un tel processus, qui a exigé et exige toujours de la part de notre humanité des moyens, de l'intelligence, du courage et conduit à un véritable progrès, peut aussi mener à une forme d'enfermement, d'autosuffisance. L'un des risques majeurs encourus par notre espèce est la satiété : l'être repu, protégé, n'évolue plus. C'est vrai de la nature comme de la culture.

J. B. – L'urbanisation générale parachève la séparation d'avec la nature et conduit dans les pays industrialisés à un mal d'être, à une sensation de déconnexion avec le réel dont la cause est attribuée à la science, entité mystérieuse et incomprise. Le discours antiscientifique est à la mode dans les banlieues ; on me dit que les « jeunes » sont contre la science. Ils se trompent parce que le monde développé ne peut plus revenir à l'âge de pierre. Le PIB mondial a été multiplié par seize en un siècle. Les quelques faits que j'ai signalés montrent la stupidité du discours que nous avons entendu après mai 1968 : je vais m'installer dans une borie pour vivre avec le produit d'un troupeau de chèvres. Ne sont pas fondées les allégations d'Ulrich Beck selon lesquelles « les sciences ne sont plus uniquement la source de solutions aux problèmes, mais aussi et en même temps la source des problèmes… Les sources du danger ne sont plus l'ignorance mais le savoir[1] ». Les difficultés que nous voyons s'accumuler, les problèmes que nous voyons naître et qui

1. Ulrich Beck, *La Société du risque*, Alto-Aubier, 2001, p. 343, 399.

font l'objet de notre discussion, la science n'en est responsable que comme la cause primaire de l'évolution, mais non comme celle des dérives. Le responsable des dérives, c'est la méchanceté[1], c'est la volonté de jouir servie par la technologie et l'industrialisation. Il faut séparer la connaissance scientifique du monde et les excès dus aux appétits. Je veux en venir à l'idée que, pour faire face à la crise dont nous pensons qu'elle se présentera dans quelques dizaines d'années, il ne faut pas moins de science, mais plus de science, et que cette avancée ne suffira pas, car des forces irrésistibles s'emparent du progrès pour promouvoir la consommation.

Tout d'abord, je reprendrai une phrase de Spinoza que j'ai mise en exergue de mon livre sur les menaces : « Ni rire ni pleurer mais comprendre. » Pour comprendre, il faut connaître. Donc, nous avons à acquérir du savoir en permanence. En ce qui concerne la marche de l'humanité à l'heure actuelle, les techniques spatiales qui sont notre préoccupation – à vous et à moi – sont essentielles. Nous avons besoin d'une description détaillée en temps réel de la Terre, et les moyens spatiaux sont les plus puissants et les plus complets pour atteindre ce but.

Que signifie description de la planète ? Pour commencer, quantification du paysage ; c'est-à-dire connaissance des terrains, des sols, des mers, de leur évolution, de leur dégradation. Deuxièmement, compréhension des mouvements tectoniques internes qui sont à l'origine de phénomènes tels que le volcanisme et les tremblements de terre. Troisièmement, maîtrise du cycle de l'eau qui est cruciale pour le maintien de notre civilisation ; l'hydrologie, la glaciologie, la météorologie, la climatologie, l'océanographie nous fournissent des informations indispensables sur l'évolution de notre environnement. Les retombées en sont d'une importance insoupçonnée : par exemple, selon la NOAA[2], un tiers du PIB américain est potentiellement touché par les applications liées aux

1. « Méchanceté » est employé ici au sens fort d'un mal voulu par l'homme.
2. NOAA : National Ocean and Atmosphere Agency, agence spécialisée du gouvernement fédéral des États-Unis.

données météorologiques du système spatial GOES. Notons que la communauté scientifique a su détecter des problèmes auxquels personne n'avait pensé. D'abord celui de l'ozone stratosphérique dans les années 1970-1980, ensuite celui du réchauffement climatique ; enfin, elle est en permanence à l'affût des épidémies. Et donc cette communauté scientifique fait son travail avec courage. On ne doit pas arrêter cet effort. Au contraire, il est capital de le continuer car nous avons besoin de surveiller les tendances. Dans le cas du climat, nous ne possédons qu'une capacité modeste de prédire quantitativement l'évolution. Elle reste très éloignée de notre capacité à affirmer l'existence du problème, à cause de la complexité des différents processus et surtout des rétroactions typiques des systèmes à changement de phase, glace-eau-vapeur. Les résultats de ces travaux doivent être transmis au public par des relais plus puissants que les canaux spécialisés de la communauté scientifique ; il est bon que les médias, les *pipoles*, les journaux, les politiciens, les livres les répandent.

Enfin, des moyens spatiaux spécialisés fournissent des alertes quand se produisent des événements graves, par exemple des cyclones, et contribuent à la gestion des catastrophes.

J. A. – J'essaie de me mettre à la place de quelqu'un de plus extérieur aux sciences que je ne le suis. Il pourrait se dire : voilà un très beau couplet sur la science, qui se présente comme parfaite et toujours engagée au service des populations, etc. Mais, se demandera cette personne, n'est-ce pas trop beau pour être vrai ? La science n'a-t-elle pas aussi apporté son lot d'échecs, de catastrophes, d'erreurs ? Les scientifiques ont sans aucun doute encore bien des efforts à faire non seulement pour expliquer ce que les sciences apportent aujourd'hui aux humains, mais aussi pour transmettre un esprit de quête plutôt que d'affirmation, d'ouverture d'esprit plutôt que de dogmatisme. Les sciences paraissent tellement loin pour le commun des mortels. Les citoyens ne demandent pas nécessairement à tout comprendre, mais au moins à être assurés, rassurés parfois : les scientifiques ne font pas n'importe quoi, ils agissent avec intelligence, lucidité, souci du bien commun. Bref, même si le public ne sait le formuler, il attend des scientifiques qu'ils soient capables d'une réflexion éthique et d'une réelle conscience de leurs responsabilités. Science et conscience…

J. B. – Je me suis borné dans mon petit couplet – comme vous dites – à faire allusion à cette partie de la science qui est une recherche d'information et de description des phénomènes. J'insiste sur le fait que cette fonction de la science ne présente aucun aspect négatif. L'éthique ne doit cependant pas être oubliée, comme vous le soulignez. La communauté scientifique a l'obligation d'organiser en son sein l'analyse critique des observations, de leur interprétation et de la modélisation des phénomènes de la façon la plus transparente, la plus honnête et la plus désintéressée. Il faut y veiller avec rigueur, car si la science moderne s'est construite sur la discussion intransigeante de ses procédures, l'obéissance à cette tradition est aujourd'hui plus nécessaire que jamais, alors que le public a besoin non de croire, mais de savoir.

J. A. – Je vous comprends et je suis heureux de vous entendre rappeler l'importance, au sein des communautés scientifiques comme dans ses relations avec les sociétés humaines, de maintenir un esprit critique, un esprit de débats. C'est en évitant autant que possible les dérives dogmatiques que les scientifiques apprendront à leurs contemporains à faire la distinction entre savoir et croire, sans pour autant devoir rejeter l'un ou l'autre, ou opposer l'un à l'autre…

La science comme outil

J. B. – Passons à la deuxième fonction de la science, c'est-à-dire à sa fonction d'outil qui, par le biais de la technologie, mène à l'action sur le monde : pouvons-nous infléchir l'histoire, c'est-à-dire la science peut-elle être utilisée pour – je ne dirai pas éviter la crise – mais du moins la retarder ? Une telle question s'inscrit dans la philosophie productiviste qui a été celle du scientisme et qui l'est toujours. La poser revient à se demander si une percée dans le domaine des connaissances de base, comme l'invention du transistor en 1949, pourrait entraîner des développements industriels capables de satisfaire les besoins en énergie, en eau, en nourriture que nous voyons croître avec leurs conséquences sociales et politiques. La raison pour laquelle j'estime qu'aucune solution de nature technique n'existe à la crise majeure que nous redoutons réside dans l'impuissance de la doctrine et de la pratique scientifico-techniques à endiguer l'expansion des menaces synergétiques engendrées par leur propre créativité à l'intérieur du vase clos que représente l'ensemble des ressources naturelles dans la biosphère. Une percée apportera un répit temporaire, mais en fait accélérera la consommation et entraînera à terme l'exaspération des convoitises et des conflits. De plus, son domaine sera limité alors que les menaces horizontales échappent aux compétences singulières, aux frontières des disciplines et aux attributions institutionnelles.

Nous pouvons citer quelques exemples de solutions apportées par M. Yaka aux problèmes posés par certaines des pénuries potentielles mentionnées dans notre « Inventaire ». Vous noterez que, dans la plupart des cas, l'échéance n'est repoussée que de quelques dizaines d'années. Voyez le cas du pétrole[1] : diverses hypothèses de production, pourtant très différentes, suivent des courbes parallèles *extrêmement rapprochées.*

Commençons par l'énergie. Nous consommons 10 Gtep par an dont 9 sont fournies par les combustibles fossiles et 1 par des énergies renouvelables ou nucléaires (plus 1,5 venant de biomasse non commercialisée). Vers 2050, le besoin atteindra 18 Gtep par an, et les combustibles fossiles ne pourront en fournir que 12 ; il en manquera donc environ 6. Pour répondre à la demande, nous verrons s'amplifier l'emploi du charbon et donc augmenter l'effet de serre. Il faudrait séquestrer le CO_2. D'après ce que je viens de lire des déclarations du président de l'Institut français du pétrole, nous allons, en 2050, émettre par an 20 gigatonnes de CO_2 dans l'atmo-

1. Voir p. 235.

sphère. Il faudrait en stocker au moins 20 % pour que l'opération eût un impact, c'est-à-dire 4 gigatonnes (4 milliards de tonnes), alors que les essais actuels portent sur 1 million de tonnes !

Le nucléaire est la solution la plus mûre pour augmenter massivement la production, et elle sera certainement employée ; mais les réacteurs dits de quatrième génération ne seront pas prêts avant 2040-2050. Un nombre irréaliste de centrales devraient être construites d'ici 2050 pour éviter une crise de l'énergie. Que ferons-nous des déchets ?

On nous vante l'énergie éolienne. Pour obtenir 1 % de la production d'électricité française, il faudrait implanter 20 000 centrales éoliennes. Une centrale EPR coûte 3 milliards d'euros et son équivalent éolien 30 milliards. L'intermittence du vent rend nécessaire de compléter chaque centrale éolienne par une centrale classique, par exemple au charbon ou au gaz, de puissance voisine de la sienne. Autre difficulté, la puissance produite par les éoliennes ne peut s'intégrer dans le réseau et en particulier participer à la gestion des fréquences. Donc, l'énergie éolienne ne peut pas être considérée comme une voie de sortie, mais seulement comme un appoint. Le solaire photovoltaïque, qui souffre d'un rendement faible et d'un coût élevé, restera marginal. Pour construire une cellule, il faut dépenser autant d'énergie qu'elle en fournira pendant la durée de son fonctionnement. La biomasse ne peut jouer un rôle de premier plan : le remplacement du seul pétrole, qui fournit 3,5 Gtep par an, exigerait 2 milliards d'hectares de terres arables alors que nous n'en avons que 1 500 millions, à partager avec la production alimentaire. Tout cela peut fournir, en 2050, 15 à 20 % des besoins au maximum. Enfin, l'économie d'énergie ne correspond pas au choix de la majorité des citoyens dans notre société, et sa contribution, au-dessus de ce qui en est déjà intégré dans l'estimation des besoins à 18 Gtep, ne dépassera pas 15 %.

Nous sommes assez loin du compte (avec les sources renouvelables, 16 Gtep seront disponibles alors qu'il en faudrait 18 au moins) : la technologie actuelle semble insuffisante, et il faut innover.

La pénurie en énergie à l'horizon 2050 est donc sans doute inévitable, sauf si le nucléaire subit un développement extraordinaire.

En tout cas, la pénurie en combustibles fossiles commencera à se faire fortement sentir. Le XXIe siècle connaîtra quatre transitions dans le domaine de l'énergie, dont chacune peut engendrer une crise mondiale : la limitation des émissions de CO_2, le plafonnement de l'extraction du pétrole, celui de l'extraction du gaz et enfin la séparation entre les usages fixes et les usages liés aux transports. Le problème réside ainsi dans la modification de l'importance relative et de la distribution géographique des sources. Il est politique et c'est principalement au niveau des conflits qu'il se pose.

Disons qu'on peut développer des technologies à condition de le vouloir, à condition de mettre les moyens qu'il faut dans la recherche et le développement. Il est vraisemblable que des efforts scientifiques peuvent être faits pour ralentir l'évolution historique. Des chercheurs, des ingénieurs, des technologues affirment – et ils n'ont pas tort – qu'il existe des méthodes capables de conforter et d'accélérer notre productivisme. Les menaces n'en sont qu'augmentées.

J. A. – Dans le domaine de l'agriculture, c'est la science qui, au cours du XXe siècle, a permis de nourrir les populations malgré leur croissance. Vous avez paru inquiet de sa capacité à continuer cet exploit. Êtes-vous sûr qu'elle ne parviendra pas dans le futur à résoudre le problème de l'alimentation humaine ?

J. B. – La technologie moderne est en effet parvenue en cinquante ans à multiplier la production mondiale par trois pour une augmentation de surface utilisée limitée à 10 %, et ce grâce aux engrais, aux pesticides et à l'irrigation. La société Monsanto, qui n'a pas bonne réputation mais qui est pourtant un des acteurs principaux de l'économie mondiale et de la recherche, vient d'affirmer qu'elle se faisait fort de doubler la production mondiale de riz, de soja et de coton en 2030 grâce à ses OGM. C'est sans doute vrai, et donc, là encore, est présentée une solution reposant sur un développement scientifique pour améliorer la nutrition de tous, mais, de même que la révolution verte après son succès se trouve confrontée à des émeutes de la faim, les solutions Monsanto ne résoudront pas les problèmes sociopolitiques de l'alimentation en 2050, qui se posent en termes de transfert de produits de continents à continents, les uns producteurs et les autres incapables de payer. De plus les inconvénients dans l'ordre biologique de l'introduction des OGM sont inconnus.

Laissez-moi démonter au moyen de quelques chiffres (inévitables[1]) le mécanisme inexorable qui mène à la formation des bidonvilles et qui, plus qu'une extrapolation statistique, justifie l'affirmation qu'un tiers de l'humanité s'y dirige. Nous avons placé ce phénomène au centre de notre questionnement.

Aujourd'hui les agriculteurs du monde se répartissent en trois catégories : les 28 millions qui disposent de technologies modernes y compris des tracteurs, les 250 millions qui possèdent un animal de trait, bœuf ou cheval, et le milliard réduit à ses bras.

Dans les pays en développement, 52 % de la population vit dans les zones rurales et subsiste donc de l'agriculture.

En Afrique (mais aussi au Cambodge, etc.) un paysan produit en moyenne 20 quintaux de céréales à l'hectare et cultive 0,8 hectare : il produit donc 16 quintaux par an.

Un paysan français produit 8 000 quintaux sur une ferme de 100 hectares.

Le rapport de productivité agricole entre agriculteurs des pays pauvres et des pays industrialisés est donc de 500 (il valait 10 en 1900). En conséquence, le paysan centrafricain, ou cambodgien, produit plus cher que le picard.

Pour gagner 1 dollar par jour, le paysan du tiers-monde doit vendre sa récolte 23 dollars le quintal[2]. Les charges, y compris son propre revenu, du paysan français s'élèvent à 15 dollars par quintal ; son homologue argentin paie 8 dollars par quintal. Le prix de revient le plus bas détermine le cours mondial. Pour compenser la différence, le paysan français reçoit une subvention de 7 dollars par quintal et l'Union européenne (comme les États-Unis ou l'Ukraine) peut vendre son blé 8 dollars par quintal, disponible à ce prix à Lagos ou à Dakar puisque le prix du transport est négligeable. La comparaison du prix local avec le prix mondial fait comprendre

1. Bruno Parmentier, *Nourrir l'humanité* , La Découverte, 2007.
2. Calcul simple : $365 \times 1 = 16 \times 23$ en chiffres arrondis.

pourquoi le Sénégal importe 61 % de ses céréales, et les enfants du paysan sénégalais ruiné se retrouvent au bidonville. CQFD.

Voulez-vous un autre exemple ? Le traité de libre-échange dit ALENA, signé en 1994 entre le Canada, les États-Unis et le Mexique, a favorisé, grâce aux bas salaires, l'industrie mexicaine dont les exportations ont crû de 31 à 165 milliards de dollars depuis que l'accord est entré en vigueur (ce gonflement pourrait disparaître quand les industriels délocaliseront leurs usines vers des pays à salaires encore plus bas, ce qu'ils commencent à faire). La situation est inverse pour l'agriculture, par exemple pour le maïs, deux fois plus subventionné (120 dollars par hectare contre 45) et au rendement quatre fois supérieur aux États-Unis qu'au Mexique. Aujourd'hui un tiers du marché mexicain du maïs est alimenté par la production américaine et le prix a chuté de 70 % depuis 1995. En conséquence, trois millions de travailleurs agricoles ont disparu au Mexique. Les plus gros bidonvilles du monde entourent Mexico City... Étonnons-nous de l'explosion du banditisme. Au début de 2007, lorsque le prix du maïs aux États-Unis a doublé par suite de la demande de 170 usines de biocarburants nouvellement construites, celui de la tortilla au Mexique a augmenté de 50 % et le niveau de vie des ouvriers a baissé de 18 %, d'où les émeutes dites de la faim.

Voulez-vous un autre exemple ? Chaque Égyptien dispose d'une surface de 4,8 ares pour produire sa nourriture, ce qui est suffisant, mais la surface irriguée ne peut plus augmenter et la population doublera d'ici 2050. Chaque Algérien dispose de 1,8 are irrigué, ce qui est insuffisant ; l'Algérie, qui compte 0,5 % de la population mondiale, ne possède que 0,2 % des surfaces irriguées, et on n'y peut rien cultiver sans irrigation. En conséquence l'Algérie importe 82 % de sa nourriture. Les gouvernements, de Rabat à Ankara, ont compris qu'ils ne peuvent nourrir leur population et ont adopté une politique de libération totale des importations qui a l'avantage de diminuer les prix, mais qui chasse les paysans... dans les bidonvilles.

Et les pays émergents ? La Chine compte encore 800 millions d'habitants dans les campagnes pour 500 millions dans les villes.

Nul ne sait si le gouvernement saura gérer l'urbanisation, prévue au taux de 15 millions par an… en l'absence d'eau.

J'arrête mon énumération : vous en avez assez entendu pour voir que si la science et la technologie constituent la source de l'évolution, d'autres facteurs tels que la démographie, les intérêts nationaux, la rentabilité des circuits économiques, c'est-à-dire la défense des appétits, imposent leur prépondérance. Une percée même révolutionnaire dans la science ou la technique ne saurait être un élément décisif par rapport à l'organisation politico-socio-économique du monde.

Risques et principe de précaution

J. A. – Le portrait que vous dressez de la science comme fournissant des moyens pour agir dans le monde et sur le monde est donc mitigé : puissance et insuffisance se côtoient. Mais n'est-elle pas également dangereuse ?

J. B. – Dans le système moderne, la production sociale de richesse est corrélée à la production sociale de risques. La société humaine l'a compris depuis longtemps, et elle a établi une doctrine extrêmement élaborée de gestion, non du risque personnel, mais du risque global, tel que peuvent l'engendrer la fission de l'atome ou le stockage de combustibles nucléaires. Le progrès des recherches fondamentales et les ambitions des ingénieurs donnent à notre temps sa caractéristique principale, à savoir l'apparition et l'utilisation d'innovations technologiques en équilibre au bord de la catastrophe. Notre système maîtrise l'art de côtoyer le gouffre sans jamais y tomber. Le fonctionnement de notre civilisation industrielle repose sur la création, le stockage, la manipulation et la libération d'énormes concentrations d'énergie. Le risque encouru dans ces opérations courantes est étudié, calculé, pris en compte et minimisé grâce à un ensemble de pratiques qui forment un corpus de connaissances. Les professionnels qui s'occupent du nucléaire savent gérer le risque ; s'ils ne le savaient pas, il y aurait d'autres Tchernobyl. Quand nous tirons un engin comme Ariane, nous ne prenons pas de risque : nous l'avons géré tout au long de la chaîne de conception et de fabrication, de l'amont à l'aval. Il en est de même quand nous construisons un barrage, faisons rouler des trains à 350 kilomètres à l'heure et voler des avions à 1 000 kilomètres à l'heure ou introduisons un médicament sur le marché. La gestion du risque s'accompagne de systèmes de surveillance très élaborés d'où l'indulgence est bannie et où la transparence constitue la règle. Il appartient à la société tout entière de les établir, les maintenir et les surveiller avec une extrême rigueur.

Le nombre de cas où la technologie moderne n'a pas été capable de maîtriser les forces qu'elle enchaîne habituellement, et où une catastrophe industrielle s'est ensuivie, comme à Bhopal, Seveso, Three Mile Island ou Tchernobyl, est faible, et le nombre de victimes reste dérisoire : on déplore dix mille fois plus d'accidents du travail dans les mines de charbon que dans l'industrie nucléaire.

J. A. – Je suis surpris par votre tendance à minimiser les dangers et les risques attachés aux technologies modernes ; un tel discours ne conduit-il pas à prendre moins de précautions et surtout à délaisser toute idée de responsabilité de la part des scientifiques et des ingénieurs ?

J. B. – La communauté scientifique nourrit un fort sentiment de responsabilité vis-à-vis des conséquences immédiates de son activité, et elle met en place, quand c'est nécessaire, des mécanismes adéquats pour faire connaître ses convictions au public. Elle s'est dressée récemment avec vigilance contre la publication du génome du virus de la variole qui permettrait la reconstitution par des personnes mal intentionnées de l'organisme vecteur d'une maladie mortelle. Elle s'interroge en permanence. Par exemple, depuis les années 1950, le groupe Pugwash, constitué de physiciens, est parvenu à infléchir, bien faiblement il est vrai, la politique d'armement nucléaire menée par les grandes puissances. Cependant, le spectre d'Hiroshima hante l'esprit des foules, et certains de ces politiciens qui traduisent volontiers l'irrationnel de leurs électeurs en législation, ont introduit stupidement dans la Constitution française un « principe de précaution », mal vu des scientifiques. Il consiste en ce que la puissance publique évalue les risques d'une action et dicte des mesures provisoires et proportionnelles pour en réduire les dommages. Quand vous avez édicté une telle règle, vous avez ouvert la porte aux démagogies puisque vous transférez au politique une fonction confiée normalement au technicien.

Voyons ses défauts. Tout d'abord, le principe n'évalue que les risques et non les bénéfices. Si on l'avait employé dans le passé, jamais on n'aurait adopté la vaccine inventée par Jenner, puisqu'à l'époque d'Alembert disait que la chance de mourir de la petite vérole était quarante fois plus grande que celle de mourir de l'inoculation, ce qui entraînerait des pertes parmi les vaccinés. La deuxième raison de le rejeter, c'est qu'il ne permet pas d'aller jusqu'au bout du raisonnement parce que personne ne peut prouver qu'une innovation n'aura aucun effet *nocif*. Troisièmement, le principe n'évacue pas les rapports de forces : il n'empêche pas les États-Unis de nourrir leur bétail avec des antibiotiques, ni les pêcheurs de vider la mer. Donc, il est dépourvu d'efficacité. Et, enfin, il paralyse par réglementation inadéquate ; donnons l'exemple assez – je n'ose pas dire amusant – du chikungunya à La Réunion qui aurait pu être arrêté par un larvicide antimoustique, mais dont la commercialisation n'a pas été autorisée par la Commission de Bruxelles. En somme, il sert d'excuse à l'immobilisme.

L'introduction du principe de précaution provient du fait que les grandes technologies que je viens de citer (nucléaire, OGM), qui possèdent un fort potentiel, sont justement (à cause de leur puissance) les bêtes noires des promoteurs du développement durable ! Exemple type de confusion mentale chez ceux qui rejettent les moyens d'obtenir la durabilité qu'ils affirment rechercher.

J. A. – Il y a bien entendu une question d'échelle. À celle du cosmos, nos capacités à infléchir le cours de l'évolution sont nulles ; par contre, elles ne le sont pas à l'échelle de la biosphère, tant est grand le lien entre les organismes vivants, entre eux et leurs milieux de vie. D'où les craintes à l'égard des OGM, comme déjà d'ailleurs les conséquences du recours excessif aux antibiotiques. Pour autant, faut-il s'interdire d'influencer, d'infléchir toute évolution, y compris du vivant, alors même que nous le faisons déjà, ne serait-ce que dans la pratique médicale mais aussi dans nos habitudes de vie ? Pourquoi ne pas chercher à être plus volontaires en même temps que plus responsables ? Il ne s'agit plus de chercher, comme vous le faites remarquer, à « aller moins vite dans le mur » (pardonnez-moi l'expression), mais plutôt à s'interroger en termes de projet et de risque. Comme vous (je peux tout de même être parfois en accord avec vous...), je trouve excessive la décision d'inscrire le principe de précaution dans la Constitution, du moins dans l'interprétation de prudence excessive qui en est trop souvent faite. N'est-ce pas une fois encore l'illustration de la tendance à la déresponsabilisation et une forme de retour au risque zéro ? C'est malheureusement une fois encore l'illustration d'une tendance à légiférer, avant d'apprendre à être responsable. La peur du gendarme, plutôt que la conscience de sa responsabilité. C'est plus simple sans doute, mais à terme c'est frustrant, desséchant, mortifère. Quant à la gestion du risque, les ingénieurs ont désormais abandonné l'idée d'atteindre un risque zéro ; mais nos sociétés y croient encore, tout en pratiquant des activités à hauts risques. Comme si la seule liberté qui nous reste est de faire l'ascension du mont Blanc en espadrilles, avec la certitude qu'un hélicoptère de la gendarmerie viendra à notre secours en cas de problème ! C'est inacceptable en termes de risque encouru par les gendarmes, mais cela montre malheureusement notre malaise à l'égard du risque.

Si nous admettons qu'il est impossible de réduire le risque à zéro, comment prétendre appliquer jusqu'au bout un principe de précaution ? Il y a bien un moment où il convient de choisir et de prendre un risque, sans oublier de l'évaluer, de le gérer, n'est-ce pas ?

J. B. – Comme vous le dites, le principe de précaution doit être remplacé par un principe de risque calculé et assumé que j'énoncerai : « L'action peut être entreprise à condition que le risque et le bénéfice en aient été évalués. » L'effort doit porter sur le processus d'évaluation et surtout sur le contrôle des évaluateurs. Sur le dos du tigre, nous sommes condamnés à vivre de plus en plus dangereusement, à mesure que l'accès aux ressources naturelles se complique et que les menaces se multiplient. Voilà notre civilisation à l'heure actuelle. Les gens de la technostructure le comprennent, les populations ne le comprennent pas. Pour illustrer l'idée par une analogie élémentaire, je rappellerai que l'on bâtit en France sur des terrains inondables ou dans des couloirs à avalanches, et l'imbécile qui a vu sa villa démolie demande au contribuable de le dédommager, tout en nous donnant des leçons sur le péril d'une centrale nucléaire. L'irresponsabilité est totale dans les pays en voie de développement qui construisent une partie de leurs mégapoles dans des zones sismiques ou parcourues par des ouragans. On peut attribuer cette habitude à l'appât du gain, la corruption, la pression démographique et à la pure et simple stupidité : bref, à la méchanceté telle que je la définis.

J. A. – Je crois malheureusement que vous avez en grande partie raison.

J. B. – L'adoption d'un principe de précaution par les politiciens qui le mettent à toutes les sauces provient d'idées fausses très répandues dont je vous cite quelques-unes en vrac.

La première concerne l'accident de Tchernobyl, dont à peu près personne ne veut savoir qu'il est dû non à la technologie, mais à l'idiotie des ingénieurs de la centrale, qui s'amusaient à tenter une divergence du réacteur : Tchernobyl est une crise soviétique et non une crise nucléaire, ce qui ne signifie pas qu'il faille la considérer comme bénigne. L'analyse de cette affaire ne doit pas conduire à la peur de la technologie nucléaire, mais à la prise en compte de ses risques sociétaux.

Une autre idée : on a répandu l'information que la dioxine est un poison. Donc, il ne faut pas construire d'usines d'incinération. Et, en leur absence, les ordures asphyxient Naples. L'accident de Seveso, qu'on cite comme l'exemple même de danger dû à la dioxine, n'a causé qu'un seul mort : le directeur de l'usine lynché par les Brigades rouges. On accuse aussi les nitrates d'être des poisons chimiques, mais ils sont inoffensifs pour l'homme. Manger 25 grammes de laitue est l'équivalent de boire un litre d'eau dite polluée par les nitrates, c'est-à-dire, selon les normes, en contenant 50 milligrammes par litre ; le danger est ailleurs, c'est celui qu'ils font courir à la biodiversité, dans les eaux courantes, les lacs et les estuaires.

Les OGM. Notons quelque chose d'assez plaisant, c'est que les gens s'imaginent que seuls les plants modifiés ont des gènes. Les « faucheurs volontaires » clament qu'il ne faut surtout pas étudier les problèmes soulevés par les OGM puisque ceux-ci ne devraient pas exister : exemple type de pensée prélogique.

Sans épuiser le sujet, j'arrête cette énumération sur une dernière idée fausse : la géo-ingénierie, c'est-à-dire l'idée qu'au moyen d'une méthode scientifique employée à l'échelle globale, on pourrait modifier le climat, par exemple, mettre en orbite de grands miroirs qui modifieraient la quantité d'énergie solaire entrant dans l'atmosphère, ou répandre des sulfates dans cette atmosphère de manière à diminuer l'absorption d'énergie solaire comme fait une éruption volcanique. Ces idées, je les attribue à des irresponsables. Tout écosystème est complexe. Si son évolution dépend de plusieurs paramètres, votre action modifiera ceux que vous ne connaissez pas, sans que vous puissiez prévoir comment. Des effets inattendus dépasseront votre horizon d'aujourd'hui. Rappelons-nous le Dr Armand-Delille qui a exterminé les lapins d'Europe en injectant la myxomatose à ceux de son parc fermé, en 1952. Et je crois qu'il faut s'opposer avec vigueur à ces mégalomanies.

L'homme, possesseur du monde

J. A. – N'êtes-vous pas en train de remettre en cause l'idée fondatrice des sciences modernes, celle de la célèbre formule de René Descartes que vous avez citée : « Devenir comme des maîtres et des possesseurs de la nature » ? Sans doute convient-il de comprendre correctement ce propos. Descartes dit bien : devenir comme, non pas se proclamer maîtres et possesseurs. La différence n'est pas mince : nous ne sommes pas et ne serons jamais les maîtres et les possesseurs d'une nature qui, de toute manière, nous dépasse largement, dans l'infiniment grand comme dans l'infiniment petit. Nous ne sommes pas les rois de la création ; nous en avons seulement hérité d'une part et pour un temps. Nombreux sont les penseurs écologistes à nous l'avoir rappelé ; j'en trouve une belle expression dans le droit spatial. Celui-ci, à propos de l'exploration, de l'exploitation de l'espace et de ses ressources, les déclare comme étant l'apanage de l'humanité. Je trouve l'idée intéressante, car l'apanage, dans l'Ancien Régime, désignait la portion de territoire donnée aux membres de la famille royale qui ne pouvaient accéder à la couronne. À plus d'un titre (philosophique, théologique, mais aussi biologique), nous pouvons dire que l'humanité est de « sang royal » : elle possède un arbre généalogique particulièrement prestigieux ; pour autant, elle ne peut s'arroger la couronne ou le titre du roi ! Son pouvoir, son royaume paraissent ridicules à l'aune du temps et de l'espace cosmiques. La Terre lui est donnée comme un apanage, un petit domaine où elle peut agir comme si elle avait le pouvoir royal, avec tout ce que cette charge comporte en termes de prestige, de possession, mais aussi de responsabilités, puisqu'elle devra un jour la remettre aux générations futures, humaines ou non.

J. B. – Vous ouvrez là une porte vers une discussion où nos idées ne seront pas réconciliables. C'est une vue chrétienne que la Terre est l'apanage de l'homme. On en déduit aussitôt que les créatures vivantes peuvent être exploitées à son avantage comme les ressources minérales. Darwin que vous admirez, je crois, a introduit l'idée que les animaux ne sont pas différents en nature de l'homme, et ce que j'ai écrit sur leur sort montre que je n'accepte pas les conséquences de la notion d'apanage[1]. Peut-être les chrétiens devraient-ils réfléchir sérieusement aux excès actuels. Et je pense en effet

1. Voir « Documents », p. 305-324.

que la phrase de Descartes doit être remise en cause puisque nous sommes effectivement devenus les maîtres de la nature et que nous en usons comme si nous la possédions, ce qui n'est pas tout à fait pareil. Non, la Terre n'appartient pas à l'homme s'il ne la gère pas en bon père de famille.

J. A. – Je ne suis pas certain que la notion d'apanage puisse être limitée à la seule sphère chrétienne. Celle-ci y a évidemment recours, mais elle n'est pas la seule. La preuve en est ma mention du droit spatial. Tout dépend évidemment de la manière dont nous comprenons, interprétons les notions de possession, de maîtrise, de domination. Ce sont là des questions largement débattues avec les milieux écologistes, en particulier avec les partisans de l'écologie radicale ou encore ceux qui prônent une extinction volontaire de l'espèce humaine. Car ces derniers, minoritaires, existent bien ; l'un d'entre eux, partisan du « mouvement pour l'extinction volontaire de l'humanité » (*sic*) explique : « L'alternative optimiste à l'extinction de millions, si ce n'est de milliards d'espèces de plantes et d'animaux est l'extinction volontaire d'une seule de ces espèces : l'*Homo sapiens,* c'est-à-dire nous[1]. » Qui dit extinction volontaire dit forme de suicide ; sommes-nous candidats ? Hans Jonas, dont nous avons déjà évoqué et discuté l'impératif catégorique, écrit à ce propos : « De l'humanité à venir on ne peut ni obtenir ni supposer un accord relativement à leur inexistence ou à leur déshumanisation ; et si l'on voulait malgré tout le supposer (une supposition presque démentielle), il faudrait la rejeter pourtant ; car il existe (ce qui reste toutefois encore à montrer) l'obligation inconditionnelle d'exister de l'humanité, qu'il ne faut pas confondre avec l'obligation conditionnelle d'exister de tout individu particulier[2]. » En tout état de cause, il paraît bien nécessaire d'échapper à l'*hybris*, à l'orgueil démesuré et excessif. Le mal est trop souvent dans l'excès. Malheureusement,

1. Cité dans Laurent Larcher, *La Face cachée de l'écologie. Un antihumanisme contemporain ?*, Cerf, 2004, p. 119.

2. Hans Jonas, *Le Principe responsabilité*, *op. cit.*, p. 84.

nos sociétés n'y échappent pas, elles qui n'hésitent pas cultiver des tomates sous serre à grand recours d'un pétrole de plus en plus coûteux ou encore à faire voyager leurs denrées alimentaires à travers le monde entier. Est-il raisonnable de manger des fraises à Noël ? Sans verser dans les excès de l'écologie radicale, ni dans ceux d'un retour au passé, un peu plus de bon sens serait parfois nécessaire, vis-à-vis de ce genre d'excès... Il en est sans doute de même dans la manière d'évaluer certaines propositions techniques et scientifiques ; je pense ainsi aux OGM ou encore aux énergies.

J. B. – Vous avez raison d'en appeler au bon sens, qui est cependant, contrairement à l'affirmation de Descartes, la chose au monde la moins partagée. Vos considérations font comprendre que les OGM doivent être expérimentés dans des conditions contrôlées, et non bannis sans rémission. Les idées fausses servent à empêcher les gens de voir le danger en se réfugiant dans le *yaka*. Quant à l'introduction de grands moyens destinés à modifier l'environnement naturel, je me bornerai à répéter qu'on peut entreprendre des projets à retombées lointaines à condition d'en avoir analysé le risque systémique, c'est-à-dire d'avoir établi un bilan complet de leurs implications, en pleine connaissance des intérêts publics et privés qui combattent ou soutiennent les promoteurs. Je ne suis pas sûr que les barrages d'Assouan et des Trois-Gorges auraient dû être construits. Vous vous souvenez sans doute de la croisade pour le maïs de Nikita Khrouchtchev et du grand bond en avant de Mao Zedong. Prenons un exemple récent, quasi caricatural. L'Égypte a longtemps rêvé de convertir le désert en ferme. Tashka, une oasis au paysage lunaire, abrite le plus ambitieux de ses projets. À son début, en 1997, le président Hosni Moubarak a comparé à la construction des pyramides sa volonté de mettre en culture 200 000 hectares et d'y attirer des dizaines de milliers de fellahs. Personne n'est venu, et seulement 12 000 hectares ont été plantés. La gloriole gouvernementale ne saurait résoudre le vrai problème : la population du pays qui compte 77 millions d'âmes doublera d'ici 2050 alors que le revenu d'une terre déjà surexploitée ne dépasse pas 2 euros par jour et stagne depuis cinquante ans.

J. A. – Sans oublier que ces idées fausses dont vous parlez ne concernent pas seulement les sciences et les techniques ! Si Monsanto s'est lancé dans la production d'OGM, son objectif est-il de nourrir la planète ? Évidemment non, mais d'abord de vendre un produit, éventuellement de conquérir un monopole. De scientifique (je veux dire : quel danger courrons-nous en diffusant des OGM ?), la question devient économique et sociale : qu'entraîne la perte de la diversité non seulement des semences mais aussi des pratiques culturales ? L'introduction d'OGM dans certains pays en voie de développement ne risque-t-elle pas de déstabiliser, voire de faire éclater des structures sociales ? Une fois encore, nous touchons la question des rapports entre le productivisme et l'humain, le tout dans un terrible rapport de pouvoirs et d'enjeux.

J. B. – Les défis que nous devons affronter imposent aux scientifiques et aux ingénieurs un certain nombre de devoirs : poursuivre la recherche, formuler et analyser les options pour les décideurs, informer le public, aider les responsables politiques et les chefs d'industrie à comprendre les problèmes tant locaux que systémiques. La communauté scientifique devrait constituer le conseil du gouvernement dans les domaines où la science et la technologie produisent un impact sur la société. Or ce n'est pas le cas. Le changement climatique semble une exception en ce sens que le GIEC[1] est considéré dans un certain nombre de pays comme un organisme à écouter. Il n'en est pourtant pas ainsi partout. Le gouvernement russe, le gouvernement américain affectent de le prendre pour un groupe biaisé qui nuit à leurs intérêts pétroliers. Une situation étonnante se développe où, dans un pays comme le nôtre, avec son grand passé et sa communauté scientifique vivace et productive, la classe politique prend pour mentors un animateur de

1. GIEC : Groupe d'experts intergouvernemental sur l'évolution du climat, formé de l'ensemble des spécialistes mondiaux du climat.

télévision pour les questions d'environnement et un agitateur, pseudo-paysan à moustaches, pour les questions d'agriculture et d'OGM. Cette désaffection pour la science et cette antipathie pour la façon dont fonctionne la communauté scientifique a un effet négatif – pas seulement dans les banlieues mais aussi dans les parties les plus hautes de l'État. Au long de ma carrière j'ai rencontré cette haine des décideurs contre les scientifiques. Quand mon ami Carl Sagan, invité à un petit déjeuner par le président Jimmy Carter, a essayé de le convaincre de soutenir la recherche fondamentale, il a reçu la réponse de ce dirigeant à formation d'ingénieur : « Il n'y a pas de votes là-dedans. »

J. A. – Désaffection, méfiance, antipathie vis-à-vis de la science. Je fais le même constat que vous aussi bien dans les sphères politiques que religieuses. Nous connaissons tous les deux les enjeux liés aujourd'hui à l'enseignement des sciences, à leur vulgarisation.

J. B. – Pour résumer notre propos sur l'action scientifique, il ne faut pas surévaluer son efficacité dans les conditions socio-économiques actuelles. Certes, elle apporte des connaissances ; elle permet véritablement de surveiller d'une façon aussi neutre, aussi correcte que possible, la situation en ce qui touche l'environnement terrestre, l'ensemble des besoins de l'humanité, y compris la santé. En ce qui concerne son emploi pour conduire l'évolution mondiale, il convient d'être réservé, *parce que l'écologie humaine s'oppose à l'écologie de la planète*[1]. Et tant que l'humanité n'était pas nombreuse, cette opposition n'avait pas de conséquences. L'idée généreuse de progrès, qui a dominé la pensée européenne depuis trois cents ans, est morte, tuée par son succès, depuis qu'elle a été adoptée et appliquée par une population en croissance illimitée, et elle n'a été remplacée que par l'incertitude, voire l'inquiétude. Pour résumer ma pensée, j'affirme que les remèdes aux maux causés par le productivisme ne peuvent être trouvés dans une augmentation du productivisme. Or cette augmentation est exactement la solution adoptée

1. Jean de Kervasdoué, *Les Prêcheurs de l'Apocalypse*, Plon, 2007.

aujourd'hui partout. Elle est vouée à l'échec parce que la rapidité de l'évolution ne permet pas de mettre en place des solutions techniques et écologiques dans le temps qui précédera la crise. Il a fallu dix ans, pendant les années 1970, pour mettre en place l'industrie de l'énergie nucléaire qui était entièrement connue. On nous parle d'innovations qui n'existent pas et dont les constantes de temps sont au moins de plusieurs dizaines d'années. La science, qui fonctionne très en amont, n'a pas les moyens de nous sauver, mais seulement de nous alerter.

J. A. – Pas question donc pour les scientifiques de dire : « Nous avons la solution ; fiez-vous à nous », pas plus que : « Nous sommes fautifs, nous ne ferons plus rien. » Leurs travaux font partie de ce que nous léguerons aux futures générations…

J. B. – Si nous léguons quelque chose !

4

La méchanceté

On ne rit plus : en 2050, trois à quatre hommes sur neuf vivront dans un bidonville. Si tel est le destin de notre espèce, c'est que ses pulsions de vie et de mort l'entraînent sans frein.

Vues de la Terre promise

JACQUES ARNOULD – Vous m'avez proposé de consacrer ce nouvel entretien au thème de la méchanceté humaine. Je sais que vous êtes particulièrement sensible à certaines situations où celle-ci s'exerce, s'illustre oserai-je dire. Pouvez-vous m'en dire davantage ?

JACQUES BLAMONT – Personne ne peut contester qu'aux alentours de 2050, entre 3 et 4 milliards d'êtres humains sur 9 habiteront dans des bidonvilles parmi les déchets et les eaux usées, abreuvés par la télévision, dévorant ce que nous leur laissons des ressources naturelles accumulées depuis cinq cents millions d'années.

Permettez-moi de vous présenter ma vue de la Terre qui leur est promise au moyen d'exemples choisis à deux extrémités du monde, l'un aux Philippines et l'autre au Maroc.

Teresa Janoras[1], âgée de 46 ans, a quitté son village il y a trente ans et depuis ce temps gagne son existence en ramassant des ordu-

1. Seth Mydans, *International Herald Tribune* , 22 mai 2006.

res à Manille. Elle dit que les ordures ont été bonnes pour elle : « Pas de patron… vie libre. Ici, le seul souci est de survivre, et le tas de déchets permet d'y arriver. » Janoras vit dans l'immondice 11 heures par jour. Dans ses meilleures journées, elle gagne 3 dollars ; elle est une des 150 000 personnes qui manipulent les 6 700 tonnes d'effluents produits chaque jour par la mégapole. Un quart est rejeté dans les champs, les rivières ou la mer. Les dix dépotoirs dégorgent mais aucun nouveau site n'a été trouvé pour les soulager. Le lieu de travail de Janoras est Payatas, une montagne de détritus de 30 mètres de haut que la mousson, il y a six ans, a fait s'effondrer, enterrant plus de 200 piocheurs. Quand il pleut, l'odeur repousse même les professionnels au bas de la montagne, la main sur le nez, la boue monte au-dessus des bottes. Pendant la période sèche, soulevant une poussière fine qui remplit les poumons d'un aérosol puant, minute après minute durant 16 heures, 400 camions apportent chaque jour 1 800 tonnes de rebuts à Payatas sous les essaims de mouches. Janoras s'est spécialisée dans la viande pourrie dont elle remplit des sacs plastique récupérés dans le tas et les vend à un intermédiaire pour nourrir des cochons. Chaque soir elle rentre chez elle à 1 500 mètres du dépôt où Edgar, son chômeur de mari et ses deux fils également chômeurs l'attendent. À 47 ans, le mari affirme qu'il est trop vieux pour travailler. Le chat et le chien sont bien nourris ; les moustiques pullulent.

L'administrateur du dépôt, Jameel Jaymalin, dit qu'il existe un programme pour réinsérer chez eux les ramasseurs, mais qu'ils reviennent tous ici : la campagne n'offre aucune distraction. Ils préfèrent vivre en ville. Ils aiment la ville.

J. A. – Le premier exemple que vous me proposez est évidemment poignant. Il nous interroge sur notre capacité ou plutôt notre incapacité à réagir, face à une telle situation sociale, malheureusement si répandue. Une situation d'autant plus difficile à prendre en charge qu'elle ne manque pas d'aspects étonnamment positifs : ces gens, en toute sincérité, préfèrent la ville, autrement dit le bidonville, à la campagne. Qui oserait les renvoyer dans leur village d'origine ? Et votre deuxième exemple ?

J. B. – Il s'agit de celui de Casablanca, pour lequel je suivrai étroitement la belle étude de Selma Belaala[1].

Les attentats de Casablanca du 16 mai 2003 et ceux du 11 mars 2004 à Madrid ont révélé au monde l'implantation d'une forme nouvelle de l'idéologie fondamentaliste, le *takfir*, qui condamne les dirigeants musulmans comme apostats. Ce courant use de la violence contre les États afin de les contraindre à « un retour aux lois de Dieu et à la société prophétique de l'islam originel ». Il ne vise pas uniquement à renverser des régimes corrompus et impopulaires, mais aussi à épurer en profondeur l'ordre politique.

Né dans les années 1970 par une scission de la secte des Frères musulmans égyptiens, le *takfir* Wal-Hijra est devenu l'une des idéologies de la violence répandues dans le monde musulman depuis le début des années 1990.

La majorité des groupes takfiristes sont issus des bidonvilles de Casablanca, de Meknès, de Fès et de Tanger, ainsi que des faubourgs des autres villes marocaines. Lors de la seule année 2002, ils ont assassiné quelque 166 civils... Leurs fiefs se situent dans ce qu'on appelle *al-karyan*, les anciennes carrières situées dans des zones industrielles laissées en friche après l'indépendance en 1956, et devenues des zones de relégation. Depuis plusieurs décennies, les constructions informelles s'y multiplient, dans lesquelles échouent les paysans sans terre, déracinés des campagnes pauvres.

Dans le grand Casablanca, le douar Sekouila, fief de l'« émir » Fikri, et les bidonvilles Thomas et Lahraouiyine, quartiers d'origine des kamikazes karyanistes du 16 mai 2003, se sont créés illégalement. Assemblages de planches et de cartons trouvés dans les rues, les baraques de fortune y sont disposées non en ruelles mais en blocs anonymes, formant des quartiers sans identité publique. Leurs habitants ne survivent qu'au moyen du trafic et du larcin. Situés à moins d'une demi-heure du centre-ville de Casablanca, ces

1. Selma Belaala, « Misère et djihad au Maroc », *Le Monde diplomatique*, novembre 2004, n° 608.

ghettos n'ont ni eau courante, ni égouts, ni électricité, et les eaux usées stagnent dans les ruelles en terre, fermentent sous la chaleur et attirent des nuées de moustiques. Les habitants des quartiers résidentiels les surnomment « Tchétchénies ».

J. A. – Et comment analysez-vous le lien qui existe apparemment entre une situation sociale dramatique et la diffusion d'une idéologie de violence ?

J. B. – Les salafistes du *takfir* ne sont pas des jeunes gens issus des quartiers populaires de la médina, ni même des cités ouvrières ou des grands ensembles depuis longtemps désertés par les partis, les syndicats de gauche et l'extrême gauche, et quadrillés depuis vingt ans par les militants islamistes traditionalistes, mais des aliénés issus de milieux sociaux désintégrés qui n'ont connu que l'univers des ghettos et ont été traités par la société comme des rebuts.

La décomposition de la culture du quartier urbain à l'antique est pour beaucoup dans la propagation du salafisme takfiriste. Traditionnellement, la convivialité dans les médinas s'organise autour de la mosquée, du four à pain et du bain maure. Si les plus démunis y survivent grâce au commerce clandestin et à la solidarité traditionnelle, il en va autrement dans les bidonvilles où l'absence de cette organisation typique des anciens quartiers populaires a empêché la construction d'un lien social, preuve que l'islam salafiste marocain est le produit de la désagrégation de l'islam traditionnel et non de la résurgence de celui-ci. L'inexistence d'activité économique, l'isolement de la population et la rupture avec le reste de la société encouragent alors les comportements marginaux.

Comparés aux quartiers de la vieille ville où le souk bourré de petits commerces grouille de monde, les faubourgs takfiristes effrayent par leur solitude. De surcroît, faute de transports en commun, les habitants sont condamnés à l'enfermement. Éloignés de toute source d'emploi éventuel et survivant avec presque rien, la plupart des karyanistes fondamentalistes n'ont jamais vu le centre urbain. Cet éloignement fait dire à beaucoup, non sans ironie, que les kamikazes du 16 mai 2003 ont découvert Casablanca le jour de l'attentat.

Pendant longtemps, au bidonville Lahraouiyine, réputé principal bastion takfiriste du Grand Casablanca, la police n'a jamais pénétré. On n'y trouve aucune présence de l'État ou des services publics : ni école, ni dispensaire, ni bureau de poste, ni caisse d'épargne, ni transports en commun… Quelques charrettes en bois, traînées par de squelettiques mulets, acceptent de remonter la route nationale vers cette banlieue classée depuis les attentats comme la localité la plus dangereuse du pays. Par peur de la délinquance et des salafistes locaux, les taxis collectifs refusent de desservir ce qui devient peu à peu une sorte de *no man's land* ; les téméraires chauffeurs qui acceptent de faire le déplacement demandent une « prime de risque ». Les occupants, repoussés, se sont barricadés dans une forteresse de haine. À leur tour, ils ont rejeté tous les autres, y compris leurs voisins des cités HLM de Ben M'sik, ancien bastion des émeutes populaires durant les années 1980, situé à quelques kilomètres. La violence, les agressions, voire les exécutions, contre les habitants dans les *karyan* fondamentalistes se comptent par centaines, sans que la police intervienne dans ces zones de non-droit.

J. A. – Votre exemple est évidemment terrible ! La situation est celle d'un ghetto d'autant plus incroyable que ses occupants eux-mêmes s'y sont retranchés. L'homme devient un loup pour l'homme dès lors que toute réalité sociale, hormis celle de la haine, disparaît. Rien à voir avec la situation aux Philippines !

J. B. – Sept kamikazes marocains se sont suicidés lors de trois vagues d'explosions les 11 mars, 10 avril et 14 avril 2007 à Casablanca, ne laissant derrière eux que des interrogations. Plusieurs venaient de Sidi Moumen, un des bidonvilles principaux de la mégapole. Le rap et les études pour les plus chanceux ; la drogue, les vols à la tire ou les petits trafics pour les autres ; parfois, l'islam : serait-ce l'ordinaire des jeunes Marocains ? « Dans cette zone de désespérance et de précarité qu'est leur vie, se faire exploser peut paraître une manière de sortie relativement banale, c'est une possibilité parmi d'autres », avance Mohamed Tozy, professeur en sciences politiques à l'Université Aïn-Chak de Casablanca.

Le rôle des chaînes arabes de télévision est à prendre en compte. La chaîne qatarie Al Jazira a annoncé le 10 avril en direct que deux voitures avaient explosé devant la synagogue. La chaîne Iqraa, qui diffuse en boucle des prêches virulents est l'une des plus regardées au Maghreb. Sans compter les mille et une cassettes vidéo et les DVD de propagande djihadiste qui circulent dans tout le royaume.

À ce maillage télévisuel s'ajoute l'impact grandissant d'Internet, « qui joue un rôle déterminant dans le recrutement des futurs kamikazes », selon le chercheur en sciences politiques Abdellah Rami, récemment interviewé par l'hebdomadaire *Le Journal*. Même les bidonvilles, on l'a vu à Sidi Moumen, ont leurs cybercafés… Ravis, happés, les jeunes deviennent « les otages d'un monde djihadiste virtuel qui les isole subtilement mais totalement de leur vécu », souligne l'universitaire, auteur d'une étude sur « le réseau de la *salafiya djihadiya* et son activité sur Internet ». Les futurs « martyrs » des rues de Casablanca (et d'ailleurs) « deviennent une arme qui peut être actionnée à distance, à tout moment », ajoute le jeune chercheur.

Le moi et le ça de l'humanité

J. A. – Je comprends, à partir des deux exemples que vous m'avez présentés, pour quelles raisons vous pouvez avoir une vision assez noire de la population humaine d'ici un demi-siècle !

J. B. – Les uns, heureux dans l'immondice, les autres, barricadés dans la forteresse de la haine, constitueront pour plus du tiers les membres de l'espèce humaine en 2050. Quelle cause nous amène à un tel effondrement de l'éthique ? Pourquoi le devenir de l'homme sombre-t-il dans la merde ? Plus d'un tiers de l'humanité, c'est-à-dire 2,5 milliards de personnes, utilise des latrines dépourvues de garantie contre les maladies liées aux matières fécales. Selon l'OMS et l'UNICEF, 1,2 milliard vont se soulager dans les terrains vagues, non sans consacrer une demi-heure par jour à trouver un endroit isolé. Que sera-ce avec l'extension des mégapoles ? Ce qui caractérise la condition de ces milliards de pauvres, c'est qu'ils sont séparés du milieu où vivaient leurs ancêtres. Mais il en est de même pour nous, nations développées, et c'est beaucoup plus grave parce que nous avons le pouvoir. Jusque vers 1900, l'homme était encore resté une composante interne de la nature à laquelle il obéissait. En 2000, la nature est devenue une composante interne de l'homme et lui est asservie, réduite à un artefact de l'esprit humain selon la juste expression d'Ulrich Beck. Cette inversion irréversible est le fait majeur de l'histoire. L'homme ne rencontrera plus que sa propre image dans un monde devenu un jeu de miroirs, artificiel, manipulable et fabricable. L'évolution de la biosphère qui bricolait en utilisant le hasard a été prise en main par le cerveau d'*Homo sapiens* qui fait mieux et plus vite, car il applique un plan. La technique de l'ingénieur est désormais l'outil qui façonne notre rapport avec l'univers, en commençant par nous-mêmes. La logique de projet domine la pensée et le comportement de l'humanité ; elle consiste à instrumentaliser tous les acteurs et facteurs dans une structure hiérarchisée en vue d'obtenir un rendement maximum à partir des moyens disponibles ou, si l'on veut, un profit maximum. Et cette industrialisation coïncide si bien avec l'être de notre espèce qu'elle en fait apparaître le socle : la méchanceté.

J. A. – Je retiens ce que vous venez de dire à propos de l'effondrement de l'éthique ; faut-il se contenter de le constater ? Lorsque je vous disais que l'enjeu est aujourd'hui de s'interroger sur l'être tout autant que sur le faire, c'est entre autres à la nécessité d'une réflexion éthique que je faisais allusion…

J. B. – Une métaphore inspirée par Freud nous fait entrevoir le fond des choses.

Dans l'étude de l'esprit humain, le ça est l'instance psychique superposée au concept d'inconscient qui définit chez un individu le pôle pulsionnel de la personnalité. C'est du ça, réservoir d'énergie sous-jacente qu'émerge le moi sous l'action des contraintes extérieures. Le moi et le ça s'affrontent l'un à l'autre dans une arène intemporelle où règnent éros et thanatos.

À l'humanité considérée comme un tout, à son fonctionnement collectif, peuvent s'étendre ces concepts, le moi dans la lumière de la prouesse spirituelle et intellectuelle, et le ça dans l'ombre de l'atrocité primitive sans loi. Le XXe siècle a vu la puissance du ça grandir grâce à sa mobilisation d'éros pour la prolifération sans précédent de l'espèce et à son alliance avec thanatos pour la surexploitation mortifère des êtres vivants ; le XXe couronnera son triomphe éphémère.

On nous assomme avec le changement climatique dont se sont emparés les politiciens, les belles âmes et maintenant les capitaines d'industrie. Loin d'en nier l'existence et les conséquences, je crois que ce phénomène ne constitue qu'une menace parmi d'autres qui procèdent de la même origine. Dans notre premier entretien, j'aboutis en effet à l'idée que l'humanité subira une crise d'ici une cinquantaine d'années, disons dans le cours du XXIe siècle. J'avance maintenant que cette évolution provient de la méchanceté de l'homme. Par méchanceté, j'entends le transfert à la société humaine entière des pulsions agressives de chacun, éros et thanatos, pulsion de reproduction et pulsion de mort. Vie et mort. Cette socialisation a souvent existé et elle resurgit de temps en temps à travers l'histoire, mais s'y ajoute aujourd'hui un fait nouveau, la mise à sa disposition d'une organisation rationnelle efficace, d'une logique d'ingénieur, qu'on peut appeler industrialisation et qui lui donne une force inouïe. Cette dernière composante m'amène à préférer le mot « méchanceté », qui sous-entend une certaine conscience dans le mal, à celui de « voracité », trop proche du comportement instinctif.

Ce vers quoi tend notre condition

J. A. – Vous m'avez fait lire votre « document » sur la méchanceté[1]...

J. B. – Oui, j'ai commencé par le rappel d'un génocide, l'extermination des juifs par les nazis, et poursuivi par celui de la révolution culturelle chinoise. Nous pourrions citer des crimes plus récents comme les assassinats en masse du Cambodge et du Rwanda, qui se placent dans la même lignée, en plus petit. L'exemple qui me tient à cœur est le traitement que nous infligeons aux animaux, lié à l'augmentation de la consommation de viande surtout dans les pays en voie de développement. Cette consommation exige une production utilisant des moyens industriels qui, jusqu'à présent, n'existaient pas, et qui se sont développés dans les trente ou quarante dernières années. Les premiers exemples illustrent le mépris de tout ce qui n'est pas soi, c'est-à-dire la tribu de l'autre côté de la rivière ou de la colline. L'exemple qui suit insiste sur le mépris de ce qui n'est pas l'espèce humaine. Et le dernier sera la multiplication des bidonvilles, c'est-à-dire un mode de vie dégradé, étranger à la nature et à la vie traditionnelle, qui force les gens à subsister dans des conditions très difficiles d'inconfort, de rupture et surtout d'horizon.

J. A. – Vous pouvez vous douter que je suis comme vous touché par les situations que vous avez choisies et que vous décrivez. Permettez-moi de revenir sur la dernière, celle des bidonvilles. Pourquoi me frappe-t-elle ? Parce que les bidonvilles sont en quelque sorte l'expression sociale et urbaine de ce dédain de l'homme pour l'homme, parfois même de la méchanceté entre humains. Refuser le dédain, la méchanceté, c'est évidemment là une bonne raison de ne pas accepter que des hommes, des femmes, des enfants vivent, survivent parfois dans l'absence d'hygiène, de confort, de protection. Et pourtant, nous laissons faire, nous laissons même ces

1. Voir p. 277 *sq*.

situations se développer. Je ne sais pas s'il faut dire que nous fermons les yeux ou bien si nous les gardons froidement ouverts, ayant rompu toute connexion entre les faits observés et le sentiment d'appartenir à la même humanité, nous rassurant éventuellement en apprenant que les habitants des bidonvilles, à la différence des sans domicile fixe de nos villes, vivent dans des lieux relativement organisés, voire officialisés, ont plus souvent un travail, une famille, etc. Pour autant, je suis frappé par notre capacité, ma capacité, à accepter que des humains vivent dans de telles conditions. Est-ce là ce que vous entendez par méchanceté ?

J. B. – Toutes les sociétés ont sécrété des pauvres, et donc on ne va pas se mettre à découvrir un fait aussi banal. Par exemple aujourd'hui, on parle de gens dits en état de grande pauvreté ; en France, à peu près 5 % de la population vit avec ce niveau de ressources, c'est-à-dire dispose de revenus de quelques euros par jour. Chez nous, le nombre de ces gens diminue en valeurs relative et absolue ; il y a trente ans, leur pourcentage était deux fois plus élevé. On en discourt beaucoup maintenant que nos concitoyens ont adopté une attitude compassionnelle : quand on voit un pauvre, on pleure. Bon, mais ce ne sont pas eux que je trouve préoccupants ! Quand j'attire votre attention sur le bidonville, il ne s'agit pas dans mon esprit de marginaux traditionnels qui représentent un petit pourcentage d'une population riche, mais d'un phénomène qui se produira dans les prochaines années au niveau global. Aujourd'hui vivent dans le monde 6,5 milliards d'hommes et de femmes ; sur ces 6,5 milliards, 1 milliard occupent des bidonvilles. La population totale augmentera pour atteindre, en 2050, environ 9 milliards. *Pratiquement tous les gens qui s'ajouteront aux 6 milliards se retrouveront dans des bidonvilles* : c'est dire qu'en 2050, ils n'y seront pas 1 mais 3 à 4 milliards, c'est dire que, non pas 5 %, mais de l'ordre de 30 à 40 % de l'humanité vivront sans eau potable, sans égouts, sans fosses septiques, et avec, pour bien principal, la télévision. La télévision, c'est-à-dire le rêve distribué à des gens abîmés devant leur poste et qui n'ont rien d'autre à faire qu'à ronger leur frein…

J. A. – Nous reviendrons à cette image, déjà largement répandue, de la télévision dans les bidonvilles… Auparavant, je voudrais réagir à ce que vous venez de dire à propos de l'attitude de nos contemporains : « Quand on voit un pauvre, on pleure. » Vous appelez cela de la compassion ; moi je parle de pleurnichage ! Ce qui me pose question, c'est de pouvoir côtoyer des SDF, éventuellement traverser des bidonvilles, sans être véritablement bouleversé, sans véritablement me demander : « Est-il normal qu'il en soit ainsi ? Est-il normal que je sois aussi insensible à ces situations de détresse que je vois, que je côtoie tous les jours ? » Évidemment, je peux trouver toutes les bonnes raisons de rester dans mon mutisme, mon insensibilité, mon désintérêt : il y a des structures, des associations pour aider ces gens-là ; mes moyens sont tellement limités. Je peux même soupçonner certains d'être paresseux ou profiteurs ; et pourquoi n'irais-je pas jusqu'à penser : c'est leur destin et, tant mieux, ce n'est pas le mien ! Je ne dis pas que ce soit normal, au sens d'une norme morale ; je constate que nous sommes psychologiquement bâtis de telle manière que nous puissions accepter de telles situations sans craquer, sans nous faire un devoir de donner, comme saint Martin, la moitié et plus encore de notre manteau ! Nous n'en sommes pas moins humains ou nous sommes invités à l'être. Ne pas pouvoir aider tout le monde, du SDF qui fréquente ma station de métro à la petite fille de Bombay dont la mère est obligée de se prostituer pour faire vivre sa famille n'est pas une raison pour oublier d'être humain, surtout lorsqu'il nous arrive de les rencontrer. Tous les chrétiens et d'autres même ont en mémoire la parabole du bon samaritain ; attention, c'est là une parabole, une histoire singulière : nous ne rencontrons pas tous les jours des gens à moitié morts sur le trottoir. Je croise plus souvent des hommes et des femmes blessés par la vie, écrasés par la maladie ou une situation économique précaire, marginalisés ; je suis le plus souvent incapable de leur proposer la moindre solution, mais je puis du moins passer un moment avec eux, leur adresser un mot, leur parler. Vous le savez : la méchanceté peut se réduire à peu de chose : un geste de dédain, un mutisme peuvent être plus douloureux qu'un coup de poing. Bon, je ne vais pas nous faire une leçon de morale ; mais c'est un peu cela aussi que je voulais dire lorsque j'invite à placer l'être avant le faire. Que voulons-nous être, que proposons-nous d'être ? Et c'est pour cette raison que je ne peux que vous rejoindre lorsque vous dénoncez le rêve, le monde virtuel, véhiculés par la télévision, jusque dans les bidonvilles d'aujourd'hui et de demain…

J. B. – Après avoir écrit la dernière page du *Siècle des menaces*, je me suis rendu compte que ma vision du futur ressemblait beaucoup à la solution imaginée par Aldous Huxley dans *Le Meilleur des mondes*. Elle ne s'appelle pas la télévision, qui n'existait pas au moment où ce roman fut publié ; Huxley lui donne le nom de *soma*, c'est une drogue, et les gens placés au bas de l'échelle, les *epsilon-moins*, prennent la drogue pour passer le week-end. Dans mon livre, je pensais au comportement des citoyens développés comme vous et moi, mais, maintenant, j'ai étendu cette vue aux gens très, très pauvres, aux vraiment sous-développés aussi bien qu'aux peuples émergents, ou même aux ressortissants des pays « échoués » en voie de décomposition, car c'est chez eux que les moyens de communication se développent le plus vite. Chaque mois 8 millions d'Indiens achètent un téléphone portable. Les Africains les plus démunis ne peuvent s'en passer. Au fond de la steppe, les nomades mongols alimentent leur récepteur de télévision avec des panneaux solaires photovoltaïques. Ces moyens-là deviennent de moins en moins coûteux, quels qu'ils soient, ordinateurs pour accès à Internet, on parle maintenant de pouvoir acquérir des ordinateurs pour 100 dollars, des téléphones portables munis de télévision, et donc les gens à 1 dollar par jour qui seront 3 ou 4 milliards dans les bidonvilles, les *epsilon-moins* du monde entier vivront dans un contraste extraordinaire, encore jamais vu, entre leurs conditions réelles et le monde virtuel auquel ils consacreront plusieurs heures de leurs journées. Et contrairement au *soma* qui euphorisait, leur drogue les enragera d'envie et de haine.

Volonté et nolonté

J. A. – Ce que je retiens, de votre analyse du *Meilleur des mondes* et de l'engouement actuel pour la télévision et le téléphone portable, ce n'est pas le monde virtuel qu'ils construisent ou qu'ils promettent, mais le caractère industrialisé ou en voie d'industrialisation d'une demande très ancienne chez l'homme. Nous ne pouvons tout de même pas nous étonner et encore moins nous offusquer du désir, du rêve, tellement humain, d'être ailleurs, en meilleure ou plus agréable compagnie ! Comme nous parlons des bidonvilles, je ne peux m'empêcher de penser à ma visite, ancienne déjà, de ces quartiers du Caire où des familles se sont installées dans des cimetières, vivent au milieu même des tombes. Étrange et terrible situation de marginalisation extrême. J'y ai vu des enfants jouer au cerf-volant ! Je suppose qu'ainsi ils tentaient de s'échapper un instant de leur dramatique quotidien, de leur horizon bouché, je dirais enterré. Que de rêves, que d'espoirs accrochés au mince fil de leur jouet ! En Inde, au début de l'année, existe une fête un peu comparable, au cours de laquelle des milliers de cerfs-volants s'envolent dans le ciel des villes. Où sont le mal, la méchanceté, dans ces pratiques ? Nulle part, évidemment. Que serait devenue notre humanité, sans cette capacité à s'échapper, même un instant, mais jamais inutilement, de sa condition, parfois si pénible ? Je vous rejoins lorsque vous dénoncez une possible industrialisation, autrement dit une mainmise sur cette extraordinaire capacité humaine d'imaginer et de rêver. C'est là une manipulation, une perversion que nous ne devons pas accepter. Là aussi se trouve de la méchanceté puisqu'elle nie ou écarte toute liberté.

J. B. – L'idée de la manipulation ne m'effraye pas, il est ordinaire d'affirmer que des groupes supranationaux ont le profit pour objectif, et veulent maintenir les gens dans un état disons de soumission pour répandre leurs produits. Non, ce n'est pas ça qui me choque parce que c'est quelque chose qui est toujours arrivé, qui arrivera toujours. Il y a des gens qui sont puissants et qui imposent leur volonté. Je place ailleurs la méchanceté, au centre même de la condition humaine désormais définie par l'urbanisation, puisque 80 % de l'humanité sera urbanisée en 2050, 2060. Cette tendance de fond dépasse pour moi ces questions de domination traditionnelle. Il y a quelque chose de morbide dans cette évolution : l'espèce précipite 40 % de ses membres à l'immondice. C'est pourquoi je vous pose la question du point de vue éthique : admettez-vous que 40 % de l'humanité vive dans des conditions dégradantes ? Puisque cette humanité les accepte et qu'en plus et surtout son existence ainsi contrainte repose sur une surexploitation de la nature, l'idée me blesse vraiment que les ressources accumulées depuis des centaines de millions d'années soient dilapidées pour nourrir l'abjection. Nous admirons l'harmonie et la beauté des sociétés d'insectes. Le destin des fourmis est la fourmilière et elles y sont heureuses. Et le destin de l'homme serait le bidonville ! Or la fourmilière ne détruit pas la forêt qui la nourrit, mais le bidonville menace toute la vie sur terre. C'est là où je vois la méchanceté, j'ai peut-être tort de parler de méchanceté !

J. A. – Non, vous n'avez pas tort de parler ainsi de la méchanceté et je ne chercherai surtout pas à l'ignorer. En vous écoutant accumuler les chiffres, tous plus alarmants les uns que les autres, je pense à Pierre Teilhard de Chardin, au terme de sa réflexion intitulée *Le Phénomène humain*. Le savant jésuite exprime son interrogation, son incompréhension non pas tant face au mal dans le monde (pour lui, le monde est nécessairement imparfait, donc touché par le mal) que face à l'excès de mal. Trop, c'est trop. Et c'est un peu le même sentiment que j'éprouve en vous écoutant. Pourquoi tant et tant de peines ? D'où vient cet excès ? Mais la question à laquelle il faut rapidement arriver est celle de la racine de ces souffrances, de ce mal : l'homme serait-il donc fondamentalement méchant ? Ou, au contraire, fondamentalement bon ? Ou autre chose encore ? Ces questions, vous le savez comme moi, sont aussi vieilles que l'interrogation philosophique et n'ont toujours pas trouvé de réponse ; je suis donc bien incapable d'y répondre. Je ferai juste remarquer que nous ne devons pas confondre fondamentalement avec initialement, comme l'ont fait tant de rêves de retrouver les humains des premiers jours, à l'état de nature comme certains le disaient. Je ne crois pas qu'il s'agisse là d'une perspective pertinente ; mieux vaut s'interroger en termes d'origine : quelle est l'originalité, la singularité de la nature humaine, de l'être humain ? Celle d'expérimenter en permanence qu'elle est capable de faire ce qu'elle ne voudrait pas et incapable de faire ce qu'elle voudrait. Je ne résume pas la méchanceté à cette expérience, mais c'est celle qui m'intéresse : cette perversion, ce dépassement des limites, cet excès, accomplis en toute conscience (sinon nous sommes dans le registre du pathologique, non pas excusable mais du moins explicable). Or c'est bien cela que nous constatons dans les situations que vous décrivez : jamais nous n'avons eu une telle conscience des relations qui existent et que nous avons tissées entre nous, les humains, avec les autres formes de vie, enfin avec l'ensemble de la biosphère. Et, pourtant, nous continuons à détruire les milieux naturels, à abuser des ressources énergétiques : il s'agit là, j'en suis persuadé, d'une véritable attitude perverse.

J. B. – C'est le fond de mon propos.

J. A. – Alors, permettez-moi de revenir au constat que j'ai introduit en évoquant Teilhard de Chardin : celui du caractère excessif que nous donnons à nos comportements, à nos usages, jusqu'à entraîner de dramatiques pollutions, d'irréversibles dégradations. Ce qui est incroyable, c'est que nous acceptions de tels excès !

J. B. – Que voulez-vous dire ?

J. A. – Je pense à un pays comme l'Inde où sont répandus non seulement les bidonvilles (qui restent encore des zones relativement organisées) mais aussi l'équivalent de nos SDF ; nous le savons, ce sont parfois des familles entières qui vivent ou plutôt survivent sur le trottoir. Ce qui est frappant, ce n'est pas seulement le nombre ou la part de gens qui en sont réduits à cette situation, mais le fait que cela paraisse normal, presque institutionnalisé. Vous êtes né sur le trottoir ? Eh bien, vous y mourrez, comme cet homme qui vivait à l'entrée de la gare de Bombay et dont le cadavre est resté plusieurs jours sur place, avant d'être enlevé… Destin, *fatum*, fatalité, qu'importe le terme pour désigner l'impossibilité à penser une autre condition, une autre fin possible.

J. B. – Mais oui, nous l'acceptons !

J. A. – Nous l'acceptons, c'est-à-dire que nous pouvons penser qu'il ne devrait pas en être ainsi, mais nous ne voyons pas comment il pourrait en être autrement.

J. B. – Vous me répondez donc : c'est bien là le destin de l'homme.

J. A. – Pas du tout : le destin, la fatalité sont les réponses souvent données à ceux qui souffrent de telles situations ou à ceux, à nous parfois, qui se voilent la face. Nous devons plutôt nous demander : l'homme peut-il, veut-il vivre ainsi ? Veut-il qu'il en soit ainsi, de son existence, de l'avenir de la biosphère ?

J. B. – Mon sentiment, c'est que l'humanité veut aller dans les bidonvilles car, en fait, elle s'est arrangée pour ne pas avoir le choix, et c'est là où réside sa méchanceté puisque cette vie-là, cette vie que nous trouvons répugnante, repose sur l'hyperexploitation de la nature, de ce qu'on appelait jadis la nature.

J. A. – Vous dites que l'humanité veut une telle situation ; je dirais plutôt qu'il s'agit d'une absence de volonté. Les bidonvilles, les gens sur le trottoir existent ; nous ne voyons pas très bien ce qui pourrait être entrepris pour améliorer ces situations ; alors, nous baissons les bras, nous nous refusons même à vouloir quoi que ce soit.

J. B. – La non-volonté, c'est justement la volonté de l'humanité, justement le fait qu'elle n'en ait pas. À l'horizon 2050, on peut formuler deux hypothèses : première hypothèse, l'évolution continue sur son erre ; il est vrai que les bonnes âmes vous diront mais non, la population va plafonner à 9 milliards et un équilibre s'établira. Or il est évident que, puisque les ressources naturelles ne suffiront déjà pas dans la durée pour subvenir aux besoins des 6,5 milliards d'aujourd'hui, le niveau de vie de ces 9 milliards va diminuer, donc on se dirige vers une bidonvillisation généralisée de l'humanité. Maintenant, si l'autre hypothèse est une diminution forte et rapide de la population, qu'implique-t-elle sinon la catastrophe, c'est-à-dire les épidémies ou les bombes nucléaires un peu partout ? C'est une hypothèse aussi, mais ce n'est pas une hypothèse qui améliore l'idée que nous nous faisons du destin de l'homme. Donc, ou l'on va vers du pire, ou l'on va vers le cataclysme. Je ne vois pas d'autres branches à cette alternative, et je me dis que si c'est ça le destin de l'homme, ça pose quelques problèmes d'éthique. Alors je veux savoir comment vous réagissez : est-ce que, pour vous, l'humanité c'est la femme que je décris dans mes documents, qui vit dans un bidonville du Kenya ou de l'Inde, et dans des conditions qui ne la rende finalement pas malheureuse, qu'elle accepte et que nous, nous trouvons indignes, mais organisons ?

J. A. – Mais bien entendu que c'est l'humanité, comme vous le dites d'une manière si lapidaire ! Une humanité meurtrie, souffrante dont j'aurais pour ma part bien des difficultés à partager les conditions de vie, mais avec laquelle je peux partager bien d'autres choses. C'est aussi cela que je voulais dire précédemment en parlant de l'être plutôt que du faire. Où, comment trouver les moyens d'affirmer, de partager cette appartenance à une même humanité, malgré tout ce qui nous sépare, jusqu'à une possible méchanceté ? Pour autant, sans avoir probablement votre lucidité, alimentée par une bonne connaissance des enjeux énergétiques, démographiques, stratégiques, je partage votre vision assez dramatique de l'avenir de notre humanité : que nous allions vers une diminution drastique et donc nécessairement violente de la population humaine ou vers son maintien, avec des conséquences tout aussi catastrophiques, le futur de l'humanité se présente sous des traits vraiment sombres. Pour le nier, il faut être de mauvaise foi ou d'une grande niaiserie ! Je constate que nous sommes capables de vivre avec un tel constat, une telle vérité sans nous en émouvoir. De la même manière que nous pouvons nous rendre en Afrique ou en Inde, nous promener dans les rues où vivent, dorment des familles entières dans des conditions d'extrême précarité, puis rentrer dans un hôtel quatre étoiles où nous attendent un lit, une douche, d'abondants repas. Et tout cela ne nous empêche pas de dormir ! En tout cas, je constate que, pour ma part, cela ne m'empêche pas de dormir…

J. B. – J'aime vous l'entendre dire !

J. A. – Mais vous vous rendez compte : avec toutes mes convictions – évangéliques, chrétiennes, humanistes, etc. –, j'accepte de telles conditions d'existence, tout en sachant qu'au pied de mon hôtel, il y a une petite famille qui est en train de se partager un bout de trottoir et un morceau de couverture et que, le lendemain, je retrouverai en train de se laver les dents dans le caniveau… parce que en plus elle parvient à garder une hygiène et une forme de dignité.

J. B. – Les animaux se nettoient, eux aussi.

J. A. – Je ne voudrais pas nous entraîner vers le terrain délicat des comparaisons entre les humains et les animaux ; vous comprenez ce que je veux dire, à propos du caractère rudimentaire, précaire, de ces hommes, de ces femmes, de ces enfants. Une fois encore, ce ne sont pas eux que je mets en cause, mais la manière dont nous les considérons : que faisons-nous lorsque nous en venons à comparer leur existence à celle des animaux ? Je le répète, si les capacités humaines à s'adapter à des conditions de vie extrêmes sont parfois incroyables, celles à accepter pour les autres de telles conditions le sont tout autant ! L'existence tout comme la conscience humaine se révèlent donc particulièrement plastiques. Encore faudrait-il ne pas en limiter le champ aux seuls aspects négatifs. Il y a de la méchanceté en l'homme ; il y a aussi de la bonté. Il y a une incroyable aptitude à accepter de difficiles situations, pour soi ou pour les autres ; il y a une tout aussi incroyable aptitude à attendre ou à entreprendre un changement. L'oublier, le nier serait, je crois, catastrophique et remettrait en cause les fondements mêmes de notre condition humaine. André Malraux a aussi écrit *L'Espoir* ! Reste encore à sortir des ornières dans lesquelles nous nous sommes mis !

Une inflexion est-elle possible ?

J. B. – Quand vous parlez de changement, que voulez-vous dire ?

J. A. – J'entends non seulement la possibilité matérielle de changer, mais aussi la capacité psychologique ou sociale. Il est possible de raisonner de la manière dont vous l'avez fait tout à l'heure : il y a actuellement telle partie de l'humanité qui vit dans des bidonvilles ; à l'avenir, du fait de l'évolution démographique et économique, cette part augmentera nécessairement ; c'est là une évolution prévisible, voire déjà inscrite. Nous entendons des choses semblables à une échelle moindre dans nos sociétés. Les militaires sont capables d'estimer le pourcentage de pertes humaines dans un conflit, les gendarmes le pourcentage d'accidents mortels au cours d'un départ en vacances. Si vous êtes l'une des victimes de la guerre ou de la route, rien de plus normal en fin de compte : c'était écrit dans les statistiques. N'en est-il pas parfois de même à propos de l'emploi et du chômage structurel ? Finirons-nous par accepter sans broncher qu'il y ait des sortes de chômeurs institutionnalisés ?

J. B. – Vous voulez dire, ces chômeurs qui appartiennent aux statistiques ?

J. A. – Exactement ; mais il me semble que nous devons, par principe, refuser une telle approche. Pouvons-nous vraiment nous adresser à quelqu'un en lui disant : « N'espérez pas changer de situation ; vous faites partie des chômeurs institutionnels, ceux qui permettent aux statistiques d'être exactes » ? Nous devrions plutôt ne jamais cesser de nous demander comment proposer aux chômeurs un autre avenir, comment faire mentir les statistiques. Faut-il encore qu'ils aient envie de travailler et que moi-même, nous-mêmes ayons envie qu'ils travaillent. Sans parler, bien entendu des conditions générales de l'emploi, de l'industrie, du commerce, etc.

J. B. – Vous prenez un exemple facile qui est celui du chômage. Mais examinons le problème plus général, c'est-à-dire la situation globale : il existe essentiellement deux catégories de pays sur la Terre à l'heure actuelle, ceux que j'appelle les pays à 1 euro par jour, et ceux à 50 euros par jour. Les changements doivent venir à la fois des gens à 50 et des gens à 1 euro, puisque vous pensez que l'humanité dispose d'un potentiel de changement. Où voyez-vous donc le changement ?

J. A. – Peut-être déjà dans la conscience que nous avons de l'existence de plusieurs niveaux de vie : à 50 et à 1 euro, avec des espérances de vie encore très variables, mais aussi, comme vous venez de le dire, dans la conscience que les changements doivent toucher tout le monde. Il est intéressant d'apprendre que le gouvernement sud-africain, lorsqu'il élabore des mesures en faveur des populations défavorisées des villes du pays, le fait avec le souci de préserver l'environnement. Ce n'est pas rien, me semble-t-il, en termes de changement de mentalité. Je reconnais ne pas avoir grand-chose à vous proposer, face aux situations et aux prévisions désastreuses que vous décrivez ; mais je ne peux me résoudre à attendre que de grandes catastrophes naturelles, militaires ou industrielles, règlent les problèmes, en particulier ceux liés à la démographie, qui se profilent à l'horizon, lorsqu'ils ne sont pas déjà là !

J. B. – Je crois en effet à de fortes épidémies dans le futur, mais ce n'est pas le sujet de notre discussion aujourd'hui.

J. A. – Je dois tout de suite ajouter qu'à mes yeux les dimensions culturelles et idéologiques ont déjà et auront dans l'avenir une grande influence sur la manière d'appréhender les problèmes démographiques. Je pense, en vous parlant, aux Philippines. C'est là que, pour la première fois, j'ai découvert la réalité des bidonvilles. J'ai été très frappé de découvrir qu'il s'agit de lieux d'extrême pauvreté et, simultanément, de très forte socialisation (certes, en partie imposée par la grande promiscuité). Ce sont des endroits où se développent aujourd'hui des structures de microéconomie. Bref, il ne peut être question de séparer démographie quantitative et approche culturelle. Parmi les éléments culturels, impossible, aux Philippines, d'ignorer l'impact de la religion catholique. L'Église s'y montre clairement réticente, voire opposée à tout ce qui relève du planning familial et du contrôle des naissances. Selon nos sensibilités d'Européens, nous pouvons nous en réjouir ou nous en offusquer. Souvenez-vous des débats et des alliances entre courants politiques et courants religieux, à l'occasion d'une conférence sur la démographie qui s'était tenue au Caire en 1994 : il s'agit d'un point extrêmement sensible où, je crois, nous manquons trop souvent de lucidité et faisons plutôt preuve d'idéologie, au sens le plus péjoratif du terme. Comment ne pas s'effrayer du taux de natalité de certains pays dits en voie de développement ? Comment, simultanément, ignorer que, dans des contextes de grande pauvreté, les enfants soient considérés comme une source de revenus, voire une assurance pour la vieillesse ? Je ne suis pas persuadé que les discours religieux (je les distinguerai des engagements caritatifs fort louables) fassent toujours suffisamment preuve de réalisme…

J. B. – Voilà dans votre bouche des propos assez curieux.

J. A. – Sans doute, mais il serait erroné d'enfermer la tradition chrétienne dans la seule perspective nataliste ! Je n'ignore pas qu'à l'occasion de cette conférence du Caire des voix catholiques et musulmanes se sont unies pour s'opposer à toute politique de contrôle des naissances. Mais je sais également que la tradition chrétienne n'a pas toujours uniquement été nataliste, qu'elle ne s'est pas contentée de dire : « Procréez et surtout ne réfléchissez pas aux conséquences ! » Sans même parler des invitations cathares à ne plus se reproduire (pour arrêter ainsi la propagation du péché originel), je veux simplement rappeler que certains Pères de l'Église ont prôné une forme de contrôle des naissances, estimant que l'humanité avait obéi au commandement de Dieu, celui de procréer, et était devenue suffisamment nombreuse ; que diraient-ils aujourd'hui ?

J. B. – Sans oublier les mouvements monastiques ; tous ces gens qui, vers le IVe ou le Ve siècle de notre ère, au moment où l'Empire romain qui était entièrement catholique a traversé une crise majeure, politique et économique, ont décidé de se réfugier dans la prière.

J. A. – Vous avez raison, même si ces premiers moines ne véhiculaient pas nécessairement un discours aussi négatif que celui des cathares ! Heureusement, ces derniers n'appliquaient cette interdiction de la reproduction qu'aux Parfaits, sinon il en aurait été vite fini de l'espèce humaine. Je ne sais pas si les extrémistes écologistes, dont je parle dans ma réponse, ceux qui prônent une extinction de notre espèce, savent qu'ils sont les héritiers des cathares... Mais revenons à ces Pères de l'Église qui en appellent à une modération dans les naissances. Ils ne mettent pas en cause les Écritures, ils invitent seulement à les lire de manière lucide et réaliste. Cyprien de Carthage, qui est mort martyr au milieu du IIIe siècle, évoque deux régimes de procréation, dans l'histoire de l'humanité, celui d'un devoir de croissance numérique et celui où ce devoir n'existe plus, la Terre étant suffisamment peuplée. Cette distinction, comme le montre Pierre Vallin[1], apparaît de façon constante dans la tradition chrétienne, jusqu'à une date récente ; lorsque le concile de Vatican II veut exprimer son estime pour les familles nombreuses, il n'a pas à sa disposition une pléthore de références antérieures ! L'existence de ces deux orientations ne plaide évidemment pas en faveur ou en défaveur d'un contrôle au sens strict des naissances, alors même que, dans leur forme extrême actuelle, celles-ci ne sont pas dénuées d'un certain contrôle sur les individus ! Au fond, je peux le comprendre ; il est toujours plus facile de dicter aux gens leurs comportements, plutôt que de leur confier la responsabilité et la liberté de leurs choix. Et ce jusque dans les actes les plus intimes, comme ceux qui appartiennent à la sexualité et à la reproduction. Mais est-ce cela l'authentiquement humain ? Les Églises devraient se poser la question, elles qui prônent à la fois la liberté des consciences et une forme d'adhésion doctrinale. Mais la question est évidemment posée à tous !

---

1. Pierre Vallin, « La croissance de l'espèce humaine selon la tradition chrétienne », *in Recherches de science religieuse*, 62, 1974, p. 321-346 et « Les traditions chrétiennes à propos du nombre des hommes », *in Religions et démographies. Vers la conférence du Caire*, Cahier du Centre d'études du Saulchoir, 1994, n° 1, p. 17-35.

J. B. – Dans la vue que je me fais du futur, peut-être brutale, nous sommes confrontés à un rouleau compresseur ! Une pulsion générale, et c'est là où je parle de méchanceté, a produit au cours des deux derniers siècles une augmentation incontrôlée de la population. On a vu au XXe siècle une diminution de la fécondité des pays nantis, européens du moins. Un tel changement, je ne le vois pas venir dans le reste de la population mondiale au niveau qu'il faudrait, et la tendance actuelle ne peut s'infléchir d'ici 2050 ! Si la pente de la courbe aura diminué à ce moment, elle ne sera pas encore nulle ; la croissance continuera au rythme de 30 millions par an, et le maximum apparaîtra plus tard, peut-être vers 2100.

J. A. – Vous avez raison : une partie de mon discours peut paraître un peu angélique…

J. B. – Vous voulez dire irénique !

J. A. – Effectivement, irénique. Mais je ne peux mettre totalement de côté la capacité de changement qui, je le répète, fait à mes yeux partie de la nature humaine la plus essentielle. Souvenez-vous de ma réaction, lorsque vous avez publié votre livre : je vous ai dit, certes d'une manière un peu excessive, voire agressive, que vous n'aviez pas le droit d'écrire cette conclusion, ce : « Il n'y a rien à faire. » Bien évidemment, rien ne vous interdisait de le penser, mais ce que je voulais alors vous dire, c'est qu'une telle affirmation relève non pas tant d'un constat que d'un postulat. Si nous affirmons *a priori* qu'il n'y a rien à faire, il n'y a évidemment rien de bon, ni d'intéressant à attendre de l'avenir. Je suis effrayé par cette espèce de rouleau compresseur qui nous menace, qu'il s'agisse de bouleversements qui paraissent déjà inscrits dans notre avenir proche aussi bien que de la présence au sein de l'humanité d'unc terrible et profonde méchanceté. Celle-ci va-t-elle envahir tout l'espace des possibles humains ? J'ai lu avec beaucoup d'intérêt le courrier d'un de vos correspondants américains, en particulier lorsqu'il pense que, si le XXe siècle a été terrifiant, le XXIe le sera aussi. Mais il reconnaît simultanément que le XXe siècle contient aussi des réalisations, des attitudes, des choix qui ne relèvent pas, voire s'opposent à ce rouleau compresseur. J'aime présenter, dans certaines de mes conférences, la carte qui a servi aux États-Unis à montrer leur engagement total dans la Seconde Guerre mondiale, avec le slogan : « Un seul monde, une seule guerre », et le drapeau des Nations unies. C'est la même vision du globe terrestre, depuis le pôle Nord, mais avec deux usages, deux messages différents. Alors j'ai envie de me battre pour cette part d'humanité qui a su, dans le passé et aujourd'hui encore, créer des institutions et des mouvements internationaux qui n'existaient pas au XIXe siècle et encore moins auparavant. Non pas que nos ancêtres aient été plus méchants, moins humains que nous, mais les circonstances, les moyens, les mentalités ont changé. Et des décisions ont été prises, des choix posés. Une fois encore, vous avez raison : mon propos est en partie irénique ; mais il est aussi fondé sur des réalisations effectives. Permettez-moi de prendre un autre exemple, celui de l'Europe. Je dis volontiers que je suis subjectivement, voire irrationnellement, pro-européen. En effet, je suis originaire de Lorraine, à égale distance de la Belgique, du Luxembourg et de l'Allemagne. Mes grands-parents sont tous nés allemands, alors même que leurs parents étaient tous français. Au cours de la Seconde Guerre mondiale, certains ont été expulsés, d'autres retenus de force par les Allemands ; c'est vrai, aucun n'a vécu de véritable drame. Mais, lorsque mes propres parents se sont mariés, ils ont encore dû prouver qu'ils étaient bien français, alors que ou parce que leurs parents étaient nés allemands. Que de changements en soixante années : plus de frontières, une monnaie unique ! Malgré les lourdeurs, les erreurs de la politique européenne, comment ne pas se réjouir de ses réalisations et encourager ses projets ! Comprenez-vous pourquoi je crois à la possibilité de changer quelque chose, au risque de verser dans l'irénisme ?

J. B. – Je suis de votre avis qu'il y a eu un mouvement positif exceptionnellement efficace dans la seconde moitié du XXe siècle, au moins en ce qui concerne les pays industrialisés, c'est-à-dire l'Europe, l'Amérique, le Japon. Maintenant cette évolution a eu un prix, et ce prix, c'est le pillage des ressources.

J. A. – Impossible de le nier, effectivement.

J. B. – Ce prix est énorme, et surtout, n'est pas longtemps payable, contrairement à l'idée stupide du développement durable. À moins de percées scientifiques que personne ne peut imaginer à l'heure actuelle, nous ne voyons pas comment nous pourrons, non seulement continuer à maintenir le niveau satisfaisant de l'Europe ou des États-Unis, c'est-à-dire 300 millions d'Américains et 450 millions d'Européens, c'est-à-dire avec les Japonais, 1 milliard de gens développés, mais aussi améliorer le sort des 5 autres milliards qui vont en devenir 8 ! Voilà donc le problème. Ainsi découvre-t-on ce qu'il y a de fallacieux dans l'idée qu'on s'est très bien débrouillé, qu'on va continuer. On ne peut pas continuer parce que les ressources naturelles ont des limites.

J. A. – Pour aller dans votre sens et m'en référer encore à l'histoire de l'Europe, nous savons qu'elle s'est effectivement construite sur des aspects économiques et d'exploitation des ressources : le fer, le charbon, les produits agricoles, le marché commun, etc. Le problème maintenant est de passer au niveau politique et socioculturel. Nous constatons par exemple chaque jour que le défi est aussi grand qu'aux premiers jours de la construction européenne ! Je ne suis pas en train de dire le contraire de mes précédentes convictions, mais plutôt d'introduire, au sein de mon propos irénique et grâce à votre remarque, un peu de réalisme. Il est absolument nécessaire de mener ce travail d'analyse rétrospective, de mesurer les conséquences de cette extraordinaire aventure qu'ont été les cinquante premières années de l'Europe, jusque dans les abus en matière d'énergie ou d'environnement. Faut-il se contenter de dire qu'il s'agissait là du prix à payer ? Certainement pas ; je crois plutôt qu'il faut admettre ces conséquences et en tirer les leçons pour l'avenir. Des leçons quantitatives : comment limiter dans l'avenir l'abus des ressources naturelles, environnementales, énergétiques ? Mais aussi des leçons qualitatives, pourrions-nous dire : sur quels fondements, sur quels ressorts fonder la poursuite du mouvement européen, tout en contrôlant, voire en limitant ses conséquences néfastes, ses dégâts collatéraux pour user du langage militaire ? Peut-être faudrait-il introduire ici la notion du souci pour les générations futures, sur laquelle Hans Jonas, encore lui, a réfléchi… Que devons-nous comprendre lorsque ce philosophe invite à agir afin que « les effets de nos actions soient compatibles avec la permanence d'une vie authentiquement humaine » ? Nous pensons souvent protection des écosystèmes, préservation des ressources énergétiques, voire maintien d'un niveau ou d'un style de vie ; mais que savons-nous des besoins, des désirs de nos successeurs ? Je suis parfois agacé par notre propension à vouloir penser à leur place. N'oublions pas (je vais être un peu provoquant) que ces générations futures n'existent pas encore et que nous ne faisons que nous projeter dans l'avenir qui sera leur présent… Et ne tombons pas dans une sorte de protectionnisme frileux, semblable à celui qui nous conduit à restaurer nos monuments historiques à l'ancienne, plutôt que de nous interroger sur la manière de les rendre vivants aujourd'hui ! Et puis, comme vous l'avez dit tout à l'heure, il reste que notre avenir est menacé par quelque chose qui ressemble à un rouleau compresseur : que restera-t-il, après son passage, à la disposition de notre humanité… si elle n'a pas totalement disparu ? Je ne pense pas d'abord aux ressources matérielles, mais plutôt aux ressources psychologiques, symboliques, bref ce que je pourrais appeler le flambeau de l'humanité ou encore cette « vie authentiquement humaine » dont parle Jonas. Que devons-nous entendre par là ? Au minimum, un ensemble de valeurs, de convictions que nous considérons être au cœur de l'humain : la compassion et la conscience de l'autre, l'imaginaire et le goût de l'ailleurs, l'interrogation philosophique et le sens de la transcendance, la curiosité culturelle et le sens du plaisir…

J. B. – Pour expliquer ce que j'entends par rouleau compresseur, je voudrais revenir à mes idées de pulsion. Éros, qu'est-ce que ça veut dire éros, c'est le désir. Le désir, l'homme va le garder, c'est là où l'on découvre le rouleau compresseur. Nos générations futures auront la même attitude prédatrice qui affirme : moi je veux jouir, et au détriment d'un certain nombre de ressources ou de personnes, puisque rien n'est gratuit. Cet éros se développe avec force chez les gens à 1 euro, c'est-à-dire : je désire quelque chose, moi aussi ! Et rien ne porte à croire que tout se passera paisiblement. À un moment ou à un autre, ces gens, qui subsisteront dans des conditions de vie qu'ils tolèrent, ne voudront plus les tolérer. La révolte est leur seule issue. Et l'histoire nous enseigne qu'à cause de la prépondérance générale du désir de jouissance, à un moment ou à un autre, des chefs se lèvent et entraînent des foules d'une façon irrésistible en leur promettant des conquêtes et les richesses des pays conquis. Si nous acceptons un schéma optimiste, nous pouvons estimer que le développement scientifico-technique, dont nous avons été les bénéficiaires, continuera grâce à des inventions. Par exemple, que les OGM permettront d'obtenir des récoltes très supérieures, avec la même surface arable et la même quantité d'eau, ou que nous aurons maîtrisé la fusion nucléaire pour obtenir une nouvelle source d'énergie, de même que le pétrole aurait été impensable pour Louis XIV ! Nous pouvons imaginer qu'émergera une source nucléaire, ou de plasma, qui satisfera nos besoins d'énergie, mais il faut savoir que les processus industriels exigent du temps, et que nous n'avons plus le temps ! Pour construire une centrale éolienne qui n'emploie que des équipements archiconnus, il faut cinq à six ans. Pour commercialiser un OGM, il faut huit ans à partir du succès démontré au laboratoire. Nous n'avons plus le temps, avant quarante ou cinquante ans, l'éros des gens pauvres se lèvera et voilà le rouleau compresseur. Vous dites alors : j'espère qu'on va changer. Qu'est-ce qui va changer pour vous qui permettrait aux gens à 50 euros de faire hara-kiri, d'annoncer je consomme trop et maintenant je me serre la ceinture, je laisse les pauvres du monde manger un peu de mon gâteau, Chinois, Mexicains, Arabes et Bantous, ou d'autre part, qu'est-ce qui amènera les gens à 1 dollar à se trouver contents avec 1 euro ?

Après la purge

J. A. – Ne nous laissons pas enfermer dans la caricature des propos de l'autre ! Je vous l'ai déjà dit : je partage vos craintes, en particulier celle de voir notre humanité subir une explosion extrêmement violente. Peut-être pire que toutes les prévisions de la science-fiction ! Et, de fait, je ne suis pas convaincu qu'un quelconque changement puisse advenir auparavant pour empêcher cette catastrophe ou simplement la limiter. Pour autant, je ne crois pas impertinente, ni inutile ma question : qu'allons-nous pouvoir ou décider de préserver de notre patrimoine culturel, symbolique, philosophique, religieux, afin de le transmettre aux éventuels survivants de cette catastrophe ? Vous parlez d'éros et de thanatos. Je suis d'accord avec vous : ces pulsions humaines – et plus largement biologiques – ont leur part de responsabilité dans l'évolution actuelle de l'humanité et de la biosphère. Comment, dans l'avenir, pourraient-elles être canalisées, positivement utilisées, pour aider à la survie de l'humanité, s'il y a encore des humains ? Car, ne l'oublions pas, c'est aussi grâce à ces pulsions qu'il y a de la vie sur Terre.

J. B. – Bien entendu, même si elles peuvent se transformer en rouleau compresseur !

J. A. – Quand je parle de canaliser ces pulsions vitales, je pense bien entendu à ce que nous savons aujourd'hui des processus de sélection naturelle. Nous constatons que certains êtres vivants, certaines espèces parviennent à canaliser de telles pulsions à leur profit, au profit de leur survie et au détriment d'autres vivants, ce *struggle for life*, presque caricatural, de Charles Darwin. Les mêmes processus existent au sein de l'espèce humaine ; mais il s'en ajoute d'autres, je veux dire tout ce qui concerne l'organisation sociale et politique, l'investissement culturel, etc. Là encore sont à l'œuvre éros et thanatos. Est-il possible d'imaginer les utiliser pour préparer l'avenir, sans qu'il soit seulement question de méchanceté, mais aussi de survie de l'humanité, voire davantage ?

J. B. – Oui, c'est le fond de notre discussion !

J. A. – Permettez-moi de faire référence à la tradition chrétienne ; dans un texte des Évangiles, il est question de la fin des temps et Jésus pose la question : « Quand le Fils de l'Homme reviendra sur la terre, trouvera-t-il encore la foi parmi les hommes ? » Il faut bien entendu replacer cette phrase dans un contexte religieux particulier ; pour autant, elle me paraît bien résumer mon souci : « Lorsque les catastrophes que vous annoncez auront eu lieu, se trouvera-t-il encore des hommes sur la Terre, des hommes fiers de leur humanité et croyant en un possible avenir ? » Je suis évidemment incapable de répondre à une telle question ; c'est donc un pari que de répondre : oui, il y aura encore de tels hommes qui, de plus, auront su tirer les leçons de ces terribles événements et apprendre à mieux gérer les pulsions qui auront à la fois provoqué cette catastrophe – par l'abus de possession, de pouvoir, etc. – et permis d'en survivre. Sans oublier ce que nous disions tout à l'heure des réalisations positives de notre XXe siècle.

J. B. – Si je comprends votre vision, vous croyez vous aussi que la situation devrait s'aggraver, que le genre humain devra subir une purge, appelons ça une purge, et ce qui vous préoccupe c'est l'après-purge : que restera-t-il ? Comment pourront survivre quelques germes de foi ?

J. A. – La foi, la confiance, j'ajouterai volontiers l'espérance. Ce ne sont pas seulement des vertus chrétiennes ; je crois qu'il s'agit là aussi de vertus humaines qui appartiennent à ce flambeau de l'humanité dont je parlais tout à l'heure. Elles lui sont nécessaires pour accomplir consciemment toutes les traversées de son existence. Nous ne sommes pas comme ces bactéries qui peuvent s'enfermer, s'enkyster en attendant des jours meilleurs. Nous pouvons trouver cela dommage, mais telle est notre situation !

J. B. – Dans le style de la science-fiction qui imagine des vaisseaux spatiaux, revenant sur Terre après deux mille ans de voyage, une fois la crise passée… Écartons la science-fiction, de grâce : les vertus chrétiennes ne sont pas « enkystables ».

J. A. – Elles ne sont pas « enkystables », comme vous dites, mais elles n'en sont pas moins transmissibles. Je crois même qu'elles sont l'antidote à cette méchanceté dont nous avons commencé à parler. Celle-ci peut paraître plus résistante à ces catastrophes annoncées que ces vertus ; mais je suis convaincu du contraire : si l'humanité a un avenir, c'est à la condition qu'elle préfère la foi, l'espérance, l'amour à la perversion, à la méchanceté, à la violence. Il y a là une question de volonté et de choix. Je ne dis pas que la marge de choix soit infinie ; sans doute même est-elle très étroite. Mais je crois qu'elle existe. N'est-ce pas ce que Jacques Monod avançait en disant que l'être humain devait choisir entre le Royaume et les ténèbres, lorsqu'il écrivait, en guise de conclusion à son livre *Le Hasard et la Nécessité* : « L'ancienne alliance est rompue ; l'homme sait enfin qu'il est seul dans l'immensité indifférente de l'Univers d'où il a émergé par hasard. Non plus que son destin, son devoir n'est écrit nulle part. À lui de choisir entre le Royaume et les ténèbres[1]. »

---

1. Jacques Monod, *Le Hasard et la Nécessité. Essai sur la philosophie naturelle de la biologie moderne*, Seuil, 1970, p. 194-195.

5

La violence

Deux milliards d'hommes, qui seront bientôt cinq, sont prisonniers d'une condition qui leur laisse la révolte pour seule arme et seule issue. La télévision leur présente le paradis des pays industrialisés et ils pensent : pourquoi eux et pas moi ?

Les trois sources de la violence universelle

JACQUES BLAMONT – Nous avons dit que la révolte est la seule solution ouverte à l'homme à 1 euro. Est-ce vrai ? Je pense que oui.

Constatons d'abord l'échec du développement dans de nombreux pays pauvres. Rien de ce qu'on a essayé pour aider les gens à 1 euro n'a infléchi l'évolution que nous avons caractérisée par l'accroissement des bidonvilles. L'Afrique subsaharienne, en bonne partie, est devenue un champ de bataille sporadique, où le sida joue un rôle majeur, où les pauvres maintenant en arrivent aux émeutes de la faim, où des pays comme le Zimbabwe, jadis prospère, se transforment en îlots de misère. Même blocage dans les pays mahométans. Si l'islamisme s'est répandu à partir des années 1990 et a remplacé le nationalisme, il a pris sa racine dans la stagnation du pouvoir d'achat, par exemple voyez le Machrek et le Maghreb coincés aux environs de 2 à 8 euros par jour, depuis cinquante ans sans modifications. Et ce chiffre de 8 euros, qui est celui de l'Algérie, est sujet à caution car il s'obtient en répartissant les 100 milliards annuels du PIB national sur les 33 millions d'habitants. Mais ces 100 milliards sont en grande partie dus au pétrole et ne descendent donc pas à un peuple où le taux de chômage est de 25 % et même de 33 % chez les jeunes. Il vaudrait mieux parler de 2 euros comme au Maroc et en Égypte, pays dépourvus de pétrole. Selon un politicien local (de l'opposition), l'Algérie se réduit à un pipeline. Que mangeront ses habitants quand la source se tarira, dans trente ans ? Des tentatives, que je qualifierai de verbales, pour modifier la situation, telles que le protocole de Barcelone, signé en 1995 par plusieurs gouvernements pour fournir un cadre au développement des pays entourant la Méditerranée, n'ont rien donné.

Donc premier point : échec et appauvrissement. Tout ne va pas partout dans ce sens puisque nous observons la croissance des pays émergents : l'Inde, la Chine, le Brésil, les « petits dragons asiatiques ». Mais le reste du monde « en développement » reste en panne.

Un deuxième aspect de la situation, je l'appelle l'effet Hollywood : tous ces gens démunis regardent la télévision et la télévision leur fournit un message de violence. Un tel phénomène médiatique fait penser à une situation analysée jadis, celle de l'Allemagne entre les deux guerres où le cinéma expressionniste, avec des films comme *Le Cabinet du docteur Caligari*, *Nosferatu le vampire*, *Metropolis* et combien d'autres, a été accusé d'avoir donné aux foules un aliment qui a constitué le terreau de l'hitlérisme[1]. Une tendance similaire répand aujourd'hui des films exaltant la brutalité, visionnés en permanence par des oisifs au chômage.

Ma troisième raison de croire à la révolte, c'est la jeunesse, la jeunesse de tous ces gens des pays pauvres. Le pouvoir aux hormones ! Des hordes de jeunes batailleurs, souvent sans emploi, deviennent disponibles pour la malfaisance, chaque jour plus nom-

1. Siegfried Kracauer, *De Caligari à Hitler*, Flammarion, 1983.

breux et moins encadrés, et voilà pourquoi il me semble que les gens à 1 euro adopteront la violence, à un moment ou à un autre, puisque ces trois raisons, la stagnation de leur niveau de vie, la culture de conflits distribuée par les médias et l'extrême jeunesse relative de la population, fournissent chacune de puissants ingrédients à l'idée de révolte.

La presse se nourrit de chiffres selon lesquels la violence aurait diminué depuis la fin de la guerre froide. En réalité, les statistiques laissent de côté les mouvements souterrains qui parcourent aussi bien les mégapoles que les campagnes et colorent chaque jour la vie privée. Les facteurs que nous venons d'énumérer définissent la violence spécifique au XXIe siècle.

Laissez-moi vous décrire le Nigeria en paix depuis la fin de la guerre au Biafra. Pendant les quarante dernières années, le pays qui produit 2 millions de barils de pétrole par jour, a tiré de cette ressource 1,2 trillion de dollars, mais il doit en importer pour 4 milliards par an parce que ses quatre raffineries, propriété d'État, ne fonctionnent que sporadiquement par suite de vandalisme et de mauvaise gestion.

Neuf sur dix des 140 millions d'habitants vivent avec moins de 2 dollars par jour (ils seront 288 millions en 2050). Lagos qui compte 10 millions de citadins est un bidonville sauf quelques îles où vit richement l'élite du pays. La récrimination principale de la population porte sur l'intermittence de la distribution d'électricité. La production nationale a diminué en un an de 3 000 mégawatts à 1 000 aujourd'hui par manque de maintenance. Les besoins ont été chiffrés à 20 000 mégawatts pour lesquels il faudrait 85 milliards de dollars, alors que le gouvernement précédent en a dépensé 8 en une vaine tentative pour porter la capacité à 10 000. Une bonne partie des gens doit se passer d'électricité pendant des semaines, ce qui a fermé des centaines d'entreprises et causé la perte de millions d'emplois. Corruption et mauvaise gouvernance ont détruit le système de santé, les écoles et les routes. Le chômage et le crime augmentent rapidement.

Le Nigeria n'est pas une exception, loin de là, comme le montre un autre exemple. L'Angola, premier fournisseur en pétrole de la

Chine, produit lui aussi 2 millions de barils par jour, pour 41 milliards de dollars en 2007, c'est-à-dire 90 % de ses exportations. Ses réserves s'élèvent à 12 milliards de barils : au rythme actuel elles seront épuisées dans dix-sept ans. Plus de 70 % de la population vit avec moins de 2 dollars par jour et on ne trouve pas d'essence à la pompe. Les 17 millions d'Angolais seront 45 en 2050. Posons la même question que pour les Maghrébins : que mangeront-ils ? Ensanglanté par une guerre civile de vingt-sept ans, éteinte en 2002, l'Angola pourrait bien y retourner… dans dix-sept ans.

Nous trouvons là des cas types de pays détruits par leur richesse minière, comme l'argent du Potosi brisa l'Espagne au XVIIe siècle. La méchanceté de l'homme se présente à nu et personne ne peut croire que de telles situations locales évolueront sans une formidable explosion de violence.

Près de la moitié des membres de l'Organisation des pays exportateurs de pétrole (OPEP) était plus pauvre en 2005 que trente ans auparavant. Le terrorisme a dévasté l'Algérie. Le Kazakhstan construit une capitale sans pouvoir alimenter ses villages en eau potable. L'exploitation du pétrole suscite des conflits armés, du combat sécessionniste, comme dans le delta du Niger ou le sud de la Thaïlande, à la guerre civile, comme c'est le cas en Colombie, au Soudan ou en Irak. L'apparition de cette richesse disponible sans travail ni effort exacerbe les tensions latentes et donne aux gouvernements comme aux opposants les moyens de s'affronter. Voyez le cas de la Russie dont la production industrielle est insuffisante, de sorte qu'elle importe tous ses biens de consommation, payés avec du pétrole, du gaz et des minéraux vendus sans valeur ajoutée. Ses gesticulations ne cachent pas l'incertitude de son avenir, alors que la natalité et le système de santé s'effondrent.

Dans les pays confrontés à de telles difficultés, la virulence s'incarnera en des chefs. On peut en concevoir de deux sortes. Pour simplifier, je dirai le Calife ou Gandhi-Christ. Je crois à l'émergence de meneurs charismatiques à un moment ou un autre. Leur absence dans les temps récents a laissé souterraine la montée de la pression populaire. Mais si un Führer avait surgi, le cri des masses se serait traduit dans une action politique dépassant les frontières. Quand Nasser prit le pouvoir, quelque chose qui s'appelait le nationalisme arabe, brusquement, devint un facteur dans lequel beaucoup de gens voulurent voir les prémices d'un califat. Nasser est mort trop tôt, mais rien n'empêche de penser qu'un nouveau Raïs suivra sa trace à un moment ou à un autre. Nul doute que des centaines de millions de mahométans à 1 ou 2 euros n'attendent qu'un autre Saladin pour se débarrasser une fois de plus des croisés. En attendant sa venue (*Inch' Allah !*), ils se considèrent comme engagés dans une guerre qui durera autant que les croisades. Oussama ben Laden a évoqué implicitement l'abolition du califat par Atatürk en 1924, dans son clip diffusé par la chaîne qatarie Al Jazira le 7 octobre 2001, au lendemain de l'attaque américaine sur l'Afghanistan : il donne quatre-vingts ans d'âge aux malheurs de l'islam. Peut-être Saddam Hussein a-t-il eu envie de jouer ce rôle, mais il n'avait pas ce qu'exige un tel destin.

La seconde possibilité est l'émergence, au contraire, d'un chef qui serait « bon », ou plutôt, non violent. Par exemple Gandhi certes n'était non violent qu'en apparence, l'on peut discuter les détails, mais enfin… Ou alors, un Christ, assez peu probable, vous en conviendrez. Personne n'en veut. On peut parier que le surhomme ressemblera plutôt à Hitler.

Quel qu'il soit, la rapidité de sa montée au zénith surprendra. N'avons-nous pas vu apparaître soudain cette année sur la scène mondiale un inconnu porté par Internet, Barack Obama ? Un prochain Mahdi autoproclamé, ou un Messie, ou un Prophète sortira soudain des profondeurs du Web.

Maintenant, je souhaite que vous réagissiez. Peut-être trouvez-vous que mon propos est… hors de propos ?

JACQUES ARNOULD – Non, au contraire. Je trouve intéressant que vous ayez introduit l'idée de révolte, une idée qui s'articule avec ce que nous avons commencé à dire à propos de la méchanceté et, maintenant, de la violence. Je crois d'ailleurs nécessaire de poser sans attendre une différence entre ces deux notions, une différence de qualification morale. Il n'est pas difficile de juger la méchanceté : elle ne peut être que mauvaise. Autrement dit, la méchanceté appartient nécessairement au domaine du mal. Ce n'est pas le cas de la violence qui est d'abord une pulsion ; elle peut désigner aussi bien la virulence d'une passion humaine que la véhémence d'une revendication sociale ou encore l'intensité d'un élan religieux. La violence peut donc être bonne ou mauvaise. J'en dirai de même de la révolte : elle est généralement violente, pas nécessairement mauvaise. D'ailleurs, si Gandhi était non violent en refusant de recourir aux armes, le mouvement social et politique qu'il a déclenché n'était pas dénué de violence, suivant le sens que je viens de donner à ce terme, celui de passion et de véhémence !

J. B. – Ambigu pendant la guerre, il a fini par beaucoup de morts lors de la partition entre Inde et Pakistan.

J. A. – Gandhi, le premier sans doute, savait que la violence est toujours menacée par la méchanceté : la frontière entre les deux est extrêmement mince et facile à franchir. Sa non-violence, je le répète, n'est pas dénuée d'une forme de violence : lorsqu'il se présente en habit traditionnel, lorsqu'il entreprend un jeûne, il gêne, dérange, provoque, jusqu'à pouvoir faire naître, chez ses interlocuteurs, des réactions violentes, voire méchantes. La non-violence n'est pas une arme facile à manier ! Mais revenons à vos trois analyses : l'échec des politiques d'aide, l'effet Hollywood comme vous l'appelez et les pulsions de la jeunesse. La première nous conduit inévitablement à nous interroger sur les responsables de cet échec, au premier chef les responsables eux-mêmes ; mais sans doute s'agit-il aussi de la conséquence, certes involontaire, d'incapacités et d'ignorances.

Première source : rapports de forces entre riches et pauvres

J. B. – L'aide ne peut réussir que si elle repose sur la générosité. Si elle est liée aux intérêts du donneur, elle produit des effets pervers. Ainsi, la distribution de céréales, qui correspond en fait à une subvention aux producteurs du pays classé comme bienfaiteur, ruine le petit paysan africain, comme nous l'avons vu[1]. Quand s'y ajoute le détournement des produits et des capitaux par des dirigeants, on doit s'attendre à un résultat décevant. Enfin et surtout les programmes ont été presque toujours conçus de l'extérieur, par des technocrates soucieux d'appliquer les schémas des pays industrialisés à des pays qui ne le sont pas. Désir de domination, rapacité, arrogance : trois aspects de la méchanceté humaine. J'y reviens toujours.

Générosité... Il en existe pourtant des exemples. Et là peut-être pourrions-nous distinguer chez les puissances dominantes, et surtout les États-Unis, entre les stratégies possibles, la politique impérialiste fondée sur la coercition et la guerre, et la politique impériale qui tente de promouvoir la paix et le développement. La première tend à rejeter le plus faible, le dominé, le vaincu à l'extérieur du système dominateur, à l'y laisser croupir, et la seconde à l'absorber à l'intérieur du système triomphant pour le transformer à son tour en vainqueur. Politique impérialiste, c'est celle d'aujourd'hui et sans doute de demain ; politique impériale ce fut le plan Marshall, une politique d'aide qui a réussi, donc elle peut réussir. Nous voyons de nos jours l'Allemagne de l'Ouest renflouer l'ex-RDA selon les mêmes principes, c'est-à-dire par l'injection massive de capitaux, réglée par une gouvernance moderne. Il faut saluer ici les bienfaits d'une partie de la population envers une autre. Le sauvetage me rappelle une boutade de Robert Musil : « L'homme est capable de tout, même du bien. » Pourquoi la méthode réussit-elle en Europe, et pas ailleurs ? Il n'est pas facile de recevoir.

J. A. – D'abord, je voudrais souligner la pertinence de la distinction entre politique impériale et politique impérialiste ; nous devrions y penser plus souvent et nous demander comment faire évoluer (car, concrètement, il faut dans tous les cas installer des flux matériels,

1. Voir p. 57.

financiers, humains) de la forme impérialiste à la forme impériale. La différence, vous l'avez dit, réside dans le contenu politique : d'un côté, faire renaître un véritable État, de vraies sociétés, capables à terme d'autonomie ; de l'autre, profiter des faiblesses d'une société pour la contrôler, sans s'interroger véritablement sur son avenir. Sans nier la responsabilité des pays occidentaux, je retiens aussi ce que vous dites à propos de l'Algérie et des pays qui possèdent des richesses et des revenus, liés à des ressources énergétiques ou minières ; il y a aussi des impérialismes intérieurs !

J. B. – Devant la détresse de nombreuses populations, causée bien souvent par la méchanceté, les belles âmes obtiennent que les gouvernements se libèrent de leur mauvaise conscience en donnant. Peu de gens comprennent que l'aide a un effet pervers : j'ai pris le cas du Kenya[1] pour illustrer l'idée que la révolte naît quand les gens pauvres découvrent le développement. Il faut cependant tempérer cette analyse ; la plupart des programmes d'aide sont des faux-semblants, en réalité ! Un faible pourcentage parvient aux assistés. Le solde se place dans des paradis fiscaux sur les comptes d'intermédiaires ou de gouvernants indélicats[2].

J. A. – Vous avez malheureusement raison. J'ai parlé de politique au sens d'un engagement qui possède un objectif, se donne les moyens nécessaires, s'inquiète des conséquences, tire des leçons. Si une politique « marche », on la poursuit ; sinon, on l'arrête !

J. B. – Vous décrivez exactement le plan Marshall. Mais dans le cas des pays africains ou des pays arabes, ce n'est pas ce qui a été fait. Les analyses de l'échec rencontré par les plans de développement tentés depuis cinquante ans remplissent les bibliothèques et nous n'aurons pas la prétention de dépasser les experts qui avouent leur incompréhension. Les donateurs sont coupables d'imposer une réglementation des échanges qui les favorise outrageusement au

1. Voir p. 114.
2. Voir p. 257.

détriment des États pauvres, et les récipiendaires se distinguent tant par leur incapacité à établir un système politique efficace que par la corruption généralisée de leurs « élites ». Je pourrais continuer ; je vous propose plutôt d'en rester là sur un constat d'échec.

L'essentiel n'est pas là, mais dans la méchanceté. Trouvez-vous la moindre générosité chez les nouveaux riches du pétrole, constructeurs de tours géantes et inutiles à Dubaï et à Bahreïn, ou acheteurs d'armements bien plus coûteux et bien plus inutiles ?

Deuxième source : les messages médiatiques

J. A. – Faut-il nécessairement parler de méchanceté ? Rappelez-vous ce que nous avons dit à propos des bidonvilles : l'être humain est capable de passer, sans s'émouvoir, à côté de bien des misères. Il s'agit d'abord d'indifférence, d'ignorance, éventuellement justifiées par un recours à la fatalité, au destin, au *fatum*. Tant pis pour ceux et celles qui n'ont pas tiré le bon numéro, comme nous disons parfois ! Mais revenons-en, si vous le voulez bien, au thème de la violence et à ce que vous appelez l'effet Hollywood pour expliquer le développement d'une violence négative. Je n'y avais pas spontanément pensé, mais je reconnais que cet effet mérite d'être pris plus au sérieux que nous ne le faisons aujourd'hui en Europe.

J. B. – Comme nous l'avons déjà dit, les gens des bidonvilles ont la télévision, ils n'ont que ça, mais ils l'ont ! Même si le message n'est pas partout le même ; en Inde, par exemple, il y a Bollywood qui est gentil, mignon… Le film *Slumdog Millionnaire*, tourné récemment par Danny Boyle, glorifie le bidonville de Dharavi[1]. Mais non, ce n'est pas un lieu de misère contrairement à ce que vous et moi pourrions penser, mais un quartier bien organisé, où la majorité

1. Voir p. 271.

des gens ont un emploi, les enfants vont à l'école, et les familles gagnent leur bol de riz en travaillant dans la joie. L'acteur qui joue le héros y a découvert un soutien communautaire très efficace et une grande activité professionnelle. Le scénario est centré sur la participation d'un jeune homme au jeu télévisé *Qui veut gagner des millions ?* Son succès lui permet d'échapper au ghetto pour atteindre les lumières brillant là-bas. Le cinéma démontre que la voie du salut est la télévision. Tu peux t'en sortir, mon ami… à Bollywood. L'acteur héros revenu à Dharavi après avoir reçu un oscar y a trouvé sa « maison » démolie et sa situation pire qu'avant l'aventure du film.

Nollywood au Nigeria a produit 1 200 films en 2007 et inonde l'Afrique avec des productions à petit budget consacrées au sexe, à la criminalité, à la drogue et aux familles éclatées, pour promouvoir l'homme noir armé par les rituels traditionnels. Elles sont devenues le vecteur culturel principal depuis l'arrivée du christianisme.

J. A. – Qu'il s'agisse de Hollywood ou de Bollywood, vous introduisez ainsi une autre dimension importante, celle du rêve, des paradis virtuels, de l'évasion. Le cinéma en pourvoit généreusement l'esprit de nos contemporains, mais n'oublions pas que d'autres lieux, d'autres activités le faisaient avant lui…

J. B. – Vous pensez aux églises du Moyen Âge, couvertes de tableaux colorés, et qui portaient le rêve des fidèles !

J. A. – Évidemment, les religions, les cultures religieuses ont largement suscité et alimenté le rêve et le désir d'évasion qui sont ceux des humains. Beaucoup n'ont pas hésité à le leur reprocher, non sans raison mais aussi non sans excès. Je suis persuadé que les religions ont souvent servi et servent encore à véhiculer, plus ou moins contre leur gré, des messages sociaux et politiques dont certains, par leur violence, peuvent se retrouver en contradiction avec leurs convictions profondes. Comment leur faire prendre conscience de ce mésusage ? Comment profiter de ce besoin de rêver, de ces dispositions religieuses pour véhiculer, au contraire, des messages non violents ?

J. B. – Pourquoi est-ce un message de violence sur la vie quotidienne qui est à l'heure actuelle charrié par les médias, et que l'autre, le message censé porter le rêve dont vous parliez, c'est *Star Wars*, c'est-à-dire aussi une guerre ? Et c'est à ce niveau-là que se place l'idéal que l'on essaie de répandre sur le public mondial.

J. A. – Je dois vous avouer mon ignorance en matière cinématographique. Pour autant, je ne crois pas qu'il faille enfermer le cinéma dans cette accusation de véhiculer la seule violence, dans son aspect méchant, maléfique. Nous connaissons tous les deux des films américains qui sont fondés sur l'accomplissement personnel ou certaines qualités morales qui n'ont rien de répréhensible, bien au contraire. Il en est de même de certains films français qui offrent une vision du monde, parfois un peu trop charmante. Toutefois, pourquoi s'en priver si ces œuvres invitent à et permettent de revoir la perception de notre propre quotidien, la manière de nous comporter les uns à l'égard des autres. Bref, il n'est pas impossible d'attendre du cinéma qu'il véhicule autre chose que des attitudes non seulement violentes mais aussi explicitement méchantes, autrement dit destinées à faire le mal. N'en reste pas moins posée, je crois, la question qui vous intéresse : l'homme est-il ou non plus facilement tenté par la violence que par la bonté ?

J. B. – Je vous amène donc à mon point de vue, à savoir que la raison pour laquelle le message de violence est de plus en plus fortement transmis par les puissants moyens de communication que sont les médias, c'est la méchanceté de l'homme ! Ces gens qui fabriquent l'usine à rêves, que veulent-ils ? Gagner de l'argent, bien sûr, et ils croient que, pour gagner de l'argent, il faut vendre la violence, il faut vendre la méchanceté, il faut être méchant ! L'accent est mis sur le vilain. Sans vilain, il n'y a pas de spectacle ! Les jeux du cirque exigent du sang. Le rêve, mot qui s'est introduit dans notre discussion, sort de la boîte où logent éros et thanatos, qui règnent sur le cinéma et la télévision.

J. A. – Puisque vous parlez de spectacle, il me semble qu'il faut introduire ici la question du rapport entre le réel et le virtuel. Il y a régulièrement des alertes, des mises en garde à l'égard de certains jeux vidéo extrêmement violents. Ne constituent-ils pas, eux aussi, des invitations, des incitations à laisser exploser une violence non régulée, non gérée ? Beaucoup s'en inquiètent ; mais certains font tout de même remarquer que les jeunes sont habituellement capables de distinguer le réel du virtuel, sans oublier que, depuis fort longtemps, la culture a été chargée de donner aux humains l'occasion d'extérioriser leurs pulsions, leurs désirs humains pour mieux les dominer. L'écran de cinéma ou d'ordinateur, la scène de théâtre, la toile ou la sculpture servent d'exutoire en même temps que d'apprentissage. Pour autant, nous le savons, de telles opérations ne sont pas sans risque de perte de contrôle, de déviation, de pathologie, lorsque le réel et le virtuel se confondent...

J. B. – Essayons de nous placer dans l'esprit d'un garçon de 15 ans qui regarde la télévision dans un bidonville ; qu'y voit-il ? Deux catégories de spectacles : d'une part, celui de la violence des gendarmes contre les voleurs, des Indiens contre les cow-boys, ou autres archétypes puérils ; et, d'autre part, le rêve aseptisé à l'eau de rose qui promeut les valeurs et prône le mode de vie des pays développés en exacerbant les envies : pourquoi eux et pourquoi pas moi ? Ces spectacles nocifs pour le jeune homme paralysé socialement engendrent désir d'agression et frustration. On sous-estime cette version moderne de l'« opium du peuple », alors qu'elle est pour moi décisive. D'ailleurs, l'ancien opium du peuple, la religion, était un facteur de stabilité puisqu'il projetait dans l'au-delà les compensations aux douleurs de ce monde. Aujourd'hui, il s'agit de partager le gâteau ici-bas, *hic et nunc*. Même pour les kamikazes, le but est un gain matériel : soixante-dix vierges ce soir au paradis de Mahomet. La violence va dans le sens du productivisme, et je vais vous en donner un exemple probant.

Voyez l'Inde, ce pays émergent, en proie à la croissance et observez le nouveau statut d'exaltation que la violence acquiert, de Bombay au Bengale : agressions politiques et assassinats remplacent les grèves de la faim et les protestations de masse du gandhisme. En 2008, seul l'appel à la brutale milice privée Maharashtra Navnirman Sena a permis aux 1 900 employés licenciés de la compagnie aérienne Jet Airways d'être réembauchés, comme s'ils avaient eu recours à la mafia, note *The Times of India*. Ratan Tata a dû imposer son projet d'usine d'automobiles dans le Bengale occidental devant une confrontation féroce entachée d'agitations et d'illégalités. Contre les maoïstes de l'Inde centrale, le gouvernement s'appuie sur la milice Salwa Judun et procède par menaces, coups, pillages et incendies. En fait, les milices règnent partout. Les musulmans extrémistes font sauter les marchés. Les institutions chargées du maintien de l'ordre, police, tribunaux, médias sont de plus en plus perçues comme tombées aux mains de maîtres locaux plutôt qu'au service public. Un ex-combattant du Cachemire, Yasin Malik qui a déposé les armes il y a quatorze ans pour se proclamer non violent, affirme : « Dans l'Inde d'aujourd'hui, Gandhi n'est plus une référence. » C'est que, dans le sous-continent converti au capitalisme moderne, la violence est devenue l'un des facteurs de la « destruction créatrice » (selon l'expression de Schumpeter) qui fait progresser le système.

Troisième source : la jeunesse

J. A. – En vous écoutant je pensais à ces passages de la Bible où il est question de l'époque, de la saison « où les rois vont en guerre ». Une saison pour faire la guerre, une autre pour se reposer : la guerre faisait partie de la gestion générale de la vie sociale et politique, j'allais dire de son rythme. Quoi qu'il en soit, vous avez raison de poser la question de la violence des jeunes hommes...

J. B. – Pendant l'Antiquité et le Moyen Âge, les jeunes hommes allaient faire des razzias ; même si le mot vient de l'Afrique, la chose est bien de chez nous ; la guerre de Cent Ans n'est qu'une succession de razzias exercées par les Anglais en France, et les guerres d'Italie des razzias françaises. Nous sommes en été, les foins sont mûrs pour nos chevaux, que faire pour nous occuper ? Allons tuer le voisin, violer sa femme et nous emparer de ses richesses !

Commençons par l'exemple du Kenya, secoué à la fin de 2007 par des émeutes sanglantes. À l'occasion des élections présidentielles, quelques centaines de Kikuyus ont été massacrés par les membres d'autres tribus, comme les Kalendjins localement majoritaires. En fait l'explosion du chauvinisme ethnique dérive de l'évolution démographique : en quatre-vingts ans la population a bondi de 2,7 millions à 36,5.

Le Kenya se classe parmi les quelque 40 nations où au moins 2 500 enfants de 0 à 4 ans succèdent à chaque groupe de 1 000 hommes (dans son cas précis 4 200 enfants, à comparer avec 650 pour l'Allemagne). Son taux de fertilité est de 5 enfants par femme, en baisse pourtant par rapport à 8 entre 1950 et 1980. L'âge moyen des hommes est 18 ans, 42 % ont moins de 15 ans. En 2050, la population atteindra 85 millions.

Dans les pays où la forte natalité s'accompagne d'une extrême pauvreté, la jeunesse reste léthargique ; au contraire, dans les pays qui commencent à s'en sortir, comme le Kenya où, si le revenu vaut 1,50 dollar par jour, la croissance annuelle du PIB dépasse 6 %, les jeunes gens, mieux éduqués et nourris que jamais, confrontés à un taux de chômage de 40 %, préfèrent la violence à la résignation. La révolte naît lorsque les gens pauvres ont tâté du développement. D'ici quinze ans, 8 millions de Kényans auront atteint l'âge du guerrier (15 à 29 ans) au lieu de 6 aujourd'hui. Le pays pourrait suivre la voie tracée à la machette par le Congo et le Rwanda.

Contrairement à mes amis américains qui voient l'ordre régner dans une acceptation universelle de la philosophie des Lumières, j'observe dans les pays pauvres l'état d'esprit tribal pousser à la razzia comme au nettoyage ethnique. Prenons pour exemple le cas du Cachemire où un centre de prédication appelé Dawat wal Irshad a été créé en 1987 pour répandre le prêche et le djihad. Sa branche armée, le Lashkar-e Taiba, le mouvement le plus actif au Cachemire indien, s'est rendu célèbre par ses attaques de l'aéroport de Srinagar, des casernes de l'armée indienne et du Fort-Rouge de Delhi (en 2000), puis dans la rue à Hyderabad et à Bombay. Avant sa dissolution en 2002, il avait mis en place plus de deux mille bureaux locaux. Ses militants, partout présents au Pakistan, étaient de jeunes citadins sans travail, ayant quitté l'école sans diplôme, des fils de paysans pauvres et enfin des rejets de la société, délinquants et toxicomanes, que le mouvement se vantait de réhabiliter. L'organisation a changé de nom avec le soutien occulte des services spéciaux de sécurité (ISI) et dispose désormais d'une vitrine légale dans le vaste campus éducatif de Muridke, au voisinage de Lahore. Les établissements d'enseignement coranique, ou madrassas, endoctrinent les garçons au djihad. Tout le Pakistan est soumis, dès l'école, à une intense propagande sur le Cachemire, qui se traduit par la diffusion télévisée quotidienne d'images de soldats indiens maltraitant des musulmans et par les récits incessants de leurs exactions, surtout sexuelles, à l'encontre des femmes. La propagande n'est pas la seule cause qui pousse les jeunes gens à l'action violente. Dans ce pays surpeuplé, l'émigration, forte dans les années 1970 et 1980, est devenue un rêve pour la main-d'œuvre en surplus. L'appartenance à un mouvement djihadiste sert d'identité de substitution, comme en Palestine, aux désœuvrés sans perspective d'avenir qui se disent : « Je veux qu'on se souvienne de moi comme d'un martyr. » Les groupes défavorisés compensent leur infériorité sociale par une religiosité ostentatoire et par le prestige de la participation au djihad, souvent récompensée par des avantages matériels. De 100 000 à 300 000 jeunes gens auraient suivi un entraînement militaire dans ce cadre. Leur objectif n'est pas de recevoir le martyre à la première opération, mais de faire le plus de mal possible à l'ennemi. C'est pourquoi les attaques du Lashkar-e Taiba se sont caractérisées par la sauvagerie, femmes et bébés assassinés, victimes décapitées et éviscérées. Pardonnez-moi d'avoir insisté sur ce cas ; je lui attache de l'importance car du Pakistan surpeuplé débordent d'innombrables individus sur l'Afghanistan, l'Irak, le Proche-Orient et même l'Angleterre où les attentats de Londres ont été perpétrés par des Pakis. Et cet exemple nous montre bien le côté horizontal des facteurs de violence : on part de la surpopulation au Pendjab et, en quelques années de « mondialisation », on trouve des réseaux indépendants de moudjahiddin qui ont échangé la libération de Srinagar pour celle de Jérusalem comme justification de leur excès d'hormones.

L'actualité la plus récente (novembre 2008) justifie *a posteriori* la longueur de ma description de ce mouvement, en réalité toujours vivace puisqu'il a organisé l'attaque de Bombay (il faut aujourd'hui dire Mumbai) qui a coûté la vie à près de deux cents civils. Ce qui frappe le plus dans cette opération, c'est l'emploi de la technologie moderne par ces paysans. Non contents de naviguer de Karachi jusqu'à leur cible au moyen de GPS, ils se repérèrent par des images spatiales fournies par Google Earth et communiquèrent pendant les combats avec leurs chefs restés au Pakistan grâce à des téléphones Internet difficiles à intercepter, qui les renseignaient sur les déplacements de la police indienne rapportés par les émissions d'information de la télévision. Les liaisons se faisaient par le système VoIP (c'est-à-dire Voice over Internet Protocol, bien connu des gens qui veulent placer des appels à longue distance sans payer, mais jamais encore utilisé par des criminels ou des terroristes). Depuis octobre 2008, les Talibans utilisent un tel service appelé Skype. Les appels VoIP ne sont pas susceptibles d'écoute et ne sont pas localisables. Je ne connais pas de plus belle confirmation de mon opinion que la technologie moderne favorise puissamment la violence de l'homme à 1 euro. Et quel exemple de la méchanceté que la transformation de ces nobles produits de l'esprit humain que sont les satellites en outils de mort. Ayant lutté toute ma vie pour aider le développement des pays pauvres avec des moyens spatiaux, *a peu que le cœur ne me fend*...

J. A. – En vous écoutant et ayant toujours en tête l'image biblique des rois qui partent en guerre à la bonne saison, je me dis que la guerre n'a plus rien de saisonnier, même si elle continue à reposer, en partie, sur l'oisiveté, forcée, de certaines couches des sociétés humaines, sur leur frustration aussi. Puisque nous sommes dans l'ordre du constat, je songe à l'intérêt éventuellement éducatif du service militaire. J'entends éducatif, au sens d'une occasion d'apprendre à gérer sa propre violence. Une occasion aussi de découvrir que la guerre est une affaire sérieuse et non pas seulement le motif des jeux d'enfants. Il y a tellement longtemps que les philosophes, les moralistes, les théologiens se sont interrogés sur la place de la guerre dans nos sociétés. Une manière d'aborder le thème de nos échanges : l'homme est-il fondamentalement, nécessairement mauvais pour devoir recourir à la guerre afin de mieux canaliser, contrôler ses pulsions ?

J. B. – J'évite de dire bon ou mauvais ; le terme méchant me paraît plus adapté parce qu'il est dénué de connotation, dénué de jugement moral.

Enrôler les jeunes pour canaliser la violence ?

J. A. – Pour ma part, je vous l'ai dit, je distingue plutôt méchanceté et violence, méchant étant moralement qualifié négativement. Que la violence soit orientée vers le bien ou vers le mal (et elle devient alors méchanceté, comme vous le disiez), elle doit être gérée, maîtrisée, éduquée. Je n'écarte pas les invitations à la non-violence, bien au contraire ; mais je crois préférable de commencer par cette phase d'éducation. Les militaires, précisément, en savent quelque chose : face à la violence, il faut user de violence, mais en faisant attention d'en rester toujours maître, de ne jamais se laisser déborder, dépasser par elle, d'où l'intérêt du service militaire. Ce serait intéressant que les jeunes, je pense comme vous aux jeunes hommes, en fassent l'apprentissage, ne se laissent pas fasciner, influencer par les seuls films d'Hollywood. Nous le savons bien : il est inutile de nier nos pulsions, il convient plutôt d'apprendre à les diriger.

J. B. – Dans les pays pauvres comme les pays islamiques à l'heure actuelle, nous voyons beaucoup de violence. On note qu'il n'y existe pas de service militaire obligatoire, mais des troupes professionnelles, alors que les forces armées pourraient être utilisées comme une école de civisme, permettant de canaliser la violence. Ce n'est pas un hasard si le seul pays qui dispose d'une armée de conscription, au Proche-Orient, c'est Israël où les gens sont des vrais citoyens et où il n'existe pas de violence privée.

J. A. – L'Irak était dans ce cas, n'est-ce pas ?

J. B. – Oui, c'était un pays où la violence était maîtrisée, c'est-à-dire réservée aux institutions qui l'employaient sans modération. Je ne vous suivrais pas si vous pensiez que l'instauration d'un service militaire universel dans les pays en développement empêcherait le développement de la violence : on verrait alors la course aux armements entre chaque État et les guerres éclater partout.

J. A. – Je ne crois évidemment pas que le service militaire soit la solution définitive à tous les problèmes de violence chez les jeunes hommes ! J'avance seulement l'idée selon laquelle il est un moyen de sensibiliser et d'éduquer à la violence une partie de la jeunesse, au nom d'ailleurs d'un souci civique.

J. B. – Vous m'amenez à une proposition qui ferait entrevoir un frein à la violence, mais, il est vrai, seulement dans le meilleur des mondes possibles. Plutôt que d'un service militaire, les pays en proie à une forte poussée démographique pourraient imposer la conscription à leur jeunesse et organiser un service civique sur le modèle du service militaire. Ils conserveraient certains symboles : l'enrégimentement, la hiérarchie, la discipline, la caserne, le salut, le drapeau, les défilés, l'uniforme et son prestige. L'objet ne serait pas le même : dépourvus d'armes mais pourvus de moyens matériels, voitures, camions, engins de manutention, hélicoptères, avions, les « appelés » se consacreraient à des tâches civiques d'aide à la population, d'aménagement du territoire, d'interventions lors des désastres. L'éducation des enrégimentés et la canalisation de leur énergie seraient obtenues sans razzias.

J. A. – Je ne suis pas certain qu'il s'agisse de la même chose. Nous avons commencé par parler de violence, de la manière dont celle des jeunes hommes désœuvrés trouve un exutoire dans l'engagement militaire, dans des structures plus ou moins officielles, voire terroristes. Peut-être aurions-nous pu évoquer aussi la pratique de certains sports extrêmes, voire violents ? Les arts martiaux, la boxe, etc. Le service ou l'engagement civique auquel vous faites allusion ne remplit pas nécessairement le même rôle : il s'agit, j'en conviens, d'utiliser l'énergie, l'engouement propre à la jeunesse dans ce cas, alors que nous avons parlé de violence dans l'autre… Excusez-moi, mais je ne réfléchis pas systématiquement à l'intérieur d'un monde parfait ou irénique ; il m'arrive de côtoyer, rarement j'en conviens, des formes et des situations de violence !

J. B. – En effet, je ne vous ai présenté qu'une utopie, éloignée de toute possibilité de s'incarner. Voyez-vous un Mugabe, un Mbeki, un général birman se convertir au service civique ? Voyez-vous le président du Soudan transformer ses *janjaweeds* assassins en bienfaiteurs des populations au Darfour ? De tels exemples suffisent à faire fuir l'idée à tire-d'aile. Et surtout, ne jetons pas la pierre à des régimes lointains sans regarder dans notre propre basse-cour. D'après un récent rapport américain[1], en Europe, une culture secondaire radicale se développe au sein de communautés musulmanes de la diaspora avec une uniformité dans les comportements et les trajectoires suivies. La transformation d'un individu occidental en terroriste n'est pas déclenchée par l'oppression, la douleur, la vengeance ni le désespoir, mais par le mal-être, la recherche d'identité et l'incapacité de l'Europe à intégrer les deuxième et troisième générations, qui laissent beaucoup de jeunes gens déchirés

1. New York Police Department, *Radicalization in the West. The Homegrown Threat*, 2007.

entre l'Occident séculier et leur héritage religieux. Ce conflit interne rend vulnérables les hommes de 15 à 35 ans soumis à la rhétorique enflammée diffusée partout et qui devient de plus en plus à la mode. Tous fréquentent les incubateurs de radicalisation : lieux de prière, cafés, prisons, locaux d'association, librairies, bars à narghilé, Internet ; c'est de là qu'un chef opérationnel peut se dégager ; il dépendra de lui que le frustré devienne un extrémiste. En France, plusieurs cellules démantelées récemment par la police s'étaient développées selon ce schéma.

Notons l'originalité de ce parcours : les barbares enrôlés dans les légions souhaitaient devenir des citoyens romains ; des millions d'Européens débarqués aux États-Unis voulaient oublier le *shtetl* et leurs fils ont déifié Washington, Jefferson et Lincoln. Au contraire les habitants de nos « quartiers » rejettent Jeanne d'Arc et Napoléon ; leurs enfants et les enfants de leurs enfants, façonnés par la télévision, vivent encore par la pensée dans le bidonville ou le bled pierreux des origines inoubliées.

Je vous ai suggéré trois raisons pour que les révoltes deviennent, disons, le canal principal de l'action des populations sous-développées, notables par leur caractère disparate. C'est un des caractères de la situation, à savoir l'émergence de facteurs de nature différente et qui se conjuguent. Il se développe une synergie qui est le moteur de l'évolution.

J. A. – Que dois-je comprendre ? Que vous soulignez l'importance du chef charismatique dont vous parliez précédemment ? Ou encore la nécessité d'avoir un projet positif, qui ne se réduit pas à démolir, à détruire ce qui existe ? Sans doute avez-vous raison, dès lors qu'il est possible de prendre un peu de distance, un peu de hauteur, géographique ou historique. Mais je ne suis pas certain que tous ces jeunes aient cette possibilité, cette capacité. Pensez, par exemple, à la situation de la jeunesse palestinienne : comment imaginer un horizon plus bouché ! Nous sommes malheureusement fort éloignés des conditions qui permettraient de se demander quel type de société nous désirons choisir…

La violence, facteur d'évolution

J. B. – Revenons, s'il vous plaît, à votre idée que la violence peut avoir des côtés bénéfiques, en la rapprochant du fait que les problèmes qui se posent au monde aujourd'hui proviennent de la rapidité de l'évolution. Car la violence a pour caractère la rapidité. Voyez la Révolution française, on coupe la tête de Louis XVI, il se passe quelque chose d'énorme, et ça n'a pas mis longtemps ! La monarchie n'avait pas évolué politiquement pendant huit siècles et puis, en deux ans, soudain, le paysage est transformé. Donc on peut imaginer qu'il serait utile, pour essayer de contrer l'évolution actuelle qui est si rapide, d'introduire également des facteurs rapides dont la violence. Je n'y crois pas : en réalité, comme nous l'avons vu, la violence dont nous parlons va dans le sens du productivisme, elle ne saurait contrer l'évolution, mais plutôt l'accélérer.

J. A. – Évidemment, tout dépend de la perspective que nous choisissons : la violence comme un simple moyen, voire une condition nécessaire à l'évolution ou bien comme une réalité donnée, presque intrinsèque, dont l'une des conséquences est de permettre ou de conduire à l'évolution, de manière lente ou brutale. J'avoue ne pas avoir une opinion vraiment définitive, trop conscient que l'une et l'autre, j'entends la violence et l'évolution, appartiennent, à des degrés divers, aux réalités qui sont les nôtres.

J. B. – Vous devez distinguer deux catégories de violence : la violence d'État et la violence des foules. Les pays pauvres ont adopté la violence d'État : ils se sont tous dotés d'un régime policier, l'appliquant avec une pression quotidienne à leurs populations vouées à subir durement l'arbitraire. En même temps, ils souhaitent transposer cette pratique dans leurs relations internationales. L'exemple qui vient à l'esprit et dont on parle à l'heure actuelle est l'effort iranien pour obtenir une bombe atomique, justifié dans le discours par une sensation d'encerclement, mais en fait nourri par la fascination pour la puissance, et qui s'extériorise par un désir de violence, puisque leur président veut oblitérer un de ses voisins. La communauté internationale est démunie devant la détermination d'un pays trois fois plus grand et plus peuplé que l'Irak, second producteur de pétrole de l'OPEP et possesseur de la plus forte réserve de gaz du monde après la Russie. L'acquisition d'une capacité nucléaire par l'Iran, qui semble inévitable avant 2015, peut entraîner ses voisins comme l'Arabie Saoudite dans cette voie, par exemple avec l'aide du Pakistan, qui a inventé la notion de bombe islamique.

Les obstacles à l'emploi de cette violence cèdent peu à peu, on l'a vu avec l'acceptation des bombes atomiques indienne et pakistanaise par le monde entier, alors qu'on sait bien qu'avec un État aussi faible que celui du Pakistan, des engins nucléaires peuvent tomber entre les mains d'enragés. En novembre 2006, la Corée du Nord a procédé à l'explosion de ses premières armes nucléaires. Les pressions antiprolifération ne semblent pas poursuivies avec vigueur en face d'une opposition systématique de la part de certains membres du Conseil de sécurité. L'évolution géopolitique se caractérise par une volatilité croissante. Le nucléaire n'est pas le seul danger ; d'autres armes potentielles à l'heure actuelle, comme les attaques biologiques, aujourd'hui peu à la mode, ont presque atteint le stade de l'emploi sur le théâtre dans les mains de Saddam Hussein, et pourraient reparaître d'un moment à l'autre.

La seconde catégorie de violence, qui ne serait pas la violence étatique, mais la violence des foules, s'incarne en mouvements comme Al-Qaida, qui a su maîtriser une technologie moderne, celle des réseaux dont Internet est le modèle et l'outil. Modèle : le réseau terroriste Al-Qaida se présente officiellement comme un État virtuel, et même un État électronique. Il sert d'exemple à d'autres réseaux, qu'ils se réclament de lui ou non. Les activistes de tout poil vivent sur le Web « comme des poissons dans l'eau » pour reprendre et adapter à notre siècle la formule de Mao. Du point de vue tactique s'est développée depuis 1998 la technique du *swarming*, qui consiste à attaquer simultanément l'adversaire à partir d'un grand nombre de nœuds vers un point particulier, grâce au déploiement d'unités dispersées convergeant sur une cible, comme l'emploi de moyens informationnels multiples et diversifiés tels qu'une volée continue de fax et de courriels.

Les attentats de Madrid et de Londres, l'attaque du World Trade Center à New York sont de bons exemples de *swarming*, non seulement parce que plusieurs objectifs ont été attaqués en même temps, mais surtout parce que la véritable cible des réseaux formés par l'homme à 1 euro pour combattre l'homme à 50 euros est le monde virtuel. De même que le moyen employé le 11 septembre 2001 se réduisait à l'emploi d'avions empruntés à l'adversaire, le *swarming* a été effectué lors de cette opération par les radios et télévisions américaines mobilisées à leur tour pour amplifier leur défaite dans la cybersphère, le lieu où aujourd'hui tout se joue.

J'ai dit qu'Internet est le modèle des armes employées par les activistes à 1 euro par jour. Il est aussi leur outil. Les moyens sont les systèmes de télécommunication et l'informatique mis au service d'une idéologie de rupture. Tous les équipements dont la loi de Moore nourrit le développement fournissent des armes aux gens à 1 euro. Notons que les bombes employées en Irak par la guérilla antiaméricaine, comme les attentats de Madrid, ont pour détonateur un téléphone portable. Al-Qaida et les mouvements islamistes dans sa mouvance, chassés d'Afghanistan, ont transféré une partie de leurs activités sur Internet qu'ils utilisent pour recruter, lever des fonds, coordonner leurs actions, diffuser leur propagande et mener une guerre psychologique. Je ne reviens pas sur l'attaque de Bombay.

La violence de la foule gagne du terrain en beaucoup d'endroits de l'Afrique et de l'Asie, que ce soit en Inde même, au Pakistan, en Afghanistan, et peut-être, un jour qui n'est pas forcément lointain, l'Arabie Saoudite s'effondrera, son régime sera remplacé par un système dominé par l'idéologie de la foule et qui voudra, lui aussi, posséder une bombe. En Algérie, en 1991, la violence de la foule a failli remplacer la violence d'État, mais finalement celle-ci a triomphé de celle-là dans des conditions sanglantes. Et qu'observons-nous aujourd'hui ? Les jeunes Algériens, très pratiquants en moyenne, n'éprouvent aucune tolérance pour ceux qui ne pensent pas comme eux. En 1971, l'arabisation décrétée de l'enseignement a exigé l'importation de maîtres venus d'Égypte, d'Irak et de Syrie dont la plupart professaient des opinions religieuses extrêmes et ont semé les graines d'un wahabisme devenu la norme. Un homme ordinaire[1], Nasreddine Bou Bekeur, âgé de 60 ans, élevé en français, regarde la télévision française. Ses quatre filles portent le voile avec fierté et ne jurent que par le satellite saoudien. Bou Bekeur dit de ses enfants : « Ils sont à la croisée des chemins, ou ils vont à l'ouest (et qui les voudra ?), ou ils restent sous la même influence et deviendront extrémistes. » Après l'éradication du GIS qui a coûté 200 000 morts entre 1991 et 2002, un GSPC (Groupe salafiste pour le prêche et le combat), dit Al-Qaida du Maghreb islamique, commence à poser des bombes de-ci de-là. Un scénario similaire sera suivi ailleurs, en Égypte, demain, ou en Tunisie. Les raisons dont nous donnions la liste tout à l'heure, de voir la foule adopter la violence, laissent imaginer qu'à court terme, elle prendra la décision de passer à l'acte. La révolte encore latente, qui trouve chaque jour des justifications plus fortes dans l'aggravation des conditions de vie, s'incarnera peu à peu en menaces réelles à l'échelle globale.

Triomphe prévisible de thanatos

J. A. – J'aimerais que vous appliquiez une vision, une analyse semblable au cas, à la question palestinienne…

J. B. – Vous évoquez cette question à juste titre, car elle nous révèle le fond des choses. Le problème repose sur une attitude prise par la Ligue arabe en 1967, nommée les Trois non de Khartoum. Après la guerre des Six-Jours, l'ensemble des pays arabes a réagi à la défaite par trois refus : non à la négociation, non à la reconnaissance d'Israël, non à la paix ! Si cette politique de violence institutionnalisée a été abandonnée par deux importants protagonistes, l'Égypte et la Jordanie, qui ont traité avec Israël, elle a été adoptée

1. *New York Times*, 28 juin 2008.

par les foules, par la « rue arabe », aussi bien par les Palestiniens que par tous les autres mahométans, du Maroc à l'Indonésie, par les peuples vraiment concernés et par ceux qui fantasment à distance. Le journaliste Jean Daniel raconte qu'en 1963 Ahmed ben Bella l'emmena dans son avion rencontrer Nasser. Comme Jean Daniel montrait le désert par le hublot, en signalant qu'il y avait beaucoup de place disponible sur la terre arabe, le président algérien lui répondit : « J'ai eu trois désirs dans ma vie : la sauvegarde de Nasser lors de l'expédition de Suez en 1956, l'indépendance de l'Algérie et Jérusalem arabe. » Qu'avait-il à faire de Jérusalem ? Violence d'État d'un côté, violence de la foule de l'autre. Et donc, les problèmes sont devenus insolubles. Le contexte est dominé aujourd'hui par un fait très simple à énoncer : pendant cette période de quarante ans, depuis la guerre des Six-Jours, depuis les non de Khartoum, l'État israélien s'est renforcé, et il offre maintenant un niveau de vie de 45 euros par jour, qui, entre autres avantages, lui donne le moyen de posséder une puissante défense. Au contraire, les Arabes, incapables de pensée politique, ont stagné en dépit de la richesse que leur apporte le pétrole et, de plus, ils ont désiré maintenir purulent l'abcès comme chambre d'expansion aux frustrations de leurs populations. Résultat : les Palestiniens sont à 2,50 euros ! Cela ne peut pas s'arranger, la différence est trop forte. Parade verticale d'État à une menace horizontale de la foule, vouées l'une et l'autre à l'impuissance mutuelle. Exemple typique puisqu'on trouverait des situations similaires en d'autres endroits. Rappelons l'état de l'Europe après la guerre, très voisin de celui des Palestiniens, à une autre échelle. Les Européens ont réussi à s'en sortir grâce à quatre moyens :

1. La gouvernance, c'est-à-dire élimination de la violence d'État.
2. La solidarité sociale, c'est-à-dire élimination de la violence de classe.
3. L'éducation et la culture laïques.
4. Et puis une démographie limitée.

Maintenant l'Europe jouit de 70 à 80 euros par jour, donc elle est devenue une zone de prospérité, donc il est faisable d'abandonner la violence pour la sagesse, mais à condition que l'on mette en œuvre ces quatre moyens et, ces moyens, on ne les trouve nulle part employés dans les pays pauvres ! Alors l'évolution, à mon avis, s'y oriente vers le califat, c'est-à-dire que tous ces jeunes misérables, abreuvés de fantasmes, à un moment ou à un autre suivront un drapeau, et la solution inventée par l'Europe n'est pas à leur portée : aucun des quatre moyens que je viens d'indiquer n'a de chances d'apparaître dans les nations à 1 euro. Si, après la Seconde Guerre mondiale, les Européens se sont arrachés des griffes de thanatos qui les maintenaient prisonniers depuis des siècles, il n'en est pas de même des Arabes. Pour empêcher toute sortie du conflit, les protagonistes donnent une valeur « sacrée » à la ville de Jérusalem. Rien de plus stupide, et de plus révélateur : voulez-vous m'expliquer autrement que par le désir de mort l'acharnement à vouloir faire flotter un chiffon rectangulaire au-dessus de trois cailloux ? Nous découvrons par cet exemple que nos facteurs objectifs, la pauvreté, le rêve médiatisé et l'excès de testostérone sont relayés, amplifiés et sublimés par thanatos. Il y a là de quoi faire sauter la planète. Le plus puissant acteur du XXIe siècle se dévoile, sa faux à la main.

6

Changer de paradigme

Puisque la source de nos maux réside en notre cœur, c'est là qu'il faut chercher la clé d'un changement de paradigme.

JACQUES BLAMONT – Notre tour d'horizon a confirmé les inquiétudes que je nourris sur le futur de l'humanité, et je crois que vous les partagez. Il est temps de se demander si des inflexions peuvent être apportées à une évolution lourde de menaces. Vous m'avez reproché d'avoir écrit : « Il n'y a rien à faire » après cinq cents pages où j'analysais la marche perverse de notre monde.

Bien que la situation se soit aggravée depuis que j'ai publié mon livre, et dans le sens que j'indiquais, je veux bien vous suivre et essayer de prendre une attitude positive pour explorer des pistes.

Avant tout, éviter trois pièges : le *yaka*, si répandu qu'il est quasi universel (*yaka* inventer le moteur à mouvement perpétuel...) ; l'attitude des belles âmes, prêtes à donner ce qu'elles n'ont pas afin de calmer leur sentiment de culpabilité (accepter chez nous tous les immigrés...) ; enfin la surestimation de nos forces et de nos moyens d'action (construisons des centrales électriques en orbite, exploitons He^3 sur la Lune...).

Des pistes à rejeter

JACQUES ARNOULD – Je suis évidemment touché de constater que vous avez pris au sérieux ma première réaction à l'égard de votre analyse de la situation : aussi noire et dramatique qu'elle puisse apparaître, je ne saurais me résoudre à voir l'humanité baisser les bras, à refuser de relever la tête en même temps que ce nouveau défi, quand bien même elle en est le principal responsable. Reste évidemment, vous venez de le souligner, à s'interroger sur les actions à entreprendre. Vous écartez d'emblée et avec raison les discours en *yaka* ; il est inutile de dire que je vous suis totalement sur cette attitude. Avez-vous des pistes à proposer ? Estimez-vous efficace, par exemple, l'installation ou le renforcement d'une gouvernance mondiale ? L'ampleur des menaces et, par voie de conséquence, de la réponse à leur apporter paraît y conduire inévitablement.

J. B. – Un exemple montre le ridicule de cette solution, la proposition d'Al Gore dans son livre[1] d'organiser un plan Marshall du développement durable sous la conduite des États-Unis. Inspirée de l'idéologie des années 1945-1950, créatrice des Nations unies, la stratégie imaginée par le politicien américain reposait sur cinq axes : la stabilisation de la population, le développement des technologies, l'adaptation des réglementations économiques, la promotion d'accords internationaux sur la défense et l'environnement et un programme de surveillance satellitaire. Dans chacun de ces domaines, le géant yankee aurait pris la tête d'une organisation mondiale comme un grand-père bienfaisant, mais vigoureux, dominateur, édictant les principes, fixant la ligne et menant les troupes, tout en mettant la main à la poche. Il faut bien de la naïveté pour penser qu'un pays dont les législateurs ont interdit toute aide aux nations ayant adopté un service de planning familial

1. Al Gore, *Earth in the Balance* , Houghton Mifflin, 1992.

pourrait les aider à limiter les naissances ! Rien n'a subsisté de ce programme pendant qu'Al Gore a été au pouvoir, et depuis, l'administration du second président Bush s'est illustrée par son mépris des règles internationales. Devant l'accroissement des appétits, le dépérissement général de la pensée politique, l'obsolescence grandissante des structures de sécurité collective et le recours quotidien à la violence d'État dans le plus pur esprit westphalien, on ne doit pas compter sur les nations, toutes adeptes de la croissance, pour arrêter le déferlement du productivisme. Tout ce que nous pouvons espérer est une gestion au jour le jour, qui lubrifie les rouages d'une évolution imposée par la doctrine omnipotente du développement durable.

J. A. – Si vous ne faites pas davantage confiance au politique ou, plus exactement, si vous ne lui accordez que ce rôle de lubrifiant destiné à faciliter le fonctionnement d'une machine, l'application d'un remède qu'elle n'a pas elle-même conçu, est-ce à dire que vous invitez à s'en remettre aux solutions techniques ?

J. B. – On cite la séquestration du CO_2, l'utilisation des énergies renouvelables, les agrocarburants, les OGM. Nous l'avons vu, aucune de ces voies de recherche n'est susceptible de renverser la tendance, car elles s'inscrivent toutes dans la ligne de la pensée productiviste. Même si elles aboutissent aux résultats annoncés par leurs promoteurs dans divers domaines, elles pourront résoudre des crises, elles ne pourront pas résoudre la crise. Et nous ne disposons pas de temps, car l'horizon des pénuries se dresse à cinquante ans dans le futur, alors que le déploiement des grandes infrastructures industrielles exige plusieurs dizaines d'années. L'Agence internationale de l'énergie estime marginal, aux environs de 20 % au milieu du siècle, l'emploi des énergies renouvelables. Si l'on voulait répondre à la demande d'énergie, qui présente un déficit prévu en 2050 de l'ordre de plusieurs Gtep, grâce à une technique éprouvée, le nucléaire, répétons qu'il faudrait mettre en route une centrale par semaine jusqu'en 2050 ! Quelle source d'électricité permettra le dessalement de l'eau de mer, ou la production d'hydrogène en grande quantité, solutions présentées comme des panacées ? Et comment fournirons-nous aux paysans pauvres des engrais azotés peu coûteux alors que le prix du gaz naturel ne fera qu'augmenter ?

J. A. – Bref, nous sommes toujours enfermés dans des impasses, qu'elles soient politiques ou techniques ! Nous ne devons toutefois pas oublier que les premières voix qui se sont élevées pour dénoncer les dangers de nos choix techniques et économiques (je pense en particulier à René Dubos, méconnu dans son pays natal mais révéré aux États-Unis) ont déjà souligné qu'aucune solution ne serait profitable si elle ne conduisait pas à un changement de comportement, à l'abandon de la société de gaspillage, bref à une véritable révolution dans nos échelles de valeurs.

La seule voie

J. B. – La question est en effet de savoir si nous pouvons changer volontairement les états d'esprit dans tous les pays du monde afin d'encourager l'adoption d'un objectif pour le niveau de vie des masses inférieur au moins à la moitié du niveau actuel des États-Unis, et peut-être beaucoup plus bas encore. C'est la seule voie que je peux imaginer. Mais persuader les populations, non pas seulement qu'il faut consommer moins, moins d'énergie, moins d'eau, moins de viande, moins de transports, c'est-à-dire accepter l'éthique *moins est plus* ne peut s'obtenir que par la création préliminaire d'un consensus aboutissant à l'élaboration d'une culture de la modération, ou plutôt de la restriction, alors que tous les intérêts matériels, financiers et économiques, s'y opposent. De quelle nature serait ce processus ?

Le livre récent de Lawrence Harrison[1], vétéran de l'aide internationale, suggère que politique et culture doivent être sollicitées

1. Lawrence Harrison, *The Central Liberal Truth* , Oxford University Press, 2006.

simultanément pour transformer le paradigme central de notre civilisation. L'analyse par Harrison des transformations culturelles en Irlande, Chine ou Amérique latine montre que le changement de culture doit être conduit par des personnalités qui reconnaissent et acceptent la responsabilité des problèmes de leur propre culture et réinterprètent sélectivement leurs propres traditions pour encourager la modernisation. Des leaders politiques doués de vision peuvent précipiter le mouvement et, en fait, sont indispensables. Ainsi les dirigeants japonais de l'ère Meiji, Mustafa Kemal, Franklin Roosevelt, Mikhaïl Gorbatchev ont-ils infléchi non seulement les données politiques et économiques dans leur pays, mais aussi les cultures. Mais le problème à résoudre est infiniment plus vaste et plus compliqué que ceux dont triomphèrent ces grands hommes d'État.

J. A. – Il y a sans aucun doute un réel défi d'échelle ; pour autant, la vision de votre auteur est exacte : il ne faudrait surtout pas écarter la dimension politique, mais plutôt s'en servir comme d'un levier, non sans avoir effectivement critiqué les excès auxquels le modèle productiviste a conduit.

J. B. – Dans les pays à 50 euros, la classe politique au pouvoir ne peut envisager que le court terme. En fait, sa marge de manœuvre est très restreinte. Comme l'a dit le Premier ministre luxembourgeois Jean-Claude Juncker, parlant au nom de ses collègues européens : « Nous savons tous très bien ce qu'il faudrait faire, mais ce que nous ne savons pas, c'est nous faire réélire après avoir agi. » La priorité de nos dirigeants est d'éviter les manifestations bruyantes répondant aux attaques portées contre les « avantages acquis » des consommateurs gavés que sont nos concitoyens, telles que les délocalisations et les fluctuations de prix inhérentes au fonctionnement du marché mondial.

Les gouvernements européens qui se prétendent sensibles à certaines menaces horizontales comme le changement climatique, le renchérissement de l'énergie ou l'épuisement des ressources naturelles, ne conçoivent de riposte que taxatrice : ils baissent ou augmentent tel impôt levé sur telle fonction économique. Bonus/malus sur les automobiles ou le logement, ponction fiscale sur les émetteurs de CO_2, subventions aux uns, charges aggravées pour les autres constituent l'arsenal du petit ministre.

Dans les pays à 1 euro comme dans les émergents, les gouvernements et les opinions publiques s'accordent pour adopter le modèle productiviste, c'est-à-dire pour se fixer comme objectif l'élévation du niveau de vie afin d'atteindre les performances des nations industrialisées.

Ni les politiciens, ni les responsables de l'économie et de l'industrie, ni les intellectuels, ni les corps constitués comme les universités ou les Églises ne conçoivent la nécessité d'utiliser à la fois politique et culture pour modifier la trajectoire actuelle. En fait personne ne veut la modifier.

J. A. – Que pouvons-nous donc faire, nous autres citoyens d'un pays qui ne se distingue pas par sa tendance à restreindre sa consommation de biens matériels, dont la vie culturelle et spirituelle paraît plutôt affaissée et dont la classe politique pratique trop souvent l'art de l'opportunisme ? Quand bien même la France déciderait de changer, quelle influence un pays comme le nôtre pourrait-il exercer sur l'évolution de la planète ? Aurions-nous quelques atouts ?

J. B. – Ma conviction est que nous devons quitter la politique suivie partout au cours du dernier demi-siècle, qui s'inspire du modèle productiviste pour organiser le développement tant des pays industrialisés que des émergents et des retardataires, et se contente d'effets d'annonce comme les grand-messes de Rio de Janeiro et de Johannesburg. Seule une révolution des esprits peut constituer une réponse efficace au défi posé par nos errements. Pour y parvenir, à un moment ou à un autre, il deviendra indispensable de *mobiliser* les énergies pour modifier en profondeur notre comportement de prédateur que la biosphère ne peut plus supporter, c'est-à-dire *mobiliser* les hommes au sens militaire du mot.

Appelons culture, faute de mieux, le domaine où l'action s'impose afin de transformer nos aspirations, nos habitudes, nos mœurs et jusqu'à nos besoins. Il appartient aux gens qui font de la culture leur préoccupation principale ou leur métier d'élaborer une doctrine de dédéveloppement qui prendrait en compte les cheminements politiques et les conséquences économiques d'un tel tournant (j'avoue que le terme de révolution culturelle qui décrit ce que j'ai dans l'esprit sonne mal). Une telle doctrine s'apparente à la philosophie de Gandhi exposée dans son livre *Hind Swaraj* publié en 1909. Sans suivre son réquisitoire contre les machines, les sciences, la médecine qu'il prétend avoir éloigné l'homme des valeurs spirituelles, sans admettre le retour qu'il prône à l'araire et au rouet, vue extrême qui confine à l'absurde, nous devons nous diriger vers l'adoption de ce que Gandhi appelle l'*aparigraha,* c'est-à-dire le renoncement aux biens matériels non nécessaires et aux habitudes superflues, accompagné par le détachement vis-à-vis des bibelots extravagants qui nous entourent. Une piste de ce genre a été ouverte en 1936 par le disciple américain de Gandhi Richard Gregg, dans son livre[1] où se trouve exposée la notion de simplicité volontaire, à savoir une éthique de la modération qui prône de réduire la consommation de biens. Quelques centaines de disciples s'activent en Amérique du Nord, et depuis 2000 de courageux isolés s'efforcent de répandre la doctrine en Europe par des conférences, ateliers, émissions de radio, rédaction d'articles dans les journaux. Nous vivons aujourd'hui dans l'âge d'Internet, c'est-à-dire au milieu des réseaux virtuels où circulent les initiatives et naissent les associations, et un certain futur peut être promis à ce foisonnement, mais une telle tentative ne peut réussir sans l'appui des pouvoirs publics et des institutions, seuls capables d'entraîner une large partie de la population afin d'aboutir à un projet politique consensuel. Disons qu'elle doit acquérir une légitimité institutionnelle structurée par le gouvernement et l'administration, mais reposant aussi sur la participation des partis, des syndicats et des lobbies bien introduits dans les hauts cénacles. C'est un exercice de conscience devant aboutir à des propositions concrètes et qui, répétons-le, doit regrouper, sous la férule des autorités politiques, des composantes populaires, culturelles, scientifiques et spirituelles.

1. Richard Gregg, *The Value of Voluntary Simplicity* , Pendle Hill, 1936.

Dire exercice de conscience signifie que le sursaut unanime qui serait indispensable ne peut se produire sans une action massive des Églises. Quoi que nous pensions des religions, des systèmes religieux, de leurs tares ou de leur assoupissement, rien n'est possible sans elles. Seules, elles peuvent exorciser la méchanceté. Il faut les faire sortir de leur passivité. C'est par elles que doit commencer la mobilisation.

J. A. – Je sais que vous êtes sensible au fait que la situation de crise sinon déclarée du moins proche qui est aujourd'hui la nôtre nous fait revenir à certains précédents vécus par l'Église catholique : ainsi, le début du XIIIe siècle, avec les crises et les conflits provoqués par les hérésies vaudoise et cathare ; le magistère y a répondu non seulement en s'appuyant sur le bras politique armé, mais aussi en recourant à une « espèce » religieuse, providentiellement apparue à cette époque : les mendiants, franciscains et dominicains. Au XVIe siècle, la menace a peut-être été plus grave encore avec la Réforme. Le pape Paul III a réagi comme son prédécesseur, Innocent III : il a convoqué le concile de Trente, pris des mesures énergiques comme la création de l'Index et de l'Inquisition romaine et s'est appuyé sur une société religieuse naissante, les jésuites. Il ne s'agissait pas tant de porter la bonne parole, d'évangéliser, que de transformer les esprits dans toute la classe dirigeante européenne. Ne sommes-nous pas dans une situation analogue à celles que je viens de rappeler ?

Une possible action concrète

J. B. – La première étape est certes la formation d'une doctrine de la frugalité. Supposons que nous y soyons parvenus. Nous devrions ensuite passer à l'acte, c'est-à-dire galvaniser les foules. L'expérience montre qu'un corps spécialisé devient indispensable. Et nous nous écartons alors de la simplicité *volontaire*.

Il n'est pas si difficile que l'on pense d'imaginer un parallèle à la création d'un ordre, mais transposé dans un cadre moderne, c'est-à-dire laïque : un service civique obligatoire pourrait constituer le levier de cette transmutation sociale et morale à laquelle chacun accepterait de contribuer comme l'un de ses devoirs. J'ai déjà fait allusion à un concept de ce genre, comme un moyen que les pays en voie de développement pourraient utiliser[1].

Dès maintenant une telle politique peut s'envisager chez nous. Un service civique fournirait un cadre à la refondation du contrat social et à la mise en place de nouvelles valeurs. Il serait le vecteur du nouveau paradigme proposé à l'humanité, et en même temps il réintroduirait la fraternité, concept soi-disant fondateur de la République française mais qui ne se traduit ni dans les faits ni dans les mœurs. L'aide aux isolés, aux handicapés, aux illettrés, aux vieillards, aux faibles de toutes sortes, et aussi la défense de l'environnement, l'approfondissement du patrimoine, le soutien scolaire, la protection civile peuvent être cités comme des exemples d'actions concrètes qui seraient confiées à un service civique encore à concevoir, mais dont la mise au point pourrait être le grand projet mobilisateur des prochaines années, appuyé sur le maillage des collectivités locales, sur les réseaux associatifs, sur le tissu des services publics. De toute façon, cette instauration devient nécessaire pour renforcer la cohésion sociale lézardée, pour assurer la transmission des valeurs civiques d'une génération à une autre et imposer un civisme en acte. Brassant une classe d'âge, il permettrait aux filles et aux garçons d'acquérir le sentiment d'appartenance à la collectivité nationale, et constituerait ainsi un facteur décisif dans l'intégration des immigrés. Chaque immigré veut que l'histoire du pays qui l'accueille commence avec lui. Ma France à moi, c'est moi : voilà l'attitude à changer. L'histoire de France pour les nouveaux arrivés c'est la leur, et donc elle n'unifie plus. Il faut leur apporter un présent chargé de passé puisque, comme l'a écrit Renan, un des deux facteurs constituant l'âme

1. Voir p. 118.

d'une nation, après le consentement collectif des citoyens, est « la possession d'un riche legs de souvenirs ». Chargé aussi d'avenir avec une espérance neuve, celle du sauvetage non seulement de notre civilisation, mais en fait de l'humanité tout entière par l'adoption et la mise en œuvre d'une nouvelle éthique.

J. A. – Voilà une proposition aussi surprenante qu'intéressante ! Je ne doute pas qu'elle soulève des réactions, enthousiastes ou sceptiques. Ma première réaction est de me demander s'il est possible de provoquer la création d'un tel mouvement ; je vous parlais des ordres mendiants ou des jésuites : ils n'ont pas été créés par les autorités romaines, mais seulement reconnus puis utilisés par elles. Avons-nous aujourd'hui les conditions d'une émergence spontanée ou presque de tels corps de volontaires ?

J. B. – Un des avantages de notre pays est de compter aujourd'hui cinq millions d'immigrés, mais notre doctrine d'accueil a jusqu'à présent consisté à vouloir les transformer en hexagonaux semblables aux autochtones. L'Afrique, l'Asie et l'Europe de l'Est nourrissent des flux migratoires croissants. Au cours des dernières décennies, le niveau de formation des immigrés s'est amélioré : depuis 1982, la part de ceux qui détiennent un diplôme de l'enseignement supérieur a quadruplé passant de 6 à 24 %. Ne pourrait-on pas imaginer que leur sensibilité particulière permettrait à beaucoup d'entre eux de devenir auprès de leur pays d'origine les porteurs du message que nous souhaiterions envoyer au monde, comme une sorte de Peace Corps renouvelé dans ses objectifs et son mode de fonctionnement, et que des liens culturels et même politiques pourraient être créés grâce à l'entrée de nos nouveaux concitoyens dans des structures de dialogues, d'échanges, disons de propagande pour un nouveau mode de vie ? Nous avons vu qu'un service civique national permettrait d'abaisser le niveau de violence dans beaucoup de pays en développement qui prendraient exemple sur le nôtre.

Le Peace Corps est une agence fédérale des États-Unis, créée en 1961 par John Kennedy « pour promouvoir la paix et l'amitié mondiale », en mettant des hommes et des femmes à la disposition de pays intéressés, afin d'aider les peuples à satisfaire leurs besoins en personnel entraîné. Plus de 187 000 volontaires y ont servi en 139 pays. Sa mission consiste aussi à faire mieux connaître les Américains aux populations servies et les autres peuples aux Américains. S'y sont ajoutées des opérations importantes comme la lutte contre le sida, la faim et les désastres naturels.

Imaginons qu'une doctrine de dédéveloppement soit élaborée par un mécanisme à discuter, qu'un mouvement de fond balaie notre conscience nationale (je rêve), que la doctrine soit adoptée par nos concitoyens du monde et que des mesures concrètes soient effectivement appliquées par la mobilisation des jeunes gens partout – non je ne souhaite pas l'apparition des gardes rouges de Mao, mais une version civilisée, placée dans le cadre des Nations unies… le vecteur de la raison, sauvegardé d'éros et de thanatos…

Yaka… Voilà, j'y ai succombé, à votre instigation.

Ne m'en veuillez pas trop, car je n'imagine pas que mes suggestions puissent s'incarner en un mouvement réel. Elles relèvent de ce que nous appelons en physique une *Gedankenexperiment*, une expérience qui prend place dans la pensée et non dans le monde réel des phénomènes. On suppose que… et on en tire les conséquences.

Mais je crois qu'il n'existe pas d'autre chemin. Il faudrait qu'une force spirituelle l'ouvrît afin de convaincre les gouvernements. Ma feuille de route comprendrait donc une puissante démarche des Églises suivie par l'organisation de services civiques progressivement dans tous les pays.

Est-ce que cela revient à dire qu'il n'y a rien à faire ?

J. A. – Je suis heureux de constater que vous avez succombé à la tentation du faire. Non sans proposer une solution originale, provocante ; je n'en attendais pas moins de vous ! Au-delà de la seule référence historique à l'histoire de l'Église, je me demande en effet si l'initiative est souhaitable, voire seulement possible, dans un cadre strictement politique, gouvernemental. Sans nécessairement faire tout reposer sur les systèmes et les institutions religieux, ne convient-il pas de s'interroger sur la place à accorder à la dimension religieuse ?

J. B. – C'est exactement ce à quoi je pense : puisque la racine de la crise que nous redoutons coïncide avec la méchanceté, la seule solution pour l'éviter ne peut qu'être d'ordre spirituel.

Vous m'avez lancé un défi : à mon tour de vous provoquer !

7

Et la religion ?

Malgré leur incompréhension du monde moderne, est-ce aux Églises qu'il faut s'adresser ?

Recours au spirituel

JACQUES BLAMONT – Croyez-vous que la religion soit un facteur à prendre en compte, puisse le devenir, jouer un rôle dans l'évolution actuelle de l'humanité ?

La religion est un vaste système collectif, confus et mélangé, que l'humanité crée pour répondre aux questions qu'elle se pose avec angoisse sur ses rapports avec la nature : que sommes-nous, d'où venons-nous, où allons-nous ? Elle fait appel à une multitude de significations enfouies dans notre inconscient et sait donc affronter le ça. D'où sa pertinence éventuelle au cœur de notre problématique.

Une condition nécessaire serait qu'elle se présentât comme une force structurée capable d'agir dans le monde réel. Staline a posé la question : « Le pape, combien de divisions ? », sans avoir compris que le Saint-Siège dispose effectivement d'une armée.

Catholicisme et islam ont l'un et l'autre assuré leur pouvoir historique grâce à une caste de clercs. Il est vrai que le prêtre mahométan n'est pas l'intermédiaire nécessaire entre Dieu et le fidèle, en l'absence d'une liturgie sacrificielle. De plus, le divorce entre les chiites et les sunnites interdit l'existence d'une Église musulmane, même si la vie spirituelle du simple croyant est soumise à l'autorité des imams ou autres mollahs. La situation institutionnelle rappelle celle du protestantisme morcelé. Ainsi l'Église catholique apparaît-elle comme la seule à posséder un magistère uni, une structure hiérarchisée avec un haut et un bas.

Peut-on, doit-on, faire appel à ces dinosaures ? Si l'on voit bien que la foi islamique conduit, au moins dans l'arc de crise du Proche-Orient, vers le djihad à qui elle sert souvent d'alibi, la foi chrétienne pousse-t-elle les fidèles dans une direction, vers la stabilisation ou la déstabilisation, là où sa présence lui donne de l'influence ?

JACQUES ARNOULD – Votre question est compliquée parce que, aujourd'hui, on aurait plutôt tendance à l'aborder d'une manière différente, je veux dire à accuser les religions d'être des facteurs de dissension, de violence, etc.

J. B. – Ce n'est pas mon propos !

J. A. – J'en prends acte. Il n'empêche, je lisais récemment les déclarations d'un scientifique anglais, largement diffusés, qui reprenaient l'affirmation selon laquelle si les religions n'avaient pas existé, tant de catastrophes, tant de guerres auraient été évitées ; et il en donnait une liste.

J. B. – Manière triviale de raisonner !

J. A. – Oui, je trouve moi aussi le propos trivial et peu raisonnable. J'admets que certains puissent rêver à une humanité débarrassée des religions ; mais faut-il pour autant défendre une vision aussi réduite de l'histoire de l'humanité ? Faut-il réduire les religions aux seuls actes de violence dont elles ont pu être les auteurs, les déclencheurs ? En rester (je dis bien : en rester) à la seule critique négative me paraît à terme inefficace. Nous devrions plutôt nous demander ce qu'il est possible d'attendre des religions, d'exiger d'elles, face à la situation de l'humanité, telle que vous la décrivez.

J. B. – Un rapport nouveau s'introduit de nos jours entre le pouvoir quel qu'il soit et le système de valeurs accepté par les divers membres du corps social. Cette constatation vaut aussi bien pour les sociétés démocratiques que pour les pays en voie de développement, même si les pouvoirs et les systèmes de valeurs ne se ressemblent pas. Il appartient aux autorités de construire un nouveau consensus qui réconcilie l'homme avec une évolution moins destructrice et lui permette de la diriger. Je pense aux autorités spirituelles et donc aux Églises.

J. A. – Il est très intéressant de poser la question telle que vous l'énoncez, c'est-à-dire : de quelle manière pouvons-nous recourir aux structures religieuses ? Que pouvons-nous exiger d'elles ? C'est là, je crois, une attitude plus pertinente que celle qui consiste à nier leur existence ou à refuser de leur accorder d'exister. Ignorer leur évidence (historique, culturelle, sociale, pédagogique) ne peut susciter que des difficultés. Par contre, reconnaître l'existence du christianisme, de l'islam, du judaïsme, mais aussi des religions émergentes, en Europe peut très bien, et doit même s'accompagner d'une vraie exigence à leur égard. Vous existez, nous avons besoin de vous parce que vous constituez une référence pour un certain nombre de concitoyens ou parce que vous posez des questions à nos sociétés (par exemple, celle du contrôle des naissances).

J. B. – Dans le cas de l'Europe, les facteurs[1] que j'ai indiqués dans notre cinquième entretien comme la cause de son succès se sont construits par une démarche dialectique, où la religion et ses structures ont fourni une contribution majeure, pour et contre l'évolution.

J. A. – Vous savez pourtant que certains rencontrent des difficultés à admettre les racines spirituelles de l'Europe, sans doute en raison d'une interprétation erronée du principe de laïcité.

J. B. – La force qui, à mon avis, doit entrer en jeu, ce n'est pas la religion, mais le système religieux !

---

1. Voir p. 125.

J. A. – Vous avez raison d'introduire cette distinction. Ce sont effectivement les systèmes religieux auxquels nous nous intéressons et que je n'hésite pas à mettre en question. C'est par exemple le cas lorsque j'apprends que le cardinal de Vienne s'en prend au Conseil de l'Europe à propos des difficultés provoquées par les mouvements créationnistes en matière d'enseignement. Il prétend que ce dossier, parce qu'il touche le domaine religieux, ne relève pas de la compétence du Conseil. Comment peut-il parler ainsi ? Et pourquoi le Conseil serait-il obligé de l'écouter… puisque précisément lui-même appartient à la société religieuse ? Nous sommes dans une situation où se rencontrent plusieurs pouvoirs, scientifique, politique, religieux ; et nous devons, comme Européens, nous mettre d'accord pour trouver une réponse ferme et raisonnable aux revendications fondamentalistes et créationnistes, afin de respecter les valeurs qui sont les nôtres et qui ne sont pas seulement religieuses. Quitte à bousculer un peu les systèmes religieux…

Changements nécessaires

J. B. – Pour intervenir, le fait religieux n'a-t-il pas besoin d'un aggiornamento complet, c'est-à-dire que son fonds de commerce soit repensé, qu'il s'agisse de l'islam gelé dans sa gesticulation ou des Églises chrétiennes dans leur impuissance ?

Dans le cas de l'islam, tous ces braves docteurs mahométans nous assurent qu'il abhorre la violence, mais un journaliste arabe très bien informé, Rahman al Rachid, directeur général de la station de télévision par satellite Al-Arabiya, a déclaré au début de septembre 2004, après la prise d'otages de Beslan où des centaines d'enfants trouvèrent la mort : « Tous les musulmans ne sont pas des terroristes, mais presque tous les terroristes sont des musulmans. » Et il a ajouté : « La majorité de ceux qui organisent des attentats suicides contre des autobus, des écoles, des maisons sont musulmans. Cela nous dit-il quelque chose sur nous, sur notre société et sur notre culture ? »

Bien sûr, cela nous dit quelque chose sur les musulmans d'aujourd'hui, sur le potentiel de la religion à engendrer et à justifier la violence. Nous avons vu récemment à Bagdad des fanatiques faire sauter des camions bourrés d'explosifs dans des écoles de petites filles. Cela dit quelque chose.

Or ce n'est pas la religion qui amène au terrorisme suicidaire, comme le montrent le nihilisme russe d'un côté et le fanatisme du Viet Minh ou des Tigres tamouls de l'autre. Seule la puissance d'une idéologie engendre la radicalisation meurtrière. Dieu n'entre pour rien dans cette volonté. Les religions interdisent le suicide. Pour passer outre, un durcissement idéologique s'impose : l'idéologie se marie à la religion pour créer des enthousiasmes et par conséquent des effets politiques de vaste envergure. Les djihadistes le prouvent chaque jour.

De l'autre côté, l'on constate, en fort contraste, un angélisme catholique ou chrétien qui l'amène à n'avoir de prise ni sur les mœurs ni sur la politique (car je crois très épisodique l'influence récente du fondamentalisme protestant sur l'administration américaine). Aucune idéologie ne paraît soluble aujourd'hui dans le christianisme. Entre les deux grandes religions, on a l'impression qu'il existe un décalage.

J. A. – Je ne peux évidemment pas m'engager de la même manière que vous dans l'analyse, l'étude critique des systèmes religieux ; je dois, par exemple, être prêt à appliquer la consigne de balayer d'abord devant sa propre porte ! Il me paraît toujours nécessaire, en même temps que délicat, de pratiquer une approche plurielle. À quelle anthropologie une tradition religieuse, une théologie, conduit-elle ? Au sein de quelle sociologie s'incarne-t-elle ? Vous avez fait allusion à la différence majeure entre des Églises protestantes multiples, je veux dire à plusieurs chefs, et l'Église catholique monocéphale. De même avec la pluralité des obédiences et des courants musulmans. Ces différences peuvent avoir une grande influence sur la manière de gérer l'apparition de nouveaux courants de pensée. Il est ainsi aisé de critiquer le centralisme catholique ; il a certes ses défauts, mais il peut aussi éviter l'apparition et le développement de mouvements excessifs. Ce n'est pas par hasard si les mouvements fondamentalistes et créationnistes dont je parlais tout à l'heure sont nés aux États-Unis, autrement dit au sein d'un système d'Églises multiples. J'ajouterai, à propos des Églises, qu'en « bonne sociologie chrétienne » il convient de tenir compte de trois agents, de trois acteurs : le magistère, autrement dit le gouvernement et le garant de la tradition, les fidèles et leurs communautés, enfin les théologiens, chargés de garder vivant l'esprit de recherche. Dans nos sociétés civiles, les homologues de ces derniers sont les scientifiques et les philosophes, même si, me semble-t-il, les théologiens ne sont peut-être pas aussi présents au sein des Églises que ne le sont les scientifiques et les philosophes au sein de nos sociétés. Il me semble aussi que l'un des objectifs du deuxième concile du Vatican, la mise à jour que l'on a appelée aggiornamento et à laquelle vous avez fait allusion, a précisément été de redonner sa place à chacun de ces acteurs. C'est de cette manière qu'une tradition, un héritage restent vraiment vivants et ne s'enferment pas dans les ors et les velours des sacristies ! Et le deuxième concile du Vatican a montré que cela était possible. Pour autant, je n'ignore pas les réactions actuelles, quarante ans après. Les uns disent : « À quand le prochain concile ? » ; les autres clament : « Halte, revenons en arrière ! » et proposent une sorte de mise à jour rétrograde. Est-ce possible ? Évidemment non. L'histoire poursuit son chemin, nous sommes immergés dans un courant. Nous devons reconnaître les erreurs, les ratés, corriger ce qui peut l'être et continuer à participer à cette évolution, aux nécessaires changements. Tous les biologistes savent qu'un organisme qui ne change pas finit par mourir ; il en est de même des Églises et des institutions en général.

J. B. – Mais ce changement devrait-il survenir au niveau de la théologie, ou au niveau de la pratique, c'est-à-dire, de l'insertion des membres de l'institution ecclésiale dans la société moderne ? Dans une société où l'Église catholique est riche et forte, comme par exemple en Amérique du Sud, et où se manifeste beaucoup de violence, et qui croît, peut-on imaginer que l'Église reprenne la main et décide d'imposer une certaine évolution ?

J. A. – Vous avez raison d'évoquer l'Amérique du Sud qui a été et est encore le lieu d'une expérience très particulière du christianisme, celui de la théologie de la libération. Un engagement qui n'est pas sans susciter des réticences…

J. B. – Le pape Jean-Paul II, si je ne m'abuse, n'y a pas toléré l'engagement de ses prêtres dans un mouvement soutenant les plus pauvres jusqu'à la provocation. Dès les premiers mois de son règne, il les a crossés comme s'ils étaient bons pour la prédication mais non pour l'action.

J. A. – Oui, les autorités romaines se sont montrées non seulement prudentes, mais parfois même radicalement opposées à des actions qui ne sont pas seulement théologiques (je veux dire intellectuelles) mais qui possèdent une évidente dimension politique, allant jusqu'à l'assassinat de catholiques. D'ailleurs, il n'est pas nécessaire de voir aussi loin pour s'interroger à propos de tels engagements chrétiens dans la société ; en France, les années 1950 ont été marquées par l'affaire des prêtres ouvriers. À cette époque, des prêtres, inquiets de voir l'Église absente du milieu ouvrier, ont décidé d'aller eux-mêmes y travailler, de s'y engager « à fond », jusque dans l'action syndicale. Ce qui me semble intéressant de rappeler, c'est que ce mouvement engagé « sur le terrain » était accompagné d'une véritable réflexion menée par d'importants théologiens de l'époque, surtout jésuites et dominicains. Prêtres-ouvriers et théologiens ont été très sévèrement condamnés par Rome ; seuls les derniers ont été ensuite en partie réhabilités, lors des travaux du concile.

J. B. – Alors justification doctrinale, au fond !

J. A. – Non, pas vraiment. Car, je viens de vous le rappeler, le magistère, les autorités romaines ont condamné ce mouvement, même s'il était théologiquement fondé. Les conséquences humaines ont d'ailleurs été dramatiques ; l'impression d'être lâché… Il faut reconnaître qu'il ne s'agit pas d'un bel exemple offert par les catholiques au reste de la société !

J. B. – Et maintenant c'est fini, le mouvement est mort !

J. A. – Non, nous ne pouvons pas dire cela. D'abord, comme je viens de le rappeler, il y a eu le deuxième concile du Vatican, qui a pu profiter de l'expérience et de la théologie de ce mouvement ; ensuite, des communautés, des groupes sont restés fidèles à l'intuition des prêtres-ouvriers (je pense à la Mission de France) ; enfin, n'oublions pas que le milieu ouvrier a lui-même beaucoup changé depuis quarante ans !

J. B. – Croyez-vous que cette tentative ait influencé la société française ?

J. A. – Vous me posez une question qui dépasse mes compétences et relève plutôt de celles d'un sociologue... Je pense qu'il faut considérer ce mouvement et son impact dans le cadre plus général de l'Église de France après la Seconde Guerre mondiale, à une époque où elle avait acquis une certaine influence, de par l'engagement de ses fidèles dans la Résistance ou encore dans le contexte des mouvements de jeunesse catholiques : la Jeunesse ouvrière catholique, la Jeunesse agricole catholique, la Jeunesse étudiante catholique. De ces mouvements sont issues plusieurs personnalités sociales et politiques des années 1970 ou 1980, et une présence dans l'orientation politique du pays.

La question qui exige une réponse

J. B. – Avouons que l'impact de la religion chrétienne sur l'évolution générale politique et économique se maintient au niveau marginal dans les pays développés. Et le pape actuel l'a écrit : « Le terme "Église" provoque immédiatement des réactions de défense chez la plupart de nos contemporains. Ils pensent : "L'Église, nous en avons déjà trop entendu parler et le plus souvent il s'agissait plutôt de quelque chose de désagréable." La voix de l'Église, sa réalité, sont tombées en discrédit[1]. » Certaines religions, pour combattre ce discrédit, tentent d'intervenir sur la plupart des sujets éthiques, de l'environnement à la reproduction humaine, mais leur apport spécifique, dans ces domaines particuliers, manque d'inspiration. Comme l'a remarqué Francis Fukuyama en 1990 : « Aujourd'hui, tout le monde parle de la dignité humaine, mais on ne s'accorde nullement sur ce qui fonde cette dignité chez l'homme. » La responsabilité des religions ne se place-t-elle pas exactement à ce niveau ? Nous n'avons sous les yeux que l'idéal offert par la société de consommation, dans laquelle l'individu, sans projet spirituel, occupé à empiler des biens matériels ou à les revendiquer, n'aspire à aucun destin. Or c'est là que les religions possèdent une expertise immémoriale. Car ce n'est pas de Dieu qu'elles nous entretiennent puisque sa transcendance le leur interdit, mais des possibilités de notre nature. C'est sur l'être de l'homme que nous devons nous concentrer, comme vous le dites, et je vous le concède bien volontiers. Et c'est sur lui qu'elles se focalisent en réalité depuis toujours. Elles pourraient donc réoccuper un rôle central dans l'histoire, en adaptant pour toute l'humanité leur message traditionnel aux conditions éthiques nouvelles qu'imposent les novations de la science, de la technique et des mœurs. Mais les Églises ne montrent aucun indice d'une démarche dans cette direction. L'impression que vous donnez, c'est l'absence. Il y a une absence des Églises chrétiennes dans le monde moderne. Notre « Inventaire » décrit les multiples causes de la crise qui attend l'humanité à court terme et dans aucun de ses aspects, on ne constate la moindre contribution qui viendrait d'elles. Crispées sur leurs dogmes, elles se cantonnent dans de petits combats souvent ridicules, comme l'emploi du latin dans la liturgie, mais, pour les grandes affaires, elles restent muettes. Je dirai qu'elles bêlent. Les problèmes de la planète ne sont pas pris en compte par la pastorale. Allez-vous vous réveiller ?

---

1. Joseph Ratzinger, *La Communion de foi* , tome 1 : *Croire et célébrer*, Parole et Silence, 2008, p. 169.

J. A. – Je dois bien reconnaître, avec vous, cette sorte de désertion des catholiques, au sein de nombreuses sociétés, même si existe une forte présence d'un courant comme celui de la théologie de la libération. Il faut bien admettre que les réticences, voire les condamnations romaines, ont refroidi plus d'un militant catholique… sans nier pour autant les excès parfois commis ou la confusion avec des idéologies politiques éloignées du christianisme. La méthode adoptée par les autorités catholiques a-t-elle toujours été la meilleure ? Je n'en suis pas certain.

J. B. – Aujourd'hui, atonie complète ! Atonie qui contraste avec l'hyperactivisme musulman ; atonie d'autant plus surprenante que beaucoup de gens qui se sentent menacés par la toute-puissance de la technologie se réfugient dans le rejet du scientisme et du rationnel. Plus de quarante millions d'Européens consultent chaque année voyants et guérisseurs. Sectes illuministes et mouvements millénaristes se multiplient. D'angoisses confuses sortent la renaissance des pèlerinages, des apparitions de la Vierge Marie, les immenses rassemblements qui ont accompagné les voyages de Jean-Paul II. Tous ces gens à la recherche d'une transcendance ne se réfugient pourtant pas dans la Maison du Père. Qu'attend-elle pour ouvrir ses portes, c'est-à-dire envoyer un message nouveau à ces âmes désorientées ?

J. A. – Il faut reconnaître que le marché des religions est aujourd'hui particulièrement fourni, d'autant plus qu'il profite des processus de mondialisation et de globalisation.

J. B. – On parle beaucoup, beaucoup, beaucoup de l'islamisme : « *Allah Akbar !* », c'est vraiment un drapeau brandi partout, un hurlement que tout le monde entend chaque jour, et qui se manifeste par de la violence multiforme, un peu partout sur le globe, sans aucune créativité politique ni spirituelle, mais on n'entend de votre côté aucune réponse au défi de notre époque, et on ne constate que passivité.

J. A. – Après l'Amérique du Sud et l'Afrique, nous pourrions aussi évoquer ce qui se passe au Liban : les chrétiens n'y sont pas nécessairement des modèles de non-violence, d'intégrité, de détachement et semblent eux aussi préoccupés par le maintien de leurs acquis. Mais je crois qu'il ne faudrait pas faire d'une exception la règle générale. Si des chrétiens, des ecclésiastiques même ont pris et prennent encore les armes, d'autres se sont engagés politiquement sans recourir à la violence armée, mais plutôt à celle de la parole ; certains l'ont payé de leur vie.

J. B. – D'après ce que vous m'avez raconté, certains chrétiens libanais souhaitent voir le Hezbollah imposer son ordre moral. Position qui rappelle la « gestion par la crise » de Henry Kissinger et nous ramène au discours sur l'intérêt de la violence. Il est possible qu'elle soit un facteur d'accélération et de simplification dans un certain nombre de situations, et c'est évidemment un peu embarrassant pour les gens qui se trouveront dans l'axe de tir, mais, de toute façon, on aboutit à l'idée que la violence augmentera, pourrait même peut-être devenir prépondérante, et que les systèmes religieux quels qu'ils soient ne cherchent pas, ou ne parviennent pas, à la maîtriser ou même à l'orienter.

J. A. – En vous écoutant, je reviens à la place qu'accorde Hans Jonas à la peur dans son livre *Le Principe responsabilité*. Ne faut-il pas, à partir d'un certain degré de crise, avoir franchement peur, pour enfin se décider à réagir ? Dans cette perspective, nous pourrions penser que la violence peut susciter la peur qui elle-même conduit à la prise de conscience…

J. B. – Je conçois que la peur puisse devenir un facteur positif, si elle est bien manipulée, un instrument permettant d'introduire une sagesse collective, mais nous avons besoin d'un moteur encore plus positif. La question que je vous pose à vous, théologien, est donc : en face d'une réflexion politique inexistante, aussi bien à l'échelle régionale qu'à l'échelle mondiale, vous, les Églises qui vous manifestez par votre absence, pouvez-vous sortir de votre sommeil dogmatique, avez-vous une chance de trouver dans vos forces vives les bases d'un renouveau qui transformerait l'éthique collective et la morale individuelle ? Peut-il partir d'en haut ? On a vu le cardinal Roncalli, personnage ordinaire sans rayonnement particulier, devenir soudain Jean XXIII, le pape de Vatican II.

Doutes

J. A. – À propos de la naissance ou de la création d'un mouvement de rénovation religieux, je ne suis pas persuadé qu'elle puisse être le fait de la hiérarchie, du politique, mais plutôt celui de fondateurs, plutôt charismatiques, capables de créer un mouvement au sein d'une Église endormie. De fait, les papes se sont appuyés sur des mouvements comme celui des mendiants (Franciscains, Dominicains) ou celui d'Ignace de Loyola.

J. B. – Il est vrai que les fondateurs d'ordres ne sont pas allés demander des instructions !

J. A. – Ils se sont tout de même présentés devant les autorités romaines pour en obtenir la reconnaissance et ne pas être condamnés pour hérésie. En tout cas, ils ont plutôt été des émanations du peuple, ensuite formalisées, normalisées.

J. B. – Mais, justement, il existe un lien étroit entre notre discussion sur l'atonie de l'Église, et la créativité spirituelle qui, elle, d'après ce que vous venez de dire, doit venir des fidèles. Devons-nous conclure qu'il y a peu à espérer aujourd'hui ? Peut-être même rien du tout ?

8

Vers un petit livre rouge ?

Messieurs les spécialistes du spirituel, il vous appartient de prendre la tête d'un mouvement consacré à l'élaboration d'un nouveau code de conduite.

Principes d'une stratégie

JACQUES BLAMONT – Dans notre sixième entretien, je me suis hasardé à proposer une action, avec humilité parce que je m'aventure sur un terrain non balisé. Les voyages que vous et moi avons faits en Orient récemment nous confirment dans la vue que l'adoption du productivisme intégral par de très grandes masses humaines constitue un fait nouveau dangereux ; il semble que les solutions pour éviter la crise inéluctable soient à chercher dans une réflexion sur cette pratique. Révolution culturelle ? Peut-être !

La doctrine qu'il faudrait édifier comprend une critique de la philosophie productiviste, un essai de son remplacement par une éthique du comportement et une analyse des conséquences entraînées par l'adoption éventuelle de ce nouveau paradigme. J'appellerai son énoncé notre « petit livre rouge ».

Notre action, si nous en menions une, devrait reposer sur deux idées. Pour convaincre l'ensemble des consommateurs de modifier leur attitude, il est nécessaire de marier une approche culturelle et une approche politique. C'est la première idée. Donc, étape préliminaire, doctrinale et culturelle. Puis, étape suivante, les principes ayant été élaborés, il faudrait les faire entrer dans les faits et les concrétiser en une volonté politique, et ce sont les deux phases dont nous discutons aujourd'hui ; c'est-à-dire le culturel d'abord et le politique ensuite. Phases qui pourraient se chevaucher dans le temps et l'espace.

La seconde idée, c'est que nous sommes en présence de deux catégories de structures. Des structures verticales, les États, qui disposent de puissants moyens, militaires, administratifs, juridiques, éducationnels, recherche, et d'autre part des forces horizontales, les peuples, les réseaux, les maladies, le climat, les ressources naturelles…

Il faut donc imaginer des solutions adaptées à ces deux catégories de concepts : culture et politique d'une part, réseaux et États de l'autre. Engendrer un mouvement exige de commencer par la création d'un noyau, actif, vibrionnaire. Pour le créer les pouvoirs civils, laïques, ne suffisent pas. Il faut s'adresser à des spécialistes de la réflexion doctrinale ou spirituelle et donc, sans m'arrêter à vos réserves, je reviens à la charge et vous pose à nouveau la question : serait-il possible d'obtenir de l'Église, des Églises une action alors qu'elles restent inertes devant l'évolution qui nous apparaît pourtant avec clarté ? Nous discuterons de quel genre d'action il pourrait s'agir. Pour moi, elle doit être œcuménique.

JACQUES ARNOULD – Permettez-moi tout d'abord de réagir sur le terme d'œcuménisme que vous venez d'employer. Si son usage est d'habitude lié au monde religieux, auquel vous vous adressez ici, sa signification ne l'est pas nécessairement. Est œcuménique ce qui est par nature ou volontairement universel, ce qui appartient au monde entier. Alors que nous usons volontiers des termes de mondialisation ou de globalisation, celui d'œcuménisme paraît pertinent dans la mesure où, étymologiquement, il introduit la double idée d'appartenance à un même univers et de reconnaissance des différences ;

c'est en effet l'image de la maison qui est sous-jacente. Nous habitons, que nous le voulions ou non, la même maison, le même vaisseau ! Mais l'œcuménisme n'est pas seulement une contrainte, une nécessité ; c'est aussi une chance pour notre humanité…

J. B. – La nécessité d'y faire appel est une donnée du problème.

J. A. – Du problème sans doute, mais aussi de la solution ! Certes, les diversités, les flux migratoires sont à l'origine de bien des conflits ; est-il pour autant possible d'envisager un quelconque avenir (en dehors d'un effondrement définitif) qui n'en tienne pas compte ? Le monde religieux en fait aujourd'hui l'expérience. Le dialogue aussi bien œcuménique (entre chrétiens) qu'interreligieux (c'est-à-dire étendu à l'ensemble des religions) s'essouffle dès lors qu'il se laisse submerger par des courants de repli identitaire, voire sectaire. C'est vrai que ce dialogue n'est pas aisé à instaurer, qu'il contraint souvent à s'interroger sur ses racines, ses spécificités, ses limites aussi. Le dialogue disparaît avec le refus de se mettre en question en face des autres traditions. Ce que vous attendez des religions, en particulier des Églises chrétiennes, relève d'une opération semblable. Sans doute se montrent-elles quelque peu réticentes pour la simple raison qu'elles ont déjà, dans le passé, lié ensemble le religieux, le culturel et le politique, parfois de manière extrêmement forte et avec des conséquences, des blessures graves. J'ai déjà évoqué le « cas » des prêtres-ouvriers, dans les années 1950 ; il a probablement laissé quelques séquelles dans l'Église de France…

J. B. – L'élaboration du petit livre rouge, quoique portant sur la doctrine, serait déjà un acte politique.

De bas en haut ?

J. A. – Il n'est guère aisé d'avoir une vision exhaustive de l'implication politique des religions. Pour ce qui est des Églises chrétiennes, la situation est loin d'être claire. Il serait erroné et parfois injuste de dire qu'elles ne s'impliquent pas dans la vie politique ; elles le font, pas nécessairement pour des combats qui paraissent justifiés à nos yeux. Je pense par exemple aux mouvements créationnistes américains, très investis dans le combat social et politique, en particulier dans l'enseignement. Je pense aussi aux mouvements qui se réfèrent à la théologie de la libération ou encore à tous les chrétiens qui interviennent dans la vie politique et, enfin, dans la vie sociale au nom de leurs convictions religieuses. Pas toujours de manière explicite ; tous les chrétiens ne sont pas des mère Teresa ou des abbé Pierre ! Pour autant vous avez raison de dénoncer une certaine propension à la critique, à la dénonciation, non suivie de propositions et d'actions.

J. B. – Une fois encore, quelles en sont les raisons ?

J. A. – La peur, la frilosité, l'idée d'être menacé et de devoir se défendre pour conserver son pré carré. La crainte et la réticence aussi de faire de la théologie que j'appellerai prospective, d'explorer des champs nouveaux, d'entrer en dialogue avec des traditions religieuses et philosophiques autrefois combattues, avec le monde des sciences. Sachez que je regrette de telles attitudes de retrait, de refuge.

J. B. – Le mouvement des prêtres-ouvriers dont vous venez de parler est parti de la base suivant un mode de propagation appelé *bottom-up*. À la fin de notre dernier entretien, vous souligniez qu'un tel processus paraît plus vraisemblable que le mode inverse du haut vers le bas, dit *top-down* . Il existe de célèbres précédents au *bottom-up* . Premièrement les croisades. En l'an 1000 n'existait aucune créativité, ni politique ni idéologique, et soudain quelques illuminés, comme Pierre l'Ermite, ont l'idée que le monde ne peut pas continuer comme il va ; il faut faire quelque chose. Le mouvement sera sublimé par Bernard de Clairvaux. Deuxième exemple sur lequel j'aimerais avoir votre sentiment personnel : saint Dominique. Lui vit dans une période d'interrogation. Il répand des idées nouvelles et quelques convaincus suivent. Troisième exemple : saint Ignace m'intéresse parce qu'il représente l'idéal que je me fais, six amis autour de leur chef et, à eux seuls, ils parviennent à bouger le monde. D'où la question : est-il possible d'utiliser une structure existante pour commencer à former un noyau de réflexion, sans tenir compte d'*a priori* doctrinaux ? Vous semblez dire qu'à l'heure actuelle tout est à plat. Mais c'était déjà aussi comme ça dans l'histoire, et puis des gens sont arrivés qu'on n'attendait pas, et ils ont « bougé le monde ».

J. A. – Je sais que vous tenez beaucoup (excusez-moi de l'expression) à ces trois exemples. Saint Bernard et les croisades, saint Dominique et les Mendiants, saint Ignace et les Jésuites : les temps et les sociétés dans lesquels ils ont vécu n'étaient-ils pas traversés par de graves tensions ? Le charisme de ces hommes, de ces fondateurs n'a peut-être pas tant été de créer un mouvement que de fédérer des forces, de canaliser des énergies, de gérer des craintes. La Terre sainte, les cathares, l'Extrême-Orient, les universités, l'éducation, les idées : autant de lieux, de champs de bataille vers lesquels il s'agissait d'orienter les passions, les violences même, pour mieux les contrôler.

J. B. – Prenons le cas de saint Dominique que vous connaissez bien.

J. A. – Ce qui est étonnant, dans l'histoire des Prêcheurs, c'est que leur origine est liée à une situation politico-religieuse extrêmement précise : celle de la crise cathare. Dominique s'y heurte, j'allais dire par hasard, et tente d'y répondre d'une manière originale : il décide d'user de la parole plutôt que des armes. Ainsi naissent les Prêcheurs, au début du XIIIe siècle, non sans la reconnaissance officielle par les autorités romaines, Ce que François d'Assise et Ignace de Loyola ont aussi fait. *A posteriori*, l'histoire peut être relue en recevant un caractère un peu extraordinaire ; mais sur le moment…

J. B. – Oui, mais quand on a dit ça, on n'a rien dit.

J. A. – Que voulez-vous en dire ou en savoir de plus ? Selon vos termes, il s'agit de mouvements de type *bottom-up* : des individus qui lancent une idée, reçoivent l'appui des autorités et se lancent dans l'aventure. Nous ne connaissons vraiment que ceux qui ont réussi ; eux-mêmes d'ailleurs ont rencontré des difficultés : François d'Assise est mort après avoir été presque exclu de son ordre ! Comment analyser l'apparition de ces hommes, de ces mouvements ? Il y a des éléments objectifs bien entendu ; mais aussi un ensemble de facteurs totalement indépendants. Sans oublier (je vais vous faire sourire) l'Esprit-Saint…

J. B. – Et Rome ?

J. A. – Eh bien, ce n'est pas Rome qui engendra ces idées. Pour Dominique, pour Ignace comme pour François d'Assise d'ailleurs, Rome se contenta d'observer, de juger et, finalement, de reconnaître et d'encourager. Il faut dire que les dérives hétérodoxes, voire hérétiques étaient fréquentes et nos trois fondateurs ne manquaient pas d'originalité !

J. B. – Alors…

J. A. – Alors, Rome a fini par faire confiance. Ce ne sera pas le cas pour l'expérience des prêtres-ouvriers, même si une partie de la réflexion théologique de ce mouvement a été reprise par le concile de Vatican II.

J. B. – Revenons à la fondation de la Compagnie de Jésus. Vous partez avec un fou, saint Ignace – c'est ainsi que l'appelle Voltaire dans le passage que j'ai cité dans mon livre *Le Chiffre et le Songe* : « Si vous voulez fonder un ordre, soyez complètement fou. » Le fou se met en marche accompagné de six amis ; il a contre lui le monde entier. L'Université d'Alcala l'a traité d'*alumbrado*, d'illuminé. Il est isolé. Il arrive à une certaine idée. Cette idée c'est qu'il faut rééduquer. Rééduquer le clergé, rééduquer la chrétienté, et dans ce but disposer de troupes, de moines soldats qui ne seront pas très nombreux, quelques milliers. Ils devront créer des collèges, et ces collèges devront rénover l'esprit de l'Europe par leur enseignement. Voilà son idée. Il l'a élaborée avec le petit noyau. Et maintenant il arrive à convaincre la structure. La structure, c'est le pape Paul III. Le pape non seulement crée un ordre mais en outre donne des instructions à la hiérarchie. Rome fait confiance. Ces gens-là vont recevoir de l'argent, des moyens, etc. Ce sera très long, cela va prendre trente ans. C'est tout de même le modèle que j'ai un peu dans l'esprit. Modernisé, mais ce qu'il faut retenir, ce sont les étapes : le noyau crée une idée, puis la transmet sans intermédiaire au sommet, l'endroit où il y a du pouvoir, et ce pouvoir donnera à l'idée les moyens de se réaliser.

J. A. – Qu'en est-il aujourd'hui ? Les Églises sont-elles prêtes à se mobiliser de la même manière ? Ont-elles l'énergie suffisante ? Peuvent-elles donner naissance à des chefs capables d'entraîner les foules ? Sans être pessimiste, je reste dubitatif... et convaincu pourtant qu'une telle mission leur revient effectivement.

J. B. – N'est-ce pas justement le fait qu'elles soient maintenant à bout de souffle qui montre leur besoin d'une inspiration nouvelle ?

J. A. – Vous maniez là une belle image paradoxale ! Je vous l'ai dit : je ne suis pas pessimiste. Je suis au contraire convaincu que le message chrétien garde toute sa pertinence, dans l'époque actuelle ; je constate une réelle attente, une vraie demande de certains à l'égard du christianisme, alors que sont mis en question la pensée productiviste et les relents de scientisme. Mais les Églises doivent-elles pour cela se contenter d'attendre que les gens viennent à elles ? Ne doivent-elles pas aussi aller à la rencontre des autres religions, des autres cultures ? Est-ce si difficile, si dangereux pour que nous ne sentions pas un vrai engouement de la part des chrétiens, de leurs responsables, de leurs théologiens, pour entreprendre l'étude et la rencontre d'autres religions, d'autres cultures, d'autres mondes ? Plus encore : de s'engager véritablement au sein de ce monde, de ces mondes ? Vous avez bien raison de parler de la chance apportée par les migrations, y compris pour les religions, même si, reconnaissons-le, cela ne se fait pas sans difficultés.

En avant

J. B. – Il me semble que vous accueillez avec une certaine faveur mon idée que l'inflexion indispensable des mœurs ne se produira pas sans une implication des puissances spirituelles et en particulier celle de l'Église catholique. Si l'on veut essayer d'empêcher la catastrophe, il faut créer un mouvement ; ce mouvement, il faut qu'il soit de nature spirituelle ; c'est-à-dire qu'il proclame une éthique nouvelle : essayons de vivre avec moins de gaspillage, plus de conscience de ce qu'est l'homme par rapport à la Terre. Nous nous trouvons dans un pays – la France – essentiellement catholique sur lequel subsiste une grande influence historique, et il serait normal, si l'on désirait créer un mouvement spirituel, que ce fût le spécialiste des mouvements spirituels qui s'en occupât. Aujourd'hui nous ne sommes pas au temps du concile de Trente, beaucoup d'autres acteurs sont présents sur la scène culturelle, mais l'on doit imaginer pour moteur un groupe participant des structures parce que, si vous ne participez pas des structures, vous êtes un amateur, vous êtes un isolé et cela se termine par l'échec. Et donc, il faut que le mouvement soit soutenu par des structures. Mon raisonnement aboutit à ce que ces structures soient liées à l'Église catholique. Mais à condition qu'elle sorte de ses ornières, qu'elle se modernise, c'est-à-dire, comme vous le dites, qu'elle fasse appel à des partenaires.

J. A. – Que vous pensiez ainsi à faire appel aux structures religieuses, en particulier catholiques, ne me flatte pas, mais m'intéresse évidemment. Pourtant, je ne peux ignorer les revendications actuelles en matière de laïcité ou bien plutôt de séparation entre les affaires publiques, sociales et les sphères religieuses : comment votre idée serait-elle accueillie par ceux qui les défendent ? N'oublions pas non plus comment, en France et ailleurs, se pose très concrètement la question de l'influence de l'Église catholique ; je suis incapable de l'analyser, mais je constate tout de même un silence relatif de la part des catholiques et de leurs responsables : ils prennent part aux débats sur les lois de bioéthique, mais sont plus discrets à propos de l'enseignement des sciences face aux poussées créationnistes, ou encore, me semble-t-il, dans le domaine de l'économie. Je ne suis pas pour un interventionnisme permanent, mais de là à une telle discrétion…

J. B. – N'est-ce pas dû au fait que l'Église se bute sur un certain nombre de sujets traditionnels qui ne sont pas populaires et que, du coup, elle reste timide ?…

J. A. – Je ne crois pas qu'il s'agisse de timidité, mais plutôt d'une réticence à apparaître comme ne sachant pas répondre à toutes les questions, comme étant soi-même en quête. Que nous soyons les héritiers d'une tradition comme le christianisme ou d'une pensée comme le rationalisme, nous voulons défendre des convictions, non pas nous mettre publiquement en question. Sans oublier que nous ne sommes pas toujours prêts à ce que nos interlocuteurs tiennent des propos différents de ceux que nous attendons de leur part ! Bref, que diront de votre proposition ceux qui déjà s'inquiètent de la présence de personnalités religieuses dans les comités d'éthique ? Autre question : quelle place accorder aux loges maçonniques, et plus largement à tous les courants de pensée qui ne relèvent pas de la sphère religieuse ? De fait, à votre manière, vous jetez un beau pavé dans la mare !

J. B. – Ce qui est nécessaire est la formation d'un noyau dont l'objectif se trouve en dehors de toutes les controverses visitées depuis deux mille ans dans les champs de la philosophie, de la religion et de l'éthique. Le problème principal est la boulimie dévastatrice qui affecte l'humanité. On ne peut le traiter que par les moyens spirituels. Ce qui signifie que les querelles que nous avons connues jusqu'ici sont dépassées. Et donc pour former ce noyau, il faut oublier ces querelles qui n'ont plus de sens aujourd'hui devant un danger important, nouveau, et encore jamais rencontré dans l'histoire.

J. A. – Comme ne pas être d'accord avec vous : oublier les querelles sans pour autant oublier…

J. B. – Sans gommer les différences.

J. A. – Au contraire. Je dirai même qu'il convient de s'appuyer sur nos différences, comme vous l'évoquez en parlant des courants migratoires. L'une des chances de la globalisation est, paradoxalement peut-être, un possible processus de territorialisation ; j'entends par là l'affirmation de cultures, d'identités, régionales ou non d'ailleurs (grâce aux moyens de communication), fondées précisément sur les différences. L'uniformisation totale est impossible ; elle suscite nécessairement des réactions, des oppositions : pourquoi ne pas les prévenir en respectant, en encourageant cette territorialisation ?

J. B. – Ne peut-on imaginer que l'Église catholique prenne une initiative ? Elle réunirait des gens de diverses origines, pour réfléchir au lancement éventuel d'un mouvement populaire antiproductiviste. Seraient impliqués toutes les obédiences, les imams de je ne sais où, les bonzes d'ailleurs, et des groupes de pensée situés en dehors de la sphère religieuse. Voilà ce que j'ai dans l'esprit.

J. A. – Comment ne pas penser, en vous écoutant, à la rencontre d'Assise, suscitée par le pape Jean-Paul II ? Je crois qu'elle a eu un véritable impact, ne serait-ce qu'en prouvant qu'une telle rencontre était possible, même si ensuite tout n'a pas radicalement changé. Il faut au moins montrer qu'il est possible d'évoluer ! L'une des difficultés contemporaines tient probablement à l'image assez négative qu'ont les religions, à travers le monde : elles sont souvent accusées d'être sinon les causes du moins les soutiens de trop nombreux conflits. Comme l'a dit un diplomate, si nous ne devons pas nécessairement parler d'un retour des religions, nous devons en revanche constater que les mouvements politiques ont souvent recours à elles pour consolider, renforcer leur influence, leur pouvoir.

J. B. – Pour expliciter ce que vous venez de dire, il faut rappeler que la posture des systèmes religieux est définie par des vieillards ignorant leur siècle. Il existe des religions hyperactivistes, comme l'islam qui fait beaucoup de politique populiste dans un conservatisme spirituel absolu, sans écarter la violence, avec pour objectif d'établir la *chariah* sur l'*Oumma*, comme si nous vivions en l'an zéro de l'Hégire, et d'autre part les Églises chrétiennes qui ne font pas de politique ouverte, mais qui font… on ne sait pas très bien ce qu'elles font, mais on a l'impression qu'elles veulent, elles aussi, conserver un message antique. D'un côté, vous avez des gens qui sont considérés comme très dangereux et de l'autre des gens qui sont amortis.

J. A. – Ne soyons pas trop naïfs : même les milieux chrétiens font de l'activisme ! L'an dernier, à l'occasion de travaux et de débats au sein du Conseil de l'Europe sur les menaces que font peser les mouvements créationnistes musulmans sur l'enseignement des sciences en Europe, il est apparu que la diplomatie du Saint-Siège a fait pression pour empêcher une mise en garde du Conseil à l'égard des pressions fondamentalistes antiévolutionnistes. La peur, la crainte et non la timidité sont à l'origine de telles manœuvres.

Creusons l'idée

J. B. – Le problème bien défini consiste à élaborer une stratégie capable de mobiliser les agents sociaux (dont l'Église) pour faire accepter par les peuples – qui sont les électeurs – l'idée d'un nouvel équilibre entre l'homme et la nature. Cette élaboration doit se faire au sein des structures existantes. Un noyau publierait un petit livre rouge *à l'intérieur du système*, et ce petit livre rouge serait adopté par les grandes hiérarchies de manière qu'à ce moment-là, tous les fidèles prissent conscience de la tâche à accomplir.

Ne peut-on imaginer que des personnalités de l'Église catholique pourraient se dire : nous sommes devant un grand vide, pourquoi ne nous jetons-nous pas là-dedans ? Et vous me déclarez : au fond, ce dont vous me parlez n'est pas possible, cela n'arrivera pas.

J. A. – Vous le savez, je ne suis pas prophète ; je ne saurai pas vous dire ce qu'il en serait d'une proposition comme la vôtre. J'ai tout de même un peu l'impression que Rome a d'autres soucis, d'autres affaires à gérer pour l'instant…

J. B. – Il y a les écoles, les crèches, les œuvres sociales…

J. A. – Vous vous moquez ! Je ne crois pas qu'il soit possible de reprocher aux Églises de s'être très tôt engagées sur le terrain social ; combien de leurs initiatives ont été ensuite reprises par les sphères politiques et gouvernementales ! Pour autant, elles se montrent parfois aussi très prudentes ; toujours à propos de la question créationniste dont je parlais précédemment, l'Église catholique de France ne s'est pas empressée d'aborder la question et de prendre une position claire sur le rapport entre science, religion et texte sacré. Je n'ai pas réussi à en connaître la raison. Est-il possible de lui forcer la main ? Les Nations unies ne pourraient-elles interpeller les Églises, les communautés juive et musulmane pour leur demander ce qu'elles sont capables et prêtes à apporter pour élaborer des réponses à la situation actuelle et prochaine ? Oui, la question se pose : quelle sera la force de rassemblement, de proposition ? L'Église catholique, les Nations unies ?

J. B. – Vous mentionnez les deux forces actuelles d'universalisation de l'éthique. Les Nations unies, qui fonctionnent par consensus mou, produisent des exigences mais se bornent à les enregistrer sans les fonder. Si elles jouent un rôle bénéfique et même souvent crucial dans le fonctionnement de la machinerie internationale, non seulement comme forum ouvert à toutes les nations, mais aussi comme maître d'œuvre pour les opérations de maintien de la paix, de sécurité et de soutien humanitaire, alors que 140 000 agents originaires de 119 pays servent sous le drapeau bleu, elles sont dépourvues de toute magistrature morale. Elles ne sont pas assez respectées pour énoncer quelque programme de nature doctrinale, comme celui que nous discutons, qui ait la moindre chance d'entraîner les consciences. Depuis une vingtaine d'années, rien n'y fonctionne plus dans ce qu'il est convenu d'appeler le droit des gens : les différentes commissions le trahissent systématiquement[1]. Souvenez-vous que le Comité des droits de l'homme a été présidé par le Zimbabwe et par la Libye qui a réussi à s'installer ensuite à la tête du nouveau Conseil des droits de l'homme ! Au bureau de la Commission sur le statut de la femme siègent des représentants écoutés de la République islamique d'Iran, le pays du tchador. Aucune résolution n'a jamais porté sur les milliers de femmes

1. Élisabeth de Fontenay *in* Malka Marcovich, *Les Nations désunies*, Jacob-Duvernet, 2008, p. 11.

violées, mutilées, déplacées au Darfour, rien sur les malheureuses lapidées en Iran, rien sur les crimes d'honneur en Jordanie, rien sur les victimes de violences sexuelles utilisées comme arme de guerre en République démocratique du Congo[1]... Non, le message à élaborer est d'ordre spirituel, et il ne peut être entendu que s'il a pour origine une autorité incontestée dans ce domaine. D'où une possible distribution des tâches : aux Églises la parole ; à l'ONU le bras séculier.

Voilà pourquoi l'Église doit être sollicitée.

J. A. – Si du moins nous ne retombons pas dans les ornières, dans les abîmes de l'Inquisition !

J. B. – Aujourd'hui, l'Église ne se considère plus comme une agence pratique pour la transformation du monde. Elle réfléchit sans identifier d'objectif. Elle exprime des vues. Des encycliques ont traité sous l'angle spirituel les problèmes qui agitent l'opinion. À la rigueur elle donne sa caution morale : par exemple, il a fallu la pression politique de Napoléon III pour que Pie IX, contre l'avis de ses conseillers, ratifiât la convention de la Croix-Rouge en 1867. De même Paul VI a donné sa caution à la convention d'Helsinki où le Saint-Siège avait réussi à introduire l'exigence de liberté religieuse dans les relations entre les peuples. Devant l'état du monde, cette attitude n'est-elle pas beaucoup trop effacée ? N'existe-t-il pas quelque part, peut-être à la base, le désir d'en sortir ?

Bernard, François, Dominique, Ignace, êtes-vous là ?

Employons les méthodes du XXIe siècle

J. A. – Vous avez parlé d'Ignace de Loyola comme d'un fou... Qui pourrait être le fou, pour notre époque ?

J. B. – Son expérience est à transposer dans le siècle d'Internet. On n'a pas forcément besoin d'un fou à l'heure actuelle ; peut-être dans le

1. Malka Marcovich, *Les Nations désunies*, *op. cit.*

sein d'un ordre religieux trouverait-on une manière d'organiser une structure de réflexion plus ou moins œcuménique, et des groupes créatifs et divers s'y joindraient : vous avez mentionné que les francs-maçons pourraient participer à l'élaboration du petit livre rouge. Pour l'instant, nous parlons d'élaboration, de lobby, de lobbies qui aujourd'hui fonctionnent sans fous parce que nous ne sommes pas en 1540. La mise au point du livre rouge ne se conçoit pas sans un vaste appel aux réseaux créés autour du Web, à la manière de Wikipédia. Pour reprendre la thèse d'un livre intitulé *Wikinomics*[1], il existe un potentiel de partage des connaissances. Vous pouvez aujourd'hui vous dire : j'ai un problème, je vais demander son aide à Internet, à des gens que je ne connais pas. Cent mille personnes vont m'écouter, dont peut-être deux ou trois me répondront de façon intelligente. Le livre que je viens de mentionner commence par présenter l'exemple d'une société minière canadienne au bord de la faillite, dont la démarche a suivi l'inverse de ce que fait toute société minière : elle a publié sur Internet le secret qu'on ne dévoile jamais, c'est-à-dire l'ensemble de ses cartes géologiques – 20 000 hectares dans l'Ontario – en avouant : Je n'ai plus d'idées pour arrêter ma chute ; voilà mes cartes, si quelqu'un sur le Net est capable de m'aider, il y a 500 000 dollars pour lui. Et cette extraordinaire initiative a rencontré le succès, ils sont maintenant renfloués. Ne pourrait-on pas imaginer qu'en utilisant des méthodes modernes de style Wiki, on capterait des sources cachées, des forces inemployées qui permettraient de renouveler les dogmes ?

J. A. – Lobbies, réseaux : nous vivons au quotidien dans un monde, des sociétés ainsi organisées. Comment les ignorer ? L'important est qu'ils ne soient pas à l'origine de clivages mais, au contraire, grâce à une porosité bien contrôlée favorisent les rencontres, les dialogues. Comment ne pas se réjouir de découvrir l'intérêt des loges maçonniques pour le fait religieux !

J. B. – Avec un objectif.

1. Don Tapscott et Anthony D. Williams, *Wikinomics*, Village mondial, 2007.

J. A. – Bien entendu. Vous avez raison de rappeler que ces actions communes, ces retrouvailles parfois ne sont pas « gratuites », mais ont bien un objectif : celui de répondre à la période dramatique, voire catastrophique, dans laquelle nous entrons. Vous venez d'évoquer le symbole du petit livre rouge. J'avoue que le symbole me gêne, à cause du fardeau historique qu'il traîne avec lui. Quoi qu'il en soit, serions-nous capables d'en élaborer un aujourd'hui, rouge, bleu ou de quelque couleur que ce soit, qui propose une morale humaine nouvelle mais respectueuse des identités, des attentes de chacun ?

J. B. – Je vous accorde que l'emploi de cette expression est une provocation. Mais c'est ce que nous voulons. Le livre rouge ne devra pas se contenter de mille recettes. Un vent puissant y soufflera. Comme l'a écrit John Maynard Keynes, « la difficulté n'est pas de comprendre les idées nouvelles, elle est d'échapper aux idées anciennes qui ont poussé leurs ramifications dans tous les recoins de l'esprit des personnes qui ont reçu la même formation ». Nous avons tous des préjugés ancestraux qui nous paraissent définir « une vie authentiquement humaine ». Beaucoup d'Africains considèrent les mutilations sexuelles comme un ingrédient indispensable de la condition féminine. Je prendrai un exemple récent dans l'évolution du Pakistan, de la dictature militaire vers ce que l'opinion ordinaire nomme un progrès, la démocratie parlementaire. Parmi les nouveaux ministres figure Israr Ullah Zehri qui a défendu avec vigueur l'assassinat de cinq femmes et jeunes filles enterrées vivantes : trois filles voulaient choisir leur mari et les deux femmes avaient essayé de les protéger. De cette pratique Zehri a dit : « Ce sont des traditions séculaires et je continuerai de les défendre. » Quant au nouveau ministre de l'Éducation, Mir Hazar Khan Bijarani, la Cour supérieure l'a décrété d'arrestation pour avoir présidé un conseil local qui a résolu une querelle de village en mariant cinq petites filles de 2 à 5 ans aux hommes du clan ennemi de leur famille[1].

---

1. Nicholas D. Kristof, *International Herald Tribune* , 24 novembre 2008.

Si je choisis ces exemples qui paraissent loin de notre pays, c'est pour souligner que nos propres mœurs, nos propres préjugés doivent être mis en cause de fond en comble et que, pour y parvenir, une sorte d'appel au peuple s'impose, au moyen des réseaux modernes.

Supposons que notre noyau ait effectivement produit un petit livre rouge, et que les auteurs obtiennent du pape, par exemple, qu'il dise : eh bien, j'en fais un texte fondateur, quelque chose d'essentiel autour duquel nous allons réfléchir avec des partenaires pour voir quelle action entreprendre. Le mouvement dépasserait largement l'Église, et les réverbérations d'une telle prise de position toucheraient le monde entier. C'est dire que je m'inscris dans une filière différente de ce que vous appeliez la réunion d'Assise, qui est pour moi exactement la démarche à éviter. Un coup d'épée dans l'eau. On réunit beaucoup de gens éminents. Cocorico ! Les organisateurs se félicitent du succès qu'a rencontré la gesticulation. Et puis on n'en parle plus.

Ce genre de grand-messe n'est pas du tout ce que nous souhaitons.

J. A. – Bon, d'accord, je vous accorde qu'une réunion sans retombée concrète ne présente guère d'intérêt ; mais je crois aussi à notre besoin de telles manifestations, j'allais dire de telles célébrations.

Une lueur d'espoir

J. B. – Que de l'agitation soit nécessaire, je n'en disconviens pas, bien au contraire, mais l'essentiel est d'impliquer les structures jusqu'à les pousser à l'action. Il faudrait qu'une structure comme l'Église catholique sécrétât le livre rouge, et qu'elle le fît monter jusqu'au sommet, là d'où l'autorité suprême fulmine : « Voici la route à suivre. » C'est un rêve, mais c'est la seule voie qui nous soit ouverte aujourd'hui. Il est en effet nécessaire de comprendre que, dénués de légitimité après les excès du XXe siècle, où des éthiques fabriquées par des dirigeants ont entraîné les peuples au désastre et à l'oppression, les partis politiques ne peuvent pas faire le travail ; eux, ils sont là en deuxième rang. Ils interviennent dans la deuxième étape. Ce qui nous le montre, c'est l'échec des Verts qui, armés d'un bon dossier, sont rapidement tombés dans l'incohérence et l'impuissance. Voyez aussi celui d'Al Gore aux États-Unis, générateur de beaucoup de bruit, sans autre impact réel qu'un prix Nobel. Voyez surtout le parcours de Gandhi, dont le message politique, c'est-à-dire l'indépendance de l'Inde, a été couronné par le succès, mais dont la prédication morale a échoué. Elle reposait sur le *satyagraha* ou force de la vérité qui rejette l'emploi de la violence contre l'adversaire. Il a manqué à Gandhi une structure, un clergé pour convertir le nouvel État indien à la non-violence : celui-ci s'est doté de l'arme nucléaire et occupe le Cachemire avec 500 000 hommes. Une parole au sens de l'Église, de l'Évangile, une parole doit être énoncée par une autorité s'étendant sur une quantité de fidèles, et cette parole, c'est le livre rouge. Mais cette parole, il faut qu'elle soit amplifiée pour être entendue. Il lui faut une voix tonitruante. Si vous ne me découragez pas, je pense qu'aucune autre structure que l'Église ne pourrait faire de travail utile. Si on allait voir le grand maître de la Grande Loge de France et qu'on le persuadât, et qu'il le fît. Le petit livre rouge de la Grande Loge de France ? mais tout le monde s'en ficherait !

J. A. – Ne pensez-vous pas que ce serait la même chose si l'évêque de Paris, monseigneur Vingt-Trois, publiait son propre petit livre rouge ou violet ?

J. B. – Il n'aurait pas plus d'impact en effet.

J. A. – C'est un peu pour cela qu'au-delà de l'Église de France je crois nécessaire que votre mouvement associe les instances juives et musulmanes, les différentes loges maçonniques, sans oublier les bouddhistes qui peuvent apporter une contribution.

J. B. – Nous l'avons affirmé dès le début de cet entretien : le petit livre rouge devra être élaboré de façon œcuménique. C'est dire que la réflexion à entreprendre doit porter sur l'éthique et non sur la théologie où les blocages interrompraient immédiatement tout progrès.

Les très grandes traditions dont vous parlez, chrétienne, juive et musulmane persistent à se prétendre chacune comme la seule authentique, ou l'événement par excellence. Elles considèrent une reconnaissance mutuelle comme une impossibilité en soi, comme si l'affirmation de sa propre supériorité comme voie de salut constituait l'essence même de toute religion. Il faudra donc éviter d'aborder ces questions qui préoccupent les clercs pour se concentrer sur ce qui distingue, d'après Habermas, les traditions religieuses : « La capacité supérieure qu'elles ont d'articuler notre sensibilité morale. »

J. A. – Nous voyons que l'étape que je qualifierai de nationale ou de régionale, c'est-à-dire l'élaboration d'une telle doctrine par divers représentants ne serait déjà pas très simple...

J. B. – Je crois l'entreprise possible, à condition qu'elle soit abritée par une structure bienveillante et confiée à un groupe bien constitué. Il peut travailler pendant un an pour élaborer le petit livre rouge, et ce ne serait pas une tâche impossible bien que son contenu dépassât les considérations d'éthique pour aborder les conséquences économiques, sociales et politiques d'une révolution des esprits. Les rédacteurs s'interdiront de vouloir marquer des points les uns contre les autres, pour au contraire élaborer une synthèse. Il leur faudra exprimer des concepts nouveaux à partir d'apports inattendus surgis des profondeurs des réseaux, avec beaucoup de générosité et de largeur d'esprit. Des groupes comme celui de Davos devront être impliqués. La consultation du Web et son filtrage seront la grande affaire du noyau rédacteur. Le livre rouge écrit par un petit nombre plongera ses racines dans l'humus de la multitude. C'est dire que nous n'aurons pas l'outrecuidance d'en discuter aujourd'hui la substance ni la forme.

J. A. – Vous êtes pour le coup un peu trop optimiste : je ne crois pas que la rédaction de ce que vous appelez le petit livre rouge serait aisée ! Pour y parvenir, il faudra abandonner bien des bastions, bien des raideurs, bien des craintes ; mais il est certain qu'ensuite une prise au sérieux par l'Église catholique, avec sa particularité d'être mondiale, serait un atout extraordinaire.

J. B. – Pour que le projet soit pris au sérieux, il faut qu'il vienne d'elle. Elle doit mandater le groupe, l'encourager et le laisser fonctionner.

J. A. – Eh bien, vous n'y allez pas par quatre chemins !

J. B. – Ensuite le mouvement doit passer par une deuxième étape ; étape politique que la phase du petit livre rouge inspirera, c'est-à-dire que la phase politique ne peut se décider qu'à la suite d'un mouvement spirituel préliminaire. Mais ce mouvement préliminaire, il faudrait qu'une autorité, une structure en prît l'initiative. Une fois encore, je vous mets sur la sellette !

J. A. – Vous m'aviez prévenu ! J'ai bien compris que nous ne pouvions nous contenter de poser un constat et de nous plaindre ; il faut se décider à agir, n'est-ce pas ? En même temps, je le répète : nous devons nous interroger sur les fondements de cet engagement, car je suis persuadé que l'héritage que nous recevons et que nous transmettons est d'abord constitué de valeurs. Quelles valeurs laisserons-nous aux générations futures pour les aider à poursuivre l'odyssée de notre espèce ? C'est pour cette raison que je suis d'accord avec vous pour associer les traditions culturelles et spirituelles à votre proposition, et même pour les mettre en son centre.

J. B. – Depuis plusieurs dizaines d'années, la communauté scientifique alerte le public, par la voie très officielle des académies, sur les dangers que courrait l'humanité : *Vox clamantis in deserto*. Commencent à se faire entendre des réponses politiques, je dirais même politiciennes, souvent démagogiques et inefficaces, mais il n'y a eu aucune réaction des autorités spirituelles. Nous avons entendu des discours – mais ils n'ont guère engendré de conséquences concrètes, ils n'ont incité personne à, comme on dit en termes bibliques, « ceindre ses reins pour prendre la route ». Le Hezbollah, quant à lui, mène une action sur la vie courante, une action profonde, très positive, et il a été capable à partir d'un message spirituel de faire fonctionner des hôpitaux, des écoles, des organismes soutenant les pauvres. Il n'est pas loin d'imposer une éthique. Ce à quoi nous pensons est d'une autre nature, une vision d'infiniment plus haut, mais présente dans son cheminement une certaine similitude.

J. A. – Sans oublier l'engagement politique au nom de convictions religieuses ; l'islam est aujourd'hui l'un des exemples les plus évidents. Ce sont là des actions *a priori* positives, mais non dénuées d'intérêt politique ! Il est alors facile, pour certains penseurs matérialistes ou athées, d'accuser ces initiatives d'origine religieuse de prosélytisme ou pire encore. Il n'est pas aisé de faire la part des choses !

J. B. – Je suis un peu encouragé par un fait nouveau, à savoir la déclaration de Benoît XVI à Sydney le 17 juillet 2008. Le pape a évoqué « des cicatrices qui marquent la surface de notre Terre : l'érosion, la déforestation, le gaspillage des minéraux et des ressources océaniques pour alimenter une consommation insatiable ». Il y a sans doute quelque chose à faire avec ce pape, même si une longue route reste à parcourir pour l'atteindre.

Cette impression plutôt optimiste est confirmée par la réponse apportée par Benoît XVI, le 6 août 2008, à des questions sur l'environnement posées par quatre cents prêtres et religieux réunis dans la cathédrale de Bressanone.

Tout en souhaitant de façon générale un renouvellement de la théologie de la Création, le Saint-Père s'est montré plus spécifique en soulignant entre autres les points suivants. Premièrement, des mesures efficaces contre le pillage et la destruction de la Création ne peuvent être mises en œuvre, comprises et vécues que si elle est considérée du point de vue de Dieu. Ensuite, il ne s'agit pas de trouver des techniques, mais de trouver un nouveau style de vie, une discipline qui serait faite en partie de renonciations. Les chrétiens en donneraient l'exemple. Enfin, le sentiment répandu que le monde nous file entre les doigts parce que nous-mêmes l'y poussons, crée la possibilité de présenter la foi au public comme une proposition positive. Un contexte existe dans lequel beaucoup de gens pourraient reconsidérer le message chrétien, y compris son appel à une discipline de responsabilité envers le futur et envers les autres. Donc les chrétiens ont le devoir d'intervenir auprès de l'opinion publique de façon claire et décisive.

De telles paroles ne sont pas éloignées du petit livre rouge. Tout le problème consiste à passer du discours à l'acte… de façon claire et décisive.

9

Appliquer une doctrine d'action

Nous parvenons à l'idée qu'un coup de tonnerre s'impose pour mettre en marche la révolution culturelle.

Une structure à utiliser

JACQUES BLAMONT – Nous avons abouti dans notre entretien précédent à l'intérêt d'une activité de démarrage horizontale, c'est-à-dire non hiérarchisée, qu'on peut classer comme *bottom-up,* bien qu'un soutien du magistère soit requis : c'est le bas qui s'agite ; c'est Ignace et ses amis qui s'agitent et qui élaborent ce qu'on peut appeler une doctrine, leur petit livre rouge. Et c'est bien un livre rouge que les *Exercices spirituels.* Vous taxerez de paradoxal mon propos de vouloir impliquer des structures ecclésiastiques tandis que toutes les religions nous présentent un retrait de la réflexion politique dans ce qu'elle a de constructif, d'impliqué dans les problèmes modernes que nous avons débattus. Si je prends par exemple le cas des Églises protestantes, vous rencontrez aux États-Unis le mouvement anti-Darwin que vous connaissez très bien, qui est carrément obscurantiste. Même chose en Inde où les fondamentalistes hindouistes s'intéressent surtout à tuer du musulman. L'islam est dominé, même s'il ne s'agit que d'une fraction de l'ordre 15 %, par des mouvements dont les promoteurs estiment que leurs maux proviennent de ce qu'il n'y a pas assez de religion. Et que cette religion devrait retourner à ses sources jaillies il y a quatorze siècles. L'Église catholique donne l'impression que le pape se concentre sur des affaires doctrinales qui ne sont pas tout à fait en phase avec les préoccupations du public et qui sont loin des nôtres. Pour reprendre notre vocabulaire, il semble que l'islam soit bloqué avec thanatos, et les Églises chrétiennes avec éros. Les imams et autres autorités musulmanes refusent de condamner la terreur, contraire à leurs principes et pourtant répandue par leurs sectateurs. Benoît XVI présente aux Américains des excuses pour les curés pédophiles, et l'Église anglicane se déchire au sujet des pasteurs invertis. Vraiment, ces gens sont-ils ceux qu'il convient d'appeler à la rescousse ?

Il ne faut pas s'arrêter à cet aspect faussement paradoxal et, au contraire, se dire : les religions constituées sont multiformes, hétérogènes comme toute structure humaine ; et donc il est possible d'y trouver des gens qui nous seraient *utiles*. Vous pouvez me reprocher ma vision utilitaire et même cynique du rôle que l'Église ou les ecclésiastiques pourraient jouer dans la fabrication du livre rouge : il y a dans le monde des professionnels du spirituel ou, suivant l'expression de Paul VI, « des experts en humanité » ; pourquoi ne pas faire appel à eux, étant donné que nous n'allons pas forcément dans leur sens et n'essayons pas de satisfaire leurs objectifs mais les nôtres ? Je ne songe pas à promouvoir un retour du pouvoir politique perdu par le clergé, mais à enrôler des forces organisées et disciplinées dans la réforme des esprits et des mœurs, des forces qui peuvent vraiment remuer les masses, partout.

JACQUES ARNOULD – Pourquoi vous reprocherais-je votre vision utilitaire de l'Église et des religions, aussi longtemps, du moins, que vous ne les enfermez pas dans cette seule dimension ? Non seulement il est entendu que les religions possèdent un rôle, des fonctions au sein des sociétés humaines, mais, je l'ai déjà évoqué précédemment, il convient aussi de constater comment le retour annoncé ou dénoncé du religieux correspond bien souvent à un recours accru à des mouvements politiques, parfois violents.

J. B. – C'est le cas de l'Iran. L'ayatollah Khomeyni.

J. A. – Exactement. L'histoire de l'humanité est malheureusement riche en exemples où les systèmes religieux ont aidé à asseoir un système politique, un système social, bon ou mauvais d'ailleurs. Comment est-il possible d'ignorer, comme le font certains matérialistes et certains athées, une caractéristique sociologique aussi évidente ? Évidemment, cela n'est pas sans poser des questions : comment utiliser les structures religieuses ? Sont-elles de simples outils de propagande, ou est-il nécessaire de tenir compte de leurs propres convictions ? D'un autre côté, sont-elles prêtes à s'engager dans la réflexion et l'action que vous proposez ? Que penser des courants fondamentalistes et intégristes ? Quelle réaction attendre des autorités catholiques où la richesse et la pertinence intellectuelles de Benoît XVI côtoient des prises de position qui ne sont pas toutes marquées par un grand esprit d'ouverture ?

J. B. – Nous l'avons vu, convaincre le pape fait partie de notre vision, et donc un des axes de l'entreprise ne serait-il pas de construire notre livre rouge avec son approbation dès l'origine ? Nos considérations de société peuvent se rencontrer avec la fonction – disons de mission – qu'a l'Église, une évangélisation qui ne serait pas classique mais s'adresserait aux choses de la terre, démarche qui trouve certaines racines dans la tradition.

J. A. – Après avoir été déclarée « experte en humanité » par Paul VI, voilà l'Église déclarée « experte en humanisation » (je préfère le mot d'humanisation à celui d'évangélisation dont l'usage est déjà suffisamment précis et marqué). Pourquoi pas ? Je me demande si une instance à intégrer dans notre processus ne serait pas l'Académie pontificale des sciences, non seulement parce qu'elle réunit des scientifiques d'horizons extrêmement divers, mais aussi parce qu'elle est directement rattachée au pape et ne rend des comptes qu'à lui seul. Nous avons trop besoin de la science pour ne pas penser que cette Académie pourrait avoir ici un rôle. Les autres Églises sont différemment structurées ; elles invitent en tout cas à reconnaître et à respecter les particularités.

J. B. – J'aime votre idée d'utiliser une structure faite pour introduire les idées modernes directement au sommet de l'Église en court-circuitant les hiérarchies. Elle s'inscrit dans la démarche vers une déclaration du pape comme celle que j'ai imaginée et qui reviendrait à constater : il y a là une réflexion qui a été conduite par un certain nombre de gens que j'approuve et qui m'amène à vouloir essayer de pousser une action de l'ensemble des forces de mon Église. Pour obtenir une telle prise de position, il faut travailler de l'intérieur.

J. A. – C'est pourquoi il faut nécessairement combiner l'accord du chef et l'engagement des fidèles. Et c'est pour cette raison que j'ai évoqué l'Académie pontificale des sciences comme l'une des structures du réseau, intermédiaire entre le vertical et l'horizontal.

J. B. – Évidemment, on peut rêver que notre petit livre rouge dans sa forme, que je qualifierai de préliminaire, ait été élaboré par l'Académie pontificale qui en serait la matrice, avec transmission aux étages supérieurs. Et que le dossier soit suffisamment construit pour que la haute hiérarchie suive. À ce moment-là, beaucoup de gens se mettraient en route. L'armée du magistère s'ébranlerait. Voilà un schéma qui me plaît.

J. A. – Je ne sais pas si les partis politiques sont conscients de l'exigence doctrinale dont vous parlez ; je trouve en tout cas votre analyse très pertinente.

Réseaux

J. B. – Après avoir mené la première partie de l'action, ce que j'appelle la partie horizontale, il faut la rendre verticale. C'est dire que les hiérarchies verticales, les gouvernements, les universités, les armées, les Églises sont les structures qui entreront dans la danse. Mais – et c'est là le paradoxe de l'action dans notre siècle – elles doivent mettre en œuvre des structures horizontales. De même qu'ils auront joué un rôle majeur dans l'élaboration du livre rouge, les médias, Internet, les réseaux en général devront être utilisés par ses promoteurs pour le mettre en œuvre. Le passage de la doctrine à son application sera confié à des spécialistes de la communication moderne. Ainsi que l'énergie créatrice des foules aura été captée par le noyau initial pour nourrir le livre rouge, le mode d'action *via* Internet s'impose pour sa diffusion. Aujourd'hui 100 millions d'internautes naviguent sur Myspace et autant sur Facebook qui n'existent que depuis peu d'années. Là se trouvent à l'état latent des troupes virtuelles qui pourraient être mobilisées selon la méthode *Wikinomics* pour se joindre à celles qui agitaient des drapeaux pour accueillir Jean-Paul II. Les partis politiques traditionnels seraient entraînés par le raz de marée du Web. Dans mon scénario, parmi les partis convertis, certains sont au pouvoir ; et donc des décisions peuvent s'ensuivre. Par exemple, j'ai évoqué l'idée d'un service civique, typiquement une action verticale, une action de gouvernement. L'instauration d'un tel service devrait être placée au centre de l'action à mener, parce qu'elle mettrait des moyens au service du livre rouge, et ce, dans tous les pays.

J. A. – J'ai du mal à imaginer un mouvement comme celui dont nous parlons, culturel ou politique, sans un chef charismatique, qu'il soit issu « de la base » ou s'impose « par le haut » en usant, par exemple, des moyens modernes de communication.

J. B. – Si nous avons besoin d'un chef charismatique, peut-être qu'il ne sera pas impossible en effet de le fabriquer. Je reviens à l'exemple de Barack Obama inconnu en 2007. Ses supporters, des entrepreneurs de Silicon Valley, ont monté dès le début de la campagne électorale un site conçu comme la plate-forme d'une mise en réseau centrée sur le candidat, offrant à ses visiteurs un éventail quasi illimité de méthodes de participation : on peut cliquer pour donner 5 dollars (5 dollars !), fabriquer sa propre page pour bloguer ou non, se fixer un objectif de collecte, bombarder de courriels ses amis et aussi des inconnus pour les inviter à s'inscrire, à souscrire ou à s'agiter… Chris Hughes, cofondateur de Facebook a participé à l'élaboration d'une stratégie où le citoyen s'investit en tant qu'agent électoral et fabrique des relais dans tout le pays grâce au Web. Pendant les primaires de 2004, le candidat Howard Dean avait suscité l'admiration en récoltant 27 millions. Avant l'été 2008, Obama en a obtenu 200 grâce à son réseau ! En mars il avait déjà reçu les dons de 1 276 000 bienfaiteurs dont 94 % inférieurs à 200 dollars. Les manipulateurs avaient su créer une alchimie d'un nouveau genre reliant les réseaux sociaux à la candidature : 750 000 militants actifs, 800 groupes d'affinité, 30 000 manifestations jaillis en un instant du néant. Le candidat – le chef charismatique – est soutenu comme une marque, avec son logo, son slogan, sa typographie, ses valeurs, son positionnement. Le cœur de l'action est constitué par un trio : un acteur, une histoire, un récit. Avec un message et une structure, le livre rouge et les Églises, il faudra chevaucher le Net pour mobiliser le peuple.

J. A. – En effet, aujourd'hui les réseaux ne sont pas seulement verticaux mais aussi horizontaux et peuvent mettre en question certains types de pouvoirs et de revendications. La question démocratique est vraiment d'actualité, y compris pour notre réflexion.

J. B. – Je n'aime vraiment pas le mot démocratie pour ce genre de choses. Mais Internet, les blogueurs : est-ce qu'il ne se dessine pas une sorte de – je ne vais surtout pas parler de démocratie – pouvoir populaire ?…

J. A. – Démocratie, pouvoir populaire d'une part ; chef charismatique d'une autre. Je trouve la question d'autant plus intéressante qu'elle se pose aussi au sein de l'Église catholique, pas nécessairement à cause de l'émergence d'Internet mais plutôt dans la manière d'articuler une structure pyramidale (le pape et le magistère en haut, les fidèles en bas) et la réalité des Églises locales, des communautés de base. Les tensions, il faut bien le reconnaître, ne manquent pas ! Mais, sur le thème du gouvernement, c'est là un sujet de réflexion et de discussion très courant et très intéressant.

J. B. – En vous écoutant, je me dis qu'il existe une similitude dans notre vision de réseau avec les chrétiens primitifs, par exemple, la pratique de saint Paul. Saint Paul a son blog, très lu, et il envoie ses Épîtres dans toutes les directions sans en référer à personne. Il n'est pas évêque mais il est là, il communique. Les apôtres ne lui ont conféré aucune autorité, mais, de sa propre initiative, il s'est installé dans un rôle de maître du réseau, d'un réseau où, à part Tite et Timothée, il était peut-être même seul, comme la plupart des blogueurs. Ce dont nous parlons n'est donc pas si nouveau.

J. A. – Une fois encore vous me surprenez, par cette référence à saint Paul ; en même temps, je pourrais vous dire que c'est l'Église primitive dans sa totalité qui a profité du réseau de communication particulièrement performant qu'avaient mis en place les autorités romaines... Sinon, pour en revenir à la question du gouvernement, je trouve intéressant d'y associer une réflexion sur la responsabilité et l'autorité, sans oublier la place accordée au symbolique, ou même au pragmatique. En dehors de tout irénisme comme de tout pessimisme, je trouve assez fascinante la situation actuelle de l'Église catholique, héritière des communautés pauliniennes que vous évoquiez et contemporaine de la révolution médiatique !

J. B. – Mais vous n'y voyez pourtant pas la possibilité d'un réceptacle pour répandre nos idées.

J. A. – Je ne serai pas aussi catégorique. Il y a réellement une expérience et un potentiel du côté des structures religieuses, en particulier catholiques. Mais ne nous trompons pas : si elles entrent dans le jeu, elles n'échapperont pas à une remise en question d'autant plus radicale que l'enjeu n'est pas local, limité (je pense aux liens fréquents entre une religion et un État) mais global, œcuménique. Je le répète : pour moi, il s'agit là d'une chance ; mais sont-elles prêtes à la saisir ? Je suis convaincu que certains responsables religieux le seraient. Reste à voir si les vieux réflexes conservateurs pourront être maîtrisés, dépassés...

J. B. – Dans mon schéma, ne pourrions-nous pas compter sur la base, les jeunes prêtres qui ont aujourd'hui recours à Internet ? Ne pourrait-on les enrôler pour les faire agir dans la tradition de saint Paul ?

J. A. – Sans doute. Je continue à m'interroger sur la manière d'intégrer le vertical et l'horizontal pour la seule raison que la structure pyramidale actuelle ne peut pas complètement fonctionner.

J. B. – Le nœud de la question est là. L'Église est pyramidale donc extrêmement verticale ; nous devons imaginer une méthode pour mobiliser et renforcer sa composante horizontale. Comme je l'ai écrit jadis : seul un réseau peut combattre un réseau.

J. A. – Voilà des propos clairs qui méritent d'être rappelés aussi clairement.

J. B. – Le coup de génie d'Al-Qaida a été de combiner son idéologie d'agression mondiale avec le marketing virtuel : sa démagogie a trouvé une plate-forme efficace dans l'anonymat et l'accessibilité du Web 1.0. Son réseau émet un flux mensuel de plusieurs centaines de déclarations, articles, livres, enregistrements audio et vidéo. Mais aujourd'hui se développent les réseaux dits sociaux du Web 2.0 qui reposent sur la création et l'interaction des internautes. Les messages qui en sortent sont loin de tous approuver l'extrémisme d'Al-Qaida, dont le succès le plus grand sur YouTube n'atteint qu'une faible fraction des millions de clients qui visitent les clips de popstars arabes. En fait l'organisation terroriste a mis en garde les djihadistes contre l'*exubérance,* et reste embarrassée devant les nouveaux médias. À nous de trouver le moyen d'adapter notre idéologie au Web 2.0 et peut-être aux Web qui suivront, comme le fit Ben Laden avec le Web 1.0. À nous de capter l'exubérance ! La mobilisation horizontale d'internautes par centaines de millions, à la saint Paul, est la méthode moderne à inventer par les grandes structures verticales comme l'Église, qui devra vivre là un aggiornamento auprès duquel celui de Vatican II n'aura été qu'un exercice d'assouplissement préliminaire.

Nécessité du livre rouge… Et doutes

J. A. – Nous parlons de l'Église, des religions. Et les États ?

J. B. – L'adoption de l'éthique que nous proposons implique une révolution du système mondial : passer d'une situation de gaspillage à une situation de frugalité volontaire exige infiniment plus qu'un livre rouge, même construit sur des analyses économiques et politiques approfondies. C'est aux États qu'il appartiendra d'agir.

Qu'un État donne l'exemple, accompagné et encouragé par les grandes structures internationales, qui pourraient être aussi bien l'Église que les Nations unies, alors se produira le tournant. Les autres États pourraient suivre. J'aime l'idée qu'un Peace Corps, national à l'origine, s'internationaliserait comme une force universelle au service de l'humanité entière.

Si rien n'est entrepris, le système mondial connaîtra crise après crise. Nous en voyons trois cette année qui semblent prendre les gens au dépourvu, alors qu'elles étaient prévisibles et avaient été prévues, celle du prix du pétrole, celle du prix des céréales et celle du système financier. D'autres viendront qui imposeront des mutations douloureuses à des classes de populations de plus en plus étendues avec, à chaque fois, une modification des flux de production, de distribution et de consommation, et elles engendreront donc d'immenses troubles sociaux et vraisemblablement guerres et épidémies.

Si notre solution était adoptée avec son renversement général des circuits économiques, c'est-à-dire une déflation sans précédent, elle créerait elle aussi une cascade de troubles s'enchaînant les uns aux autres et s'amplifiant. La différence entre les deux stratégies est que l'une aboutit au désastre des pénuries universelles et irréversibles, et que l'autre s'efforce d'ouvrir une voie vers l'avenir à une humanité adaptée à la biosphère.

En réalité, ce qui m'inquiète, c'est que l'adoption d'un livre rouge serait le seul moyen de commencer à renverser la vapeur, et elle me paraît irréaliste.

Que j'en arrive à considérer une improbable intervention de l'Église comme seul moyen d'infléchir la course à l'abîme montre le peu d'espoir que je garde.

J. A. – Alors, faut-il baisser les bras ? Vous voyez, nous revenons à ce que nous évoquions à propos de l'authentiquement humain de Hans Jonas : la nécessité de préciser ce qui nous paraît essentiel à l'humanité, pour son vivre ensemble et son vivre dans l'avenir.

J. B. – Ce que vous avez appelé « réflexion sur l'être » constitue le point de départ de ce que j'appelle livre rouge, et nous sommes donc d'accord sur la nécessité de l'entreprendre. Mais je maintiens que cet authentiquement humain n'est pas clair.

J. A. – Cela n'a rien d'étonnant, parce que notre humanité est en permanence confrontée à ce genre d'interrogations. Et d'ailleurs les sciences y contribuent très largement ! Depuis le début des temps modernes, elles n'ont pas cessé d'apporter toujours plus de réponses au comment de ce que nous sommes et de ce qui nous entoure, elles nous ont permis de maîtriser, de bricoler avec une efficacité croissante la réalité physique et biologique. Mais nous ont-elles vraiment permis d'avancer sur le plan du pourquoi ? Sans doute un peu, mais il y a encore bien des choses à faire. Je crois ce travail préalable de réflexion absolument nécessaire, même si le but nous paraît presque impossible à atteindre, même si nous n'avons guère d'idées sur le chemin à emprunter…

Les difficultés fondamentales

J. B. – La constatation que ce travail ne se fait pas nous a conduits à imaginer l'écriture du livre rouge dans le cadre des structures spirituelles appuyées sur les masses grâce au Web. Mais nous discutons aujourd'hui de la mise en œuvre de la doctrine, supposée établie et acceptée, au moins nominalement, par des gouvernements. Il ne faut pas croire qu'une diminution des ressources matérielles de chacun se fera sans rencontrer une très violente opposition.

Ne faudra-t-il pas imposer des contraintes à la population pour la forcer à penser bien ? Bien sûr qu'il le faudra. Et donc ce que nous voudrions qu'il arrivât pourrait s'accompagner d'un État policier. Et dans tous les pays.

J. A. – Évidemment, le terme d'État policier peut faire peur ; mais il ne faut pas nier l'existence de contraintes, toujours plus présentes…

J. B. – Pendant la seconde moitié du XXe siècle, la population à 50 euros s'est débarrassée des règles qui limitaient la liberté individuelle dans tous les domaines de la vie privée, et elle défend ses nouveaux droits avec vigueur. Aujourd'hui, elle fonctionne selon la règle : « Fais ce que voudras. » Sans imposer de frontière à notre boulimie, nous nous gobergeons à l'abbaye de Thélème. Or les principes désormais rejetés, qui bridaient nos ancêtres jusqu'à nos parents, leur avaient été dictés par les théocraties, et le combat pour les assouplir n'est pas encore gagné partout. Dans le passé, l'Inquisition, les procès de sorcellerie, le déni de droit aux femmes et, de notre temps, la loi islamique nous venaient, ou nous viennent, des religions. Nous ne voulons plus rien de ces reliques, mais à partir du moment où vous ne pouvez plus manger autre chose que du riz… à ce moment-là, en l'absence de police, vous voudrez piocher dans l'assiette du voisin. Il faudra qu'un gendarme vous arrête.

J. A. – D'où peut venir ce type de décision, de contrainte ? Du monde politique, de la sphère morale ou simplement de la réalité qui s'impose, par exemple celle du coût de l'énergie ?

J. B. – La contrainte viendra naturellement de tous côtés. La pression par les prix qui s'impose déjà dans les cas du pétrole ou du riz, comme la pression par la réglementation dans le style procès-verbal sur la route, pressions encore douces, seront remplacées par quelque chose de beaucoup plus dur avec une rigidification de l'ensemble des structures sociales.

La notion de pression fait intrinsèquement partie de la nature du livre rouge : il faut donc concevoir comment la rendre supportable. La réflexion à ce sujet, d'une immense difficulté, est en fait l'essentiel de la doctrine à construire. L'action politique devra être graduée dans le temps pour rendre possible le changement des mœurs et les transformations économiques. Imaginez ce que peut être une politique volontariste de réduction du nombre et de l'emploi des automobiles, par exemple, contrant aussi bien la production que la passion de l'utilisateur. La crise qui commence en 2008 préfigure en tout petit les perturbations qu'une décroissance profonde produira dans le fonctionnement économique global.

J. A. – Et nous serons amenés à nous poser des questions assez semblables dans le domaine de la santé : aurons-nous toujours les moyens de soigner toutes les maladies dans de mêmes conditions et à n'importe quel prix ? Comment lier une politique de santé à une véritable réflexion philosophique sur l'existence humaine, sur le respect des personnes ?

J. B. – Vous avez raison de poser ces questions. J'ai rappelé qu'en 2050, notre pays entretiendra 1,5 million de grabataires gâteux. Qu'est-ce que cela signifie de les maintenir en vie (au détriment chaque jour d'un certain nombre de vaches et de poulets qui etc.) ? Des légumes dans leur lit. Faudra-t-il décider, en fonction d'un certain nombre de critères, et c'est là que gît la difficulté, à 85 ans, 83 ans, 88 ans… tac ! On supprime, on ferme le robinet, on éteint la lampe. Eh bien, on sera obligé de le faire. Et c'est cela que j'appelle l'État policier.

J. A. – Oui, j'ai bien compris et c'est pour cela que j'ai frémi tout à l'heure lorsque vous avez prononcé cette expression d'État policier.

J. B. – Si le mot policier gêne, il dit bien ce qu'il veut dire : Big Brother de plus en plus présent, avec les conséquences qu'une vaste littérature a analysées.

J. A. – Big Brother, croyez-vous ? Sans doute, au sens où l'entendait George Orwell, l'auteur de *1984* : pas seulement celui d'une surveillance permanente, mais aussi d'un projet de société parfaitement maîtrisé. Je comprends très bien qu'une médecine trop contrôlée puisse effrayer l'opinion publique, comme elle m'effraie d'ailleurs. Mais, pour autant, pouvons-nous continuer à installer, à développer une médecine qui ne se demande pas ou bien trop rarement quelles sont les finalités de son action ? Le manque est particulièrement criant dès que sont abordés les enjeux de l'euthanasie et de l'avortement : pouvons-nous les réduire à une question d'autorisation et d'interdiction, nous contenter de légiférer au risque de déresponsabiliser les gens ? Quelque part, c'est trop facile ! Je comprends que les médecins soient parfois dubitatifs. *A contrario*, je trouve très intéressante la réflexion de Philippe Lazar, ancien directeur de l'Inserm, sur ce qu'il désigne par l'antique terme d'âme : autrement dit, tous les réseaux qui naissent avec toute personne humaine, se développent avec elle et même lui survivent un temps. Quand intégrerons-nous ce type de réflexion dans celle sur l'avortement, l'euthanasie ou encore les soins palliatifs ? Mais nous sommes loin de la question de l'État policier…

J. B. – Nous n'en sommes pas loin du tout. En 2050, je vois plus d'un tiers des Français au-delà de 60 ans, et 15 % de la population cacochyme. Des millions de gens de plus de 85 ans… dans quel état ! Ce que vous appelez « ce type de réflexion » sera considéré comme candide par rapport aux problèmes qui se poseront.

J. A. – Nous savons tous combien reste insuffisante l'idée que nous nous faisons de l'allongement de l'espérance de vie ; nous continuons à ajouter une année à cette espérance tous les quatre ans qui passent ; mais pour y faire quoi, dans quelles conditions, avec quelle fin envisagée ? Finalement j'allais dire, pour reprendre l'expression de Philippe Lazar, avec quelle âme ? Nous n'en avons guère d'idée. Et c'est grave. Je suis persuadé qu'une plus grande réflexion, qu'une meilleure compréhension, que plus de débats aussi changeront de manière notoire les statistiques en 2050 que vous avancez.

J. B. – Bonne question pour le livre rouge, surtout si nous demandons à l'Église catholique de le parrainer ! Je lis une déclaration du cardinal André Vingt-Trois, président de la Conférence des évêques de France[1] : « Même si des sondages montrent que 65 % sont favorables à l'euthanasie, nous ne changerons pas de position. Et même s'ils étaient 90 %, nous continuerions à être contre. Si on aime les formules un peu exaltées, je dirais que cela fait partie de la dimension prophétique de l'expérience des Églises. »

J. A. – Je ne dirais pas que l'évolution du monde laisse l'Église indifférente et sans réflexion ; parfois, nous pourrions même l'accuser de se cacher, de s'enfermer derrière la réflexion ! Je ne serai pas non plus aussi sévère que vous sur les délais : il faut parfois laisser le temps à la réflexion... Mais tout cela ne doit pas écarter votre exigence à l'égard des institutions religieuses : comment prennent-elles au sérieux la situation du monde ? Certains esprits préféreraient peut-être qu'elles ne s'en mêlent pas, plutôt que de dire des bêtises ou de formuler des exigences inapplicables. Vous avez évoqué la question de la reproduction humaine[2] ; au printemps 2008 a été célébré le quarantième anniversaire de la célèbre encyclique *Humanae vitae* : voilà un texte pontifical qui a fait couler beaucoup d'encre, au sein comme à l'extérieur de l'Église catholique ! « De quoi le pape se mêle-t-il ? Ce domaine relève de l'intimité du couple, de sa liberté. » Vous avez comme moi entendu ce genre de réflexion qui a toute sa valeur, surtout dans le contexte des années 1960 et, en particulier, de 1968 ! Il y aurait sans doute beaucoup de leçons à tirer de cette encyclique, d'abord en termes de processus d'élaboration et de communication des écrits du magistère ; certains évêques, certains prêtres avaient sans doute trop anticipé le contenu de l'encyclique et s'étaient trompés. Il faudrait aussi s'interroger sur le rôle d'un texte de ce genre : en quoi concerne-t-il les non-chrétiens ? Com-

1. *Le Monde*, 7 septembre 2008.
2. Voir p. 49.

ment le leur présenter ? Pour rejoindre notre propos et le contenu même de ce texte de Paul VI, je crois que l'un des thèmes majeurs est bien celui de la responsabilité. Responsabilité du pape en matière de sexualité, responsabilité du couple aussi et avant tout ; mais aussi responsabilité à l'égard de l'ensemble de la société. Les questions dont nous traitons tous les deux relèvent d'une autre échelle, celle de la planète et, par conséquent, de la démographie humaine, non des pratiques intraconjugales. Deux échelles différentes et pourtant liées que, d'une manière générale, les sociétés subissent plus qu'elles ne contrôlent (sauf peut-être le cas de l'enfant unique en Chine). Je ne crois pas qu'il faille écarter l'esprit de l'encyclique : la procréation reste un acte humain mystérieux, fort ; mais, comme tous les textes de ce genre, s'interroger sur la manière de le mettre en œuvre quarante ans plus tard, alors que les techniques de procréation médicalement assistée posent d'incroyables questions éthiques en même temps qu'elles ouvrent de nouveaux champs à la procréation humaine (mais à quel prix !), alors aussi que les défis démographiques sont incroyablement complexes, comme vous l'avez bien montré. Il ne peut être question de limiter la position de l'Église à une seule encyclique ; il faut aussi se rappeler le concile Vatican II qui lui est tout juste antérieur. Il ne faut pas non plus hésiter, comme vous le faites d'ailleurs, à provoquer les instances religieuses à participer à la réflexion commune, sans nécessairement chercher à défendre une position particulière. Tous, nous devons nous méfier du prêt-à-penser !

J. B. – Vous vous situez en pleine actualité ! Un acte très récent de l'Église tombe exactement sous la critique de Fukuyama[1] : dans une Instruction de trente-sept articles publiée le 12 décembre 2008, intitulé *Dignitas Personae* et signée par le pape, l'Église rappelle ses principes, vingt et un ans après le texte fondateur *Donum Vitae* sur le respect de la vie naissante. Elle s'appuie sur le postu-

1. Voir p. 147.

lat : « La dignité de la personne humaine doit être reconnue à tout être humain depuis sa conception jusqu'à sa mort naturelle. » Nous y voilà : la dignité est présentée comme un concept évident, admis de tous alors que son contenu fait l'objet de controverse. Pourtant il est utilisé ici pour asseoir tout un édifice doctrinal et traiter entre autres du problème de la reproduction humaine. Concernant la procréation, l'Instruction affirme : « Le mariage et la famille constituent le contexte authentique où la vie trouve son origine. » Nous avons vu que la moitié des petits Français naissent aujourd'hui hors mariage.

Les techniques d'aide à la procréation sont condamnées dans leur ensemble par ce texte de combat. Or nous avons également vu qu'un nombre étonnant de 2 % de procréation assistée avait été observé dans notre pays l'année dernière.

Sans vouloir rien retirer de leur importance et de leur difficulté à ces problèmes fondamentaux de l'éthique portant sur la vie privée, nous devons plutôt nous concentrer sur l'immensité du rôle que peut jouer l'Église dans l'élaboration et l'application d'un livre rouge consacré à la méchanceté, c'est-à-dire la maîtrise du désir de jouissance, et qui serait, lui, vital pour l'évolution de l'humanité. Comme l'a écrit Benoît XVI : « À l'ère des problèmes mondiaux d'ordre économique et social, à l'ère de la domination du monde par la science et la technique, et de la crainte de voir l'homme détruit par la science, l'Église, elle aussi, se trouve placée de façon toute nouvelle devant la question de sa situation vis-à-vis du monde et de ses besoins[1]. »

Si le magistère acceptait de se lancer dans l'aventure du livre rouge, ce serait pour lui l'occasion de mobiliser les théologiens pour s'interroger profondément sur l'adéquation de ses principes à la rapide et terrible dérive de notre civilisation. Peut-être voudrait-il alors suivre la fulgurante parole prononcée à l'orée d'un Évangile[2], cette parole qui pourfend le conservatisme et

1. Joseph Ratzinger, *Les Principes de la théologie catholique*, Paroles et Silence, 2008.
2. Marc II, 27.

appelle à bousculer les dogmes et même les commandements : « Le sabbat est fait pour l'homme et non l'homme pour le sabbat. » Peut-être essaierait-il de comprendre qu'aujourd'hui le danger encouru par l'humanité ne vient plus de la surmortalité traditionnelle mais de son contraire, la surpopulation.

J. A. – Oui... Il serait, bien entendu, nécessaire de s'intéresser aux multiples manières dont notre civilisation appréhende la naissance et la mort, la maladie et la guérison, sans nécessairement aller très loin. Nous savons que la politique britannique de santé est différente de la nôtre, plus directive dirais-je ; que pourrions-nous en conclure ? Au risque de choquer, je rappellerai aussi que Darwin avait observé que les habitants de la Terre de Feu préféraient manger les vieilles femmes plutôt que leurs chiens, ces derniers étant indispensables pour la chasse. C'est là une autre conception de la vie, de la mort ou plutôt de la survie !

J. B. – On y viendra...

J. A. – Mais qui nous y poussera ? Les médecins, les politiques, l'opinion publique ou bien encore les circonstances ? Pourquoi en sommes-nous arrivés aux conditions atroces des élevages de poulets ? Est-ce vraiment par méchanceté ou simplement par désintérêt, habitude, nécessité du profit immédiat ?

J. B. – Cela revient au même. Il faut bien comprendre que l'adoption de ce que nous considérons comme la voie de secours, la voie de survie, exigera de très fortes contraintes politiques et sociales. On ne peut pas s'en tirer autrement. Et donc, ce que nous suggérons que l'on devrait faire deviendra rapidement difficile à supporter par la population. Elle devra choisir entre restrictions ou coercition, et aura les deux.

J. A. – C'est pourquoi, même s'il faut éviter le côté répressif de l'État policier, il est difficile d'éviter un certain autoritarisme.

J. B. – Mais il n'y a pas que la contrainte par la force physique. Ajoutons-y la contrainte morale qui a fait fonctionner et réussir l'Europe de l'âge classique.

J. A. – Ou, aujourd'hui, la politique nataliste chinoise de l'enfant unique !

J. B. – Exemple type de ce qu'il faudra imposer et pas seulement par la force : il faudra surtout que les gens soient heureux et fiers de n'avoir qu'une progéniture ultra-réduite, ou plutôt aucune progéniture, ce qui sera mieux adapté aux circonstances. En avant les pressions spirituelles !

J. A. – Politique dont nous avons pu mesurer la contrainte morale, lors du récent tremblement de terre du Sichuan et de l'effondrement des établissements scolaires : combien de familles ont ainsi perdu non pas un enfant mais tout enfant, si je puis dire.

J. B. – Notre livre rouge prônera l'enfant unique.

J. A. – Mais vous savez comme moi que ce ne sera pas simple à prôner : la Chine reste la Chine, avec ses cultures et ses pratiques. Ailleurs, d'autres références, d'autres mythes aussi règnent. Par exemple, la posture d'une Église catholique nataliste ou s'aventurant dans des domaines scientifiques qu'elle ne maîtrise pas complètement. Tout le monde devra changer, devra accepter de ne pas posséder l'unique solution et de ne pas prétendre l'imposer. Comprendrons-nous que la réflexion morale et éthique est une manière d'échapper à la dictature du matériel et de l'économique ?

J. B. – Comme l'adoption d'une éthique de la restriction a pour but une transformation radicale de la société humaine tout entière, les puissances spirituelles devront rendre compatibles les exigences nouvelles avec leur message, ou plutôt rendre ce message compatible avec les exigences nouvelles, de façon à participer avec vigueur au processus de persuasion menant à l'acceptation des contraintes que les populations devront subir. Il faudra imposer un impératif moral qui sera aussi un idéal spirituel pour résoudre un problème purement politique ou social.

J. A. – Pour ma part, je pense volontiers au cas de l'Europe, d'abord bâtie sur un marché commun à imaginer, à instaurer. Il y avait une idée, celle des pères fondateurs comme Robert Schuman, mais aussi et peut-être d'abord une entreprise dans laquelle se lancer. Et aujourd'hui nous constatons un ralentissement ou, pour jouer sur les mots, un essoufflement, un manque de souffle, un manque de spirituel… La construction européenne ne se poursuivra pas sans une prise en compte sérieuse de la dimension spirituelle. J'entends d'ici la voix de ceux qui m'accuseront de défendre les « racines chrétiennes de l'Europe ». Oui, bien sûr que l'Europe a des racines chrétiennes ; aujourd'hui, il faut y ajouter celles de l'islam, demain peut-être celles du bouddhisme, sans oublier le système racinaire franc-maçon. Il ne s'agit pas uniquement de se référer au passé mais de se demander ce qui nourrit aujourd'hui la culture, l'esprit de l'Europe.

Une proposition

J. B. – Votre référence à la construction de l'Europe rappelle que ses architectes ont été formés par le courant de pensée dit démocrate chrétien, auquel appartenaient Konrad Adenauer, Alcide de Gasperi et Robert Schuman. À ce moment, l'Église a su inspirer l'acte politique le plus novateur du XXe siècle, avant de se retirer dans ce que certains appellent l'immobilisme. Il n'est peut-être pas impossible que l'inquiétante évolution d'aujourd'hui et de demain attire son attention et la ramène vers la grande action politique.

Je me permettrai donc une proposition.

Notre discussion renforce ma certitude que l'intervention des systèmes religieux s'impose comme indispensable dans la révolution que nous croyons nécessaire. En effet, cette dernière implique le blocage des circuits économiques et financiers sur lesquels repose le bien-être de la population mondiale, la création de mécanismes d'arbitrage politique contraires aux habitudes historiques des États, l'imposition de limites à la natalité aussi bien qu'à la vie des vieillards, enfin le renversement radical de l'ordre actuel. Il faut faire triompher le moi de l'humanité sur le ça. Une telle opération ne peut se passer d'un appel aux forces spirituelles organisées.

Pouvons-nous compter sur l'apparition improbable d'un grand fondateur d'ordre ? J'en doute.

Une idée m'est venue en vous parlant, que vous considérerez sans doute comme folle, surtout venant d'un homme situé tout à fait au dehors des Églises. Notre scénario initial dont la première étape consiste en la création du livre rouge par un groupe restreint, *bottom-up*, ne tient pas assez compte des résistances. *Bottom-up* ne suffit pas. Il importe surtout de donner un immense prestige à ce processus et au manifeste qui en sera le point de départ.

Le président de l'Académie pontificale des sciences, le professeur Nicola Cabibbo, a bien voulu me donner le livre *Ressources and Population* publié par l'Académie[1]. Si l'analyse qu'il contient anticipe la nôtre et se place dans la lignée de la « résolution des 57 Académies », l'intérêt de ce volume réside pour moi dans l'adresse préliminaire de Sa Sainteté Jean-Paul II. Le pape, comprenant parfaitement les problèmes qui nous préoccupent, écrit : « L'Église invite la famille humaine à planifier son futur à partir non seulement de considérations matérielles, mais surtout en respectant l'ordre que Dieu a placé dans la Création. »

Et il conclut : « C'est seulement par un mode de vie nouveau et plus austère, un mode qui reposerait sur le respect pour la dignité de la personne, que l'humanité pourra relever le défi posé par la dynamique de la croissance démographique, la complexité de l'accès aux ressources et les conséquences pour l'environnement. »

Ce texte me paraît pathétique car il émet des vœux : « Il faudrait... Il est nécessaire que... », comme s'il suffisait de dire.

Un de mes amis jésuites m'écrit : « Le pape Jean-Paul II a jeté un énorme pavé dans la mare avec la réunion d'Assise ; le résultat

1. Fernando Colombo, Paul Demeny et Max E. Perutz, *Ressources and Population* , Clarendon Press, 1996.

n'est pas immédiat, ce qui est difficile à admettre compte tenu des urgences repérées pour la paix et la justice dans le monde. »

Mais c'est qu'il manque un passage à l'acte ! Ce n'est pas une homélie qui est nécessaire à l'humanité.

Et arrivés à ce point nous devons méditer un aphorisme du père Dominique Pire, prix Nobel de la paix en 1958 : « Agir sans savoir est dangereux ; mais savoir sans agir est criminel. »

L'inquiétude que nous pouvons nourrir sur l'action éventuelle de Rome, c'est que sa réflexion se termine au mieux par une encyclique, c'est-à-dire, une fois de plus, par un discours. Et cette crainte n'est pas vaine car les rouages de la curie, à savoir les Conseils pontificaux Justice et Paix, Culture, ou Relations avec les religions, constitués d'ecclésiastiques mal à l'aise avec les problèmes de l'économie et de la science, n'ont pas vraiment fait la preuve de leur efficacité. Seule une grande initiative pourrait faire pénétrer l'air du large dans la vieille maison.

Le processus que nous avons analysé, qui passe par l'élaboration, puis l'acceptation, enfin la mise en œuvre d'une doctrine, exige un coup d'envoi retentissant qui déclenche un mouvement irréversible. *Un concile constituerait un puissant outil pour libérer les forces nécessaires.*

Je comprends que le langage des Églises donne au mot concile un sens très précis qui ne coïncide pas identiquement avec ma proposition, mais il me paraît cependant qu'une assemblée de type œcuménique possédant la dimension et le prestige d'un concile serait seule capable d'entamer la mobilisation universelle des bonnes volontés.

L'Église catholique n'a pas convoqué de conciles seulement pour discuter des problèmes religieux, mais aussi pour adapter sa pensée et son comportement aux évolutions politiques du monde qui l'entoure. Un concile est un organe de consultation et de décision, un instrument. La gravité de la dérive actuelle, qui entraîne l'humanité vers d'ingérables conflits tant avec son environnement naturel que parmi les peuples qui la composent, justifie d'inviter les spécialistes de l'âme à s'engager totalement dans la bataille.

Des obstacles s'opposent à l'idée, d'abord le coût, puis la lourdeur de l'opération. Mobiliser 3 000 évêques est une grosse affaire. Je vois cependant chaque année de nombreux congrès scientifiques rassembler chacun des milliers de participants, routine qui ne fait l'objet d'aucun souci.

Un concile qui se consacrerait à l'étude d'une rénovation universelle des mœurs devrait être œcuménique au sens large du terme, c'est-à-dire qu'il inviterait auprès des théologiens non seulement les représentants des autres religions, mais aussi des spécialistes des sciences physiques et humaines, des économistes, des financiers, des diplomates et des hommes politiques. Il aurait pour objectif non seulement d'établir le livre rouge, mais aussi de lui conférer la légitimité indispensable à sa mise en œuvre ultérieure. Sans précédent, son cadre et son fonctionnement seraient à inventer. On peut imaginer qu'une ouverture solennelle donnerait une feuille de route à des miniséminaires régionaux qui, après quelques mois de travail, fourniraient des matériaux à une synthèse affirmée par une congrégation, solennelle elle aussi.

Et ce ne serait qu'un premier pas.

Imaginez le pape en personne présentant le livre rouge à l'assemblée générale des Nations unies au nom d'un milliard d'internautes !

Conclusion

par Jacques Arnould

Professeur,

« Le monde est en feu », écrivait Thérèse d'Avila, au début du XVIe siècle ; le mot de la grande mystique espagnole est toujours d'actualité. En me proposant de débattre à propos de la conclusion de votre *Introduction à un siècle de menaces*, peut-être aviez-vous pensé que je tenterais de minimiser vos constats et vos analyses, de les dédramatiser ; plus d'une fois, au cours de nos échanges, je crois vous avoir surpris par mon accord avec votre opinion. Oui, notre monde est en feu et pourrait même, à certains égards, paraître « foutu », condamné. Lorsque, pour la première fois, j'avais lu votre conclusion, je vous avais dit, d'une manière un peu brutale je l'avoue : « Vous n'avez pas le droit d'écrire cela ! » Il ne s'agissait évidemment pas du constat que vous posiez mais de la conclusion que vous en tiriez : « Il n'y a rien à faire. » D'une certaine manière, les propos réunis ici montrent que j'avais raison : vous aviez plus et mieux à dire.

Vous m'aviez prévenu : l'exercice auquel vous m'invitiez pourrait se révéler délicat, voire difficile à mener jusqu'à son terme. Vous aviez raison ; mais je n'ai jamais douté qu'il puisse être fructueux. Et il l'a effectivement été. Pour autant, je n'avais jamais imaginé que vous finiriez par proposer, comme réponse à votre *Introduction*, non plus une fuite dans quelque paradis virtuel, mais la constitution d'un corps similaire à celui de certaines congrégations de l'Église catholique, bien plus encore : tout simplement la tenue d'un concile ! Nul doute qu'une telle idée ne suscite des réactions variées et, pour certaines, violentes au sein des responsables politiques, scientifiques et religieux, comme au sein de leurs intelligentsias respectives. Faut-il voir, dans cette proposition, une nouvelle illustration de votre tendance à la provocation ? Je n'en doute pas, tout en trouvant votre idée extrêmement pertinente.

Il n'est pas question pour moi de faire ici l'histoire, la sociologie ou la théologie des conciles, tels qu'ils existent dans la tradition catholique. Trop nombreuses sont les définitions qu'en donnent les théologiens pour en proposer une quelconque synthèse. L'un d'entre eux, Yves Congar, qui a lui-même participé à celui dit de Vatican II, considère le concile comme une assemblée, une réalité d'Église et une célébration ; plus pragmatique, René Laurentin y voit « un rassemblement des responsables d'Église dispersés à travers le monde, face à un problème, à un péril ». Je ne pense pas que vous soyez sensible à la dimension cultuelle d'un concile, telle que l'évoque Congar ; ce serait là un point à éclaircir. Je crois plus pertinente pour notre propos la définition de Laurentin : un concile est une assemblée de responsables, venus d'horizons plus ou moins éloignés, chargés de prendre en compte une question, un problème et d'élaborer des propositions, de prendre des décisions qui, juridiquement, sont exécutoires dès leur promulgation. Qui mettra en doute que la situation générale dans laquelle se trouve notre espèce exige une procédure analogue ?

Je n'oublie pas non plus que le terme de concile fait référence à celui de concilier : se mettre en accord avec soi-même ou avec autrui. N'est-ce pas précisément ce que j'entendais en invoquant les espoirs, les devoirs de la nature humaine pour refuser de baisser les bras devant les menaces à venir ? Il s'agit bien de se mettre en accord avec ce que nous savons de nous-mêmes, comme aussi avec ce que nous voulons être. Comprenons et mesurons ce qu'une telle opération peut signifier pour une communauté de croyants et, plus encore, pour une communauté humaine : elle ne consiste pas en un simple « état des lieux » où chaque élément, chaque individu, chaque culture retrouve et défend son identité, sa singularité, face aux autres et dans le respect mutuel des autres. Ce serait déjà une belle réussite, remarqueront les pessimistes et les pragmatiques… mais ce serait insuffisant ! La conciliation à laquelle nous pensons, me semble-t-il, exige nécessairement que chacun, au nom de sa propre identité, de sa propre singularité, accepte de prendre pleinement la responsabilité qui peut être la sienne en tenant compte à la fois de la situation et de l'existence d'autres entités, d'autres responsabilités. Se trouve donc exclue toute perspective conservatrice. En serons-nous capables ? À l'heure où de nombreuses voix s'élèvent pour dénoncer les méfaits de la globalisation, les menaces d'uniformisation généralisée dans tous les domaines, voire de dictature, comment ne pas être frappé par l'extrême diversité des peurs et des espoirs, des convictions et des revendications qui sous-tendent et soutiennent les personnes et les sociétés humaines. Est-ce là une force ou une faiblesse, face à l'incertitude de notre avenir personnel et commun ? Tout dépend, vous le montrez bien, Professeur, de notre capacité à concilier ces différences.

Dans votre propos comme à travers le terme même de concile, vous confiez aux institutions religieuses, à l'Église catholique en particulier un rôle éminent et influent sur l'avenir possible de notre humanité. Sans doute n'est-ce pas parce que vous estimez, comme le pape Paul VI l'avait expliqué depuis la tribune des Nations unies, que l'Église est « experte en humanité ». Vous êtes, je crois, plus sensible aux structures et aux processus qui génèrent, soutiennent, animent les religions. Loin de moi l'idée de vous contredire sur ce point. Pour autant, je crois indispensable d'interroger sérieusement ces traditions sur les points suivants : comment prennent-elles au sérieux les menaces qui pèsent sur l'humanité ? Quelle vision de la condition humaine, présente et future, proposent-elles ? Sur quelles valeurs fondent-elles l'appartenance en même temps que l'agir de leurs adeptes, de leurs fidèles ? Invitent-elles à une démarche concrète et engagée, ou bien ne sont-elles en fin de compte qu'une manière d'échapper au réel, offrant à leurs fidèles un avatar de la colonne de Siméon le Stylite que vous évoquez au terme de votre livre sur les menaces ? Enfin, comment chacune d'entre elles conçoit-elle les relations avec les autres ?

Aussi évidentes qu'elles paraissent, au terme de nos entretiens et de nos propos, ces questions sont loin d'être anodines. Je dirais même, pour reprendre une image habituelle de la littérature biblique, qu'elles peuvent devenir une pierre angulaire aussi bien qu'une pierre d'achoppement pour les religions, en particulier pour les courants extrémistes qui les traversent (qu'ils soient conservateurs ou progressistes). Aucune action, aucun engagement ne se révèle durable, si ces questions n'ont pas été préalablement posées, en même temps que les éléments « doctrinaux » essentiels. Le terme de doctrine, aussi rébarbatif qu'il puisse paraître, est pourtant parfaitement adapté ici, si du moins il est compris au sens retenu par Karl Rahner, l'un des principaux théologiens catholiques du XXe siècle. À propos de la doctrine et de son usage, Rahner disait en effet qu'ils sont comparables à un lampadaire, au milieu d'une zone d'obscurité : le bon usage, explique-t-il, est, sans perdre de vue le lampadaire, de s'en éloigner pour en explorer le voisinage ; le mauvais (le dogmatisme) est de s'accrocher au lampadaire, par peur de tomber ! Les religions doivent aujourd'hui rendre compte de leurs doctrines et de l'usage qu'elles en font. C'est leur premier devoir. Le deuxième est de se soumettre au travail de l'intelligence et de la réflexion, autrement dit au labeur théologique. Celui-ci, vous vous en doutez, ne consiste pas dans la répétition, le rabâchage de formules et d'incantations, mais dans la quête d'un discours toujours plus ajusté à ce que nous pouvons deviner de Dieu (ou ignorer de lui), ajusté aussi à ce que nous connaissons de l'humanité, de la réalité. Autant dire que les théologiens, à quelque obédience qu'ils appartiennent, ne seront jamais au bout de leurs peines. Empêcheurs de croire en rond, ils doivent être à l'écoute du monde, de ses cultures, de ses savoirs, de ses peurs aussi, comme de ses espoirs. Ils doivent aujourd'hui s'inquiéter des menaces singulières que vous décrivez, des perspectives aussi que nous avons tenté de tracer. Tâche excitante, j'en suis convaincu ; tâche qui écarte toute menace de dogmatisme, toute tentation aussi d'intégrisme : la théologie est une invitation à scruter les ténèbres, parfois même à s'y risquer lorsque ce ne sont pas elles qui nous recouvrent.

Les dirigeants et les responsables religieux sont-ils disposés à courir de tels risques ? Vous vous doutez que je le souhaite ; vous vous doutez aussi que je considère l'Église catholique comme la première à devoir s'engager sur cette voie. Non pas à cause de sa tradition conciliaire (la proposition que vous avancez relève de l'analogie), mais en raison de la particularité de son expansion géographique et de son gouvernement : catholique rime trop avec global et mondial pour que cette Église ne se sente pas directement touchée par les constats que vous avez posés, les propositions que vous avez finalement élaborées. Dans des circonstances moins dramatiques, j'aurais pu écrire que c'était là une chance pour le catholicisme et le christianisme ; aujourd'hui, il ne s'agit pas de chance mais plutôt de nécessité.

Documents

par Jacques Blamont

I

Chiffres et perspectives

Les invariants

La situation géopolitique dans le monde au cours du prochain demi-siècle sera dominée par l'influence de deux facteurs que l'on peut identifier sans crainte de se tromper.

L'AUGMENTATION DE LA POPULATION URBAINE[1]

Même s'ils déplaisent, les chiffres des Nations unies utilisés dans les pages qui suivent sont acceptés comme la meilleure projection disponible actuellement ; ils présentent la situation à attendre dans quarante ans avec assez de vraisemblance puisque les tendances principales sont aujourd'hui gelées.

La population mondiale, aujourd'hui de 6,6 milliards d'âmes, atteindra au moins 9,2 milliards à partir du milieu du siècle, un événement incroyablement rapide par rapport au passé historique. Elle ne plafonnera pas à ce niveau, mais augmentera encore au rythme ralenti de 30 millions par an. L'évolution se caractérise par le contraste entre les pays en voie de développement, où la crois-

---

1. Source : *Population Prospects*, Nations unies, 2007 ; nous utilisons l'hypothèse de fertilité moyenne.

sance est forte, et les pays développés (sauf les États-Unis), où la population stagne ou diminue. Aujourd'hui la population mondiale augmente de 1,2 % par an. Six pays concentrent la moitié de cette croissance à laquelle la Chine, numéro deux après l'Inde contribue pour 12 %. En 2050, plus de 80 % des gens vivront dans les pays en développement : l'Asie aura 5,2 milliards d'habitants, l'Afrique 2, l'Europe sera passée de 0,73 à 0,66, la Russie diminuera de 143 millions à 107 millions. C'est dire que les 3 milliards de nouveaux habitants proviendront des pays en développement, en particulier d'Asie et d'Afrique. Ainsi, entre 1960 et 2020, la population de l'Afrique aura été multipliée par six, atteignant alors celle de la Chine d'aujourd'hui : en 2050, le Nigeria comptera 288 millions d'habitants (50 millions de plus entre 2005 et 2020), l'Éthiopie en aura 183 millions, la Somalie triplera entre 2005 et 2050 où elle atteindra 21 millions, sans industrie, infrastructure ni avenir. L'Ouganda triplera pour atteindre 93 millions, presque autant que la Russie.

La population mondiale au début du XXIe siècle est très inégalement répartie sur les terrains utilisables. Certaines régions disposent de surfaces à potentiel de production élevé alors que leur peuplement est clairsemé, d'autres, à l'extrême opposé, supportent une occupation dense sur peu d'espace. Selon les cas, les sociétés connaissent des situations où l'exploitation de l'écosystème ne rencontre pas encore de limite, et dans d'autres endroits, atteint des bornes quant à la production possible et le dégrade. L'Asie est déjà surpeuplée, comme la région Afrique du Nord-Moyen-Orient, et le deviendra davantage, alors que l'Amérique latine paraît vide. L'inégalité de distribution par rapport aux ressources naturelles, devrait entraîner des migrations aux échelles locales, interrégionales et intercontinentales.

Nous appellerons *gradient* les zones où la densité de population varie très rapidement d'un endroit à un autre, par exemple entre une campagne et une ville, ou entre deux pays. Une différence de pression démographique s'établit le long du gradient.

L'évolution actuelle est caractérisée par l'urbanisation rapide.

Chaque semaine dans le monde 1,3 million de gens s'installent dans une ville venant de la campagne (70 millions par an). Il existe 428 métropoles de plus de 1 million d'habitants. Tokyo en compte déjà 30 millions. En 2025, Delhi, Bombay, Mexico, São Paulo atteindront 20 à 25 millions, Lagos et Djakarta approcheront de 20 millions. Lagos est passé de 300 000 en 1950 à 10 millions aujourd'hui. Ouagadougou, Nouakchott, Douala, Antananarivo, Bamako sont plus grandes que San Francisco ou Manchester. Tijuana, Belém, Curitiba, Salvador sont les villes dans la fourchette (1-10) × 10^5 habitants qui grandissent le plus vite.

Des 60 agglomérations de plus de 5 millions d'habitants en 2010, 48 seront situées dans des pays sous-développés, comme 14 des villes de plus de 8 millions. On estime à 80 % de la population mondiale la proportion qui sera urbanisée au milieu du siècle. Dès 2008, la population des villes dépassera celle des zones rurales et la personne qui fera pencher la balance du côté urbain s'installera très probablement dans un bidonville. L'ONU définit un bidonville comme une zone urbaine où la majorité des habitants occupent des constructions faites de matériaux non permanents, surpeuplées, privées d'eau potable et de sanitaires adéquats. Plus d'un milliard d'âmes vivent dans ces conditions, soit un tiers de la population urbaine. L'urbanisation ne fabrique pas des citoyens, mais des êtres coupés de leurs racines, qui ont remplacé leurs repères tribaux et familiaux par une nouvelle culture mondialisée.

Le tableau suivant présente le pourcentage des populations vivant aujourd'hui dans un bidonville pour un total de 1 milliard.

Région	Afrique subsaharienne	Asie S.	Asie E. (Avec Chine)	Asie E. (Sans Chine)	Am. lat. Caraïbes	Asie centrale	Proche-Orient	Maghreb
% population totale	71	58	35	25	31	29	26	25

Tableau 1. *Pourcentage de bidonvilles aujourd'hui.*

Karachi est un bidonville plus peuplé que la Belgique. À Rio, 800 favelas abritent 1 million de squatters qui occupent un tiers de la ville et manipulent 4 tonnes de cocaïne par mois, destinées à l'exportation. Quatre millions d'occupants grouillent dans les taudis de Netzahualcoyotl, Chalco et Itzalpapa à la périphérie de Mexico. À Bombay, la moitié des 18 millions (dont 6 à la périphérie) sont des squatters et fournissent un sixième du PIB. D'après les Nations unies, les trois quarts des États à forte population de squatters ont un programme de renvoi dans les campagnes et ils échouent tous.

À l'exception de la Chine du Sud, la croissance urbaine ne suit pas systématiquement l'industrialisation. Ainsi beaucoup de villes africaines croissent-elles vite, alors que l'économie stagne : le rejet des campagnes est plus fort que l'attrait des villes. Celles-ci ont commencé à s'agrandir à la fin des années 1970 en conséquence de la politique de consolidation de la dette dans les emplois ruraux. En même temps l'investissement urbain par habitant diminuait sous l'influence des programmes d'ajustement structurel de la Banque mondiale, qui imposaient la réduction des dépenses publiques. Cette double pression aboutit au résultat que les paysans quittent leur terre en masse mais ne trouvent pas d'emploi en ville. Depuis le début des années 1990, les pays développés se sont officiellement émus de la pauvreté tant des campagnes que des centres urbains et affirment vouloir l'éradiquer.

Beaucoup de discours sont entendus quotidiennement à ce sujet dans d'innombrables instances politiques, mais entre 1981 et 2005, le nombre de personnes vivant avec moins de 2 dollars (1,40 euro) par jour, qui s'élève à 2,5 milliards, n'a pas varié[1]. Dans cette population, 1,4 milliard vivent avec moins de 1,25 dollar (0,80 euro). L'enquête qui a fourni ces chiffres a été menée avant le renchérissement des produits de base de 2007-2008, qui pourrait faire revenir 500 millions de personnes au-dessous de 1,25 dollar, chiffre appelé seuil de pauvreté.

1. Rapport de la Banque mondiale sur la pauvreté, 26 août 2008.

Nous caractériserons les pays développés par un revenu de chaque citoyen de plus de 50 euros par jour (ex : la France à 63 euros), et les pays non développés par un revenu de quelques euros par jour.

L'aide des pays riches aux pays pauvres, qu'à la conférence de Rio sur le développement durable en 1992 les chefs d'État des pays riches avaient promis de porter de 0,33 % de leur PIB à 0,7 % en 2002, est tombée en 2002 à 0,2 %. En 2007, le groupe des Huit a donné à l'aide au développement 62 milliards de dollars, loin des 92 qu'il avait promis pour 2010 (même source). Si la croissance de la Chine lui a permis de faire passer les deux tiers de sa population à 1 euro dans le groupe à 2 euros, l'Inde compte plus de gens au-dessous de 1 euro que vingt-cinq ans auparavant.

On peut donc prévoir que l'évolution interne des pays concernés ne sera que peu modifiée par une intervention externe d'origine internationale et qu'elle continuera à suivre les tendances observées pendant les dernières décennies. Nous pouvons alors nous livrer à l'exercice d'estimer la population des bidonvilles en 2050 en utilisant successivement deux méthodes d'évaluation.

Première méthode. L'hypothèse retenue est que le pourcentage bidonvillisé dans la population urbaine reste constant.

• En 2005, 6 milliards dont la moitié urbanisée (donc 3 milliards) compte 1 milliard de bidonvillisés, donc le rapport est de 1/3 (1/6 de l'humanité est bidonvillisé) ;

• En 2050, 9 milliards qui seront urbanisés à 80 % (donc 7,2 milliards) comprendront un tiers de bidonvillisés, c'est-à-dire 2,4 milliards (un quart de l'humanité).

Deuxième méthode. La première hypothèse est que la bidonvillisation de la population de 6 milliards existant aujourd'hui a évolué de 0 à 1 milliard dans les trente dernières années et continuera au même rythme, donc à raison de 30 millions par an. Donc la population d'aujourd'hui, non bidonvillisée (soit 6 moins 1 milliard) fournira d'ici à 2050 : 30 × 45 = 1,35 milliard de nouveaux bidonvillisés. Seconde hypothèse : sur les gens à naître d'ici à 2050, c'est-à-dire, avec une croissance de 6 à 9 milliards, 3 milliards, dont 80 % venant de pays urbanisés à 80 %, iront tous dans des bidonvilles, soit 3 × 0,8 × 0,8 = 1,9 milliard. Enfin, il faut tenir compte des gens bidonvillisés aujourd'hui soit 1 milliard. D'où un total de bidonvillisés en 2050 : 1,3 + 1,9 + 1 = 4,2 milliards, soit près de la moitié de l'humanité à l'époque.

Entre ces deux valeurs, nous avons choisi (arbitrairement…) celle de 3 milliards pour tracer la figure suivante, qui présente des ordres de grandeur certainement voisins de la réalité telle qu'elle se révélera dans les prochaines années.

Concluons de cet exercice sans prétention, qu'en 2050, entre un quart et la moitié de l'humanité habitera dans des bidonvilles si la tendance actuelle continue… et en l'absence de crise grave.

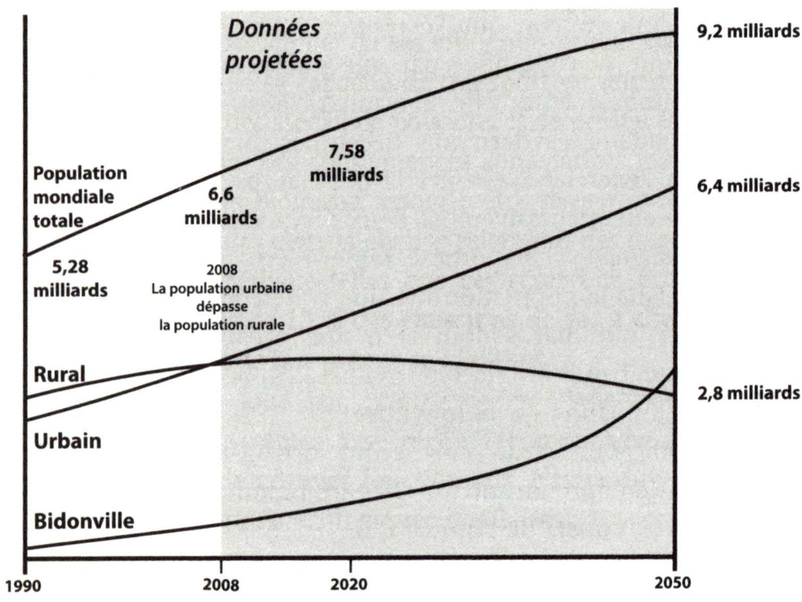

Figure 2. *Évolution de la population jusqu'en 2050.*

Donnons l'exemple d'un gradient qui importe beaucoup à la France.

En 2050, le Maghreb comptera environ 120 millions d'âmes, dont plus de la moitié disposera de moins de 2 euros par jour, car leurs ressources n'auront pas augmenté : l'Algérie n'aura plus de pétrole et ne possédera plus que du gaz, le Maroc aura épuisé les deux tiers de ses phosphates. Que mangeront-ils ? Les pays d'Afrique du Nord, depuis le Maroc jusqu'à Suez, se classent au niveau de 3 à 6 euros par jour, immobile depuis cinquante ans. Dix ans après l'annonce en fanfare du processus de Barcelone, aucun indice de rattrapage des faibles PIB par rapport aux forts n'est perceptible autour de la Méditerranée, et la distance économique entre une zone méridionale sous-développée et l'Union européenne est toujours aussi grande. L'intégration commerciale n'a pas progressé, mais a reculé dans le cas de l'Égypte, du Liban et de la Jordanie, alors qu'était affiché l'objectif de la création d'une zone de libre-échange. Le programme de coopération, en particulier technique, mis en œuvre par l'Union européenne, a eu un très faible impact. Aucun progrès n'a été constaté dans la création soi-disant voulue d'un espace de sécurité et de codéveloppement.

Sur la rive Nord de la Méditerranée fera face au Maghreb à la démographie explosive une population caractérisée par le vieillissement et la dénatalité. En 2050, l'Italie aura perdu 8 % de sa population, l'Allemagne 10 %. Ces pays disposeront encore de 70 à 80 euros par jour et par tête ; ainsi se créera entre les rives Nord et Sud un gradient aux importantes conséquences socioculturelles, donc politiques. Un rapport récent de la CIA chiffre à 30 % le pourcentage de musulmans dans la population européenne en 2030. L'Europe sera alors bien différente de ce qu'elle est aujourd'hui.

Notre problème politique principal pourrait alors devenir la relation qu'entretiendront les immigrés avec leurs cousins affamés restés de l'autre côté de la Méditerranée. Seront-ils les vecteurs de la démocratisation dans les pays d'où ils viennent, si ce mot possède un sens dans les pays à 1 euro, ou deviendront-ils un « cheval de Troie », un facteur de déstabilisation par l'exacerbation des antagonismes raciaux ou confessionnels ?

Une préfiguration de cette situation est offerte par l'Asie du Sud-Est, où l'Indonésie exerce une forte pression démographique sur la Malaisie et Singapour. Dans ces derniers pays, des centaines de milliers d'immigrants sont en cours d'expulsion.

Dernier exemple, l'Afrique subsaharienne compte 17 millions de migrants originaires de pays voisins. L'arrivée illégale dans l'Union sud-africaine de 3 millions de Zimbabwéens (près d'un habitant sur quatre de l'ancienne Rhodésie du Sud), chassés par l'inflation et la pénurie, s'est ajoutée à la présence irrégulière de Mozambicains tolérés de longue date, pour aggraver les tensions dans un pays où le taux de chômage, officiellement de 27,5 %, est estimé à 40 % par les syndicats, et qui ne dispose d'aucune structure d'accueil. Chaque année 150 000 étrangers sont éloignés de force par train vers le Zimbabwe. La plupart repassent la frontière en sens inverse les jours suivants.

Abandonnons quelques instants la sécheresse des statistiques pour accorder un regard aux personnes dont elles décrivent le sort[1].

Feneck Mgawa, un ouvrier mécanicien de 39 ans, vint du Malawi en République Sud-Africaine avec sa boîte à outils, il y a dix-huit mois. Occupant une masure en cartons dans un camp de squatters, il envoyait chaque mois quelques sous à sa femme et à ses deux enfants. La semaine dernière, des maraudeurs l'ont repéré comme étranger, battu et lapidé ; il est maintenant un des six mille immigrés cantonnés à Reiger Park, juste à l'est de Johannesburg. Il dort sur le plancher d'une église et mange du porridge distribué par un groupe charitable. Dès qu'il le pourra, Mgawa retournera chez lui, comme beaucoup d'étrangers originaires du Malawi, du Mozambique, du Zimbabwe et d'ailleurs. Une semaine de violences exercée contre eux a laissé derrière elle 42 morts dont plusieurs brûlés vifs, dans une dizaine de banlieues autour de Joburg. Le nombre d'immigrés chassés de leur taudis est estimé entre 130 000 et 200 000. Ce pays de 48 millions d'habitants dont un sur quatre n'a ni travail ni espoir d'en obtenir jamais, abrite 5 millions d'étrangers qui ont fui une situation bien pire chez eux et acceptent ici de très bas salaires au dam des chômeurs locaux. Écoutez ce que

1. Barry Bearak, « Mob violence achieves its aim in South Africa », *International Herald Tribune*, 23 mai 2008.

dit Ronnie Reyner, pourtant volontaire à l'église anglicane Saint-Vincent pour aider les réfugiés : « Je suis né ici et j'attends encore que le gouvernement me procure un toit et du travail. Ça me gêne que ces gens viennent chez nous et s'en tirent mieux que nous. »

Les dépossédés ne sont pas tous des étrangers. Ernest Ngwenya, 28 ans, est sud-africain, mais il est aussi shangani, ethnie du Mozambique : « Les gens criaient : "Tuez-les shanganis, tuez-les tous…" Ils me connaissent, ils m'ont même dit : "Camarade, aide-nous à tuer tous les shanganis", mais je n'ai pas pu. » Ngwenya possédait un salon de coiffure dans le camp de squatters Ramaphosa. Il ne lui reste rien. Ses congénères qui essayaient d'y retourner pour récupérer quelques objets ont été assommés.

La foule a atteint son but : des immigrés par dizaines de milliers veulent partir. La soif de sang n'est pas étanchée et de nouvelles victimes sont précieuses en l'absence des fuyards. « Je n'ose pas revenir au camp, dit Rochelle Bangu, enceinte de huit mois. N'importe comment, il n'y a là-bas plus rien pour moi : ils nous ont chassés, je n'ai ni toit, ni argent, ni habits. » Elle regarde le sol avec morosité. « Je n'ai même pas de chaussures », constate-t-elle.

L'EXPLOSION DE LA COMMUNICATION

Introduisons la notion de composant électronique, inventé en 1949 au laboratoire des Bell Telephones. Un composant électronique est un circuit électrique permettant d'assurer des fonctions sur d'autres circuits, par exemple l'amplification d'un courant. Ce circuit est matérialisé sur un substrat de petites dimensions qui peut supporter des millions d'autres circuits, dit puce ou *chip*.

Depuis 1962, les performances des composants augmentent d'un facteur trois en deux ans, sans interruption. On dit que nous sommes en présence d'une croissance exponentielle avec une constante de temps de deux ans. Pendant un temps égal à deux constantes de temps, les performances augmentent d'un facteur dix.

C'est ce que l'on appelle la « loi de Moore », énoncée en 1965, qui, d'abord constatée comme un fait d'expérience, est devenue autoprédictrice lorsqu'il y a une dizaine d'années, l'industrie des composants l'a adoptée comme la règle de ses investissements. Elle s'appliquera certainement jusqu'en 2015 grâce à l'introduction des nouvelles technologies déjà envisagées, puis elle recevra une nouvelle jeunesse avec l'arrivée de la nanotechnologie.

La première conséquence du progrès des composants a été la croissance et le développement de la micro-informatique, dont la part de marché est passée en vingt-cinq ans de 0 à 60 %. On a vendu dès 1994 plus d'ordinateurs personnels que de voitures ou de postes de télévision.

Si la dissémination universelle de l'informatique avait été pressentie de bonne heure, son influence sur les télécommunications était difficile à prévoir.

La micro-informatique dans les entreprises a introduit les réseaux locaux, qui se sont interconnectés, imposant des équipements, des logiciels d'administration et des protocoles pour la plupart du temps nés aux États-Unis.

En même temps, la libéralisation du marché des services de télécommunications a été un des phénomènes porteurs les plus puissants de leur expansion. Le démantèlement du trust American Telegraph and Telephone (ATT) en 1982 a été le point de départ de cette libéralisation.

Les progrès qui ont conduit à la fusion des branches de l'électronique, de l'informatique et des télécommunications sont bien connus : très rapide augmentation de la capacité des machines, accroissement du débit des réseaux, des logiciels d'exploitation, le tout dans un mouvement irrésistible de baisse des prix qui les rend abordables pour une majorité d'agents économiques.

Ces progrès se sont traduits par l'introduction foudroyante de nouveaux outils devenus familiers à tous : calculateurs personnels, modems, téléphones cellulaires, câbles et connexions Internet. Ils doivent leur force et leur impact à la technique que les composants permettent, à savoir la digitalisation du son, de l'image, des nombres ou des lettres.

Ce qu'il y a de plus important dans la loi de Moore, c'est la petitesse de sa constante du temps, c'est-à-dire la rapidité de l'évolution. Donnons des exemples : dans les années 1990, le téléphone portable est passé de l'état de curiosité à celui de moyen courant. Le SMS n'existait pas en 2000 et il est devenu aujourd'hui le véhicule de communication et même le langage de la jeunesse du monde entier. Dans un autre registre, l'apparition de Google Earth en 2005 a introduit l'emploi de l'imagerie aérienne et spatiale dans la vie quotidienne et même les besoins de centaines de millions d'utilisateurs. Nous assistons au phénomène de connexion universelle.

Plus important encore que la connexion universelle est le message qu'elle transmet, c'est-à-dire la modification de l'univers mental des foules. C'est la télévision qui en a été responsable, en grande partie grâce à la chute des prix des satellites et à l'augmentation de leurs performances qui a permis de recevoir les signaux avec des antennes de petit diamètre.

Le fait majeur est donc l'impact de la révolution électronique sur les réseaux de communications. Le produit phare de ce mariage, Internet, créé en 1991, croît aujourd'hui en doublant tous les six mois. Alors qu'il a fallu au téléphone soixante-quinze années pour atteindre 50 millions de clients, le Web a atteint le même nombre en quatre années pour en toucher aujourd'hui des centaines. Ce que l'on appelle mondialisation repose sur les composants !

La loi de Moore est ainsi le moteur de l'histoire au début du XXIe siècle. Grâce à elle, nous pouvons quantifier la rapidité de l'évolution : *l'histoire évolue avec une constante de temps de deux ans*. Jamais on n'a constaté une si grande différence entre la constante de temps du progrès technique et celle de son acceptation psychosociale qui correspond à la durée d'une génération, d'environ trente ans. Et pourtant cette acceptation est indispensable comme l'a dit un jour un participant au forum de Davos : « Nous sommes passés d'un monde où le gros mange le petit, à un monde où le rapide mange le lent. »

Nous suivrons volontiers Joël de Rosnay qui a écrit récemment : « Le développement des réseaux interactifs multimédia n'est autre que l'ébauche d'un phénomène encore plus profond : la construction progressive d'une sorte de système nerveux de l'organisme sociétal construit par l'humanité à la surface de la planète. »

Avec la fusion de la télévision et de l'Internet, la connexion de tous les foyers des pays développés est attendue tôt dans le siècle qui commence. Elle leur donnera accès à la large bande, c'est-à-dire, image, musique et vidéos avec distribution de culture sous forme cinéma. Mais le phénomène le plus inattendu est la connexion de tous les foyers des pays non développés ! Les habitants des bidonvilles regardent la télévision.

Et Hollywood règne sur l'image et le cinéma. Il n'y aura plus de frontière dans les représentations mentales, mais un seul monde au point de vue information et culture. Imaginez qu'un politicien veuille arrêter cette globalisation par des droits de douane, des mesures de police ou de réglementation nationale. Le citoyen moyen résistera en exigeant un droit d'accès virtuel à Disneyland. Une journaliste du *Washington Post* a raconté que lorsqu'elle séjournait à Damas en 1998, Walid, son guide, passait la nuit à regarder la télévision israélienne et ce qui l'exaspérait le plus devant le spectacle offert par l'ennemi était la présentation des yogourts israéliens très supérieurs par la couleur de leur emballage à celle des yogourts syriens. La culture devient un mélange de yogourt et de tapis de prière. Autre exemple, anecdote de 2001 : l'ambassadeur des États-Unis présidait à l'inauguration du premier restaurant McDonald's à Jérusalem. Un jeune homme s'approche, lui demande un autographe et lui déclare avec des étoiles dans les yeux : « Ce doit être extraordinaire d'être l'ambassadeur de McDonald's. » Le diplomate lui répond : « Mais je suis l'ambassadeur des États-Unis et non de McDonald's. » Alors le jeune, dégoûté : « Gardez votre autographe, je n'en ai rien à faire. » Il se produit une uniformisation des archétypes.

Depuis 2006, Fotolog, un réseau d'échanges d'images sur le Web créé aux États-Unis, a envahi le pays d'Amérique du Sud le plus conservateur au point de vue morale, le Chili, où l'éducation sexuelle était interdite. Sur les 16 millions de Chiliens, on compte, après seulement deux ans, 5 millions d'abonnés à Fotolog dont 60 % d'adolescents de 12 à 17 ans. Les mœurs de cette jeunesse ont soudain tourné à l'extrême liberté et même à la licence généralisée, et l'on voit des rassemblements fréquents de milliers de garçons et de filles avides d'expérimentation poussée.

Depuis quinze ans, la quantité totale d'information transmise dans le monde augmente à un rythme, exponentiel lui aussi, plus rapide encore que la loi de Moore, et ce fait fondamental entraîne deux conséquences d'une immense importance.

La première est que l'homme à 1 euro, s'il ne vit pas mieux que notre ancêtre du Moyen Âge, est beaucoup plus frustré, plus malheureux, plus révolté, parce qu'il lui parvient un flot continu d'images décrivant, là-bas derrière son horizon, des sorts meilleurs que le sien.

La seconde est que la technologie moderne de la communication, si elle renforce le pouvoir et améliore le niveau de vie de l'homme à 50 euros, arme aussi l'homme à 1 euro d'outils nouveaux qui lui apportent un formidable renfort. Il tient aisément en échec des armées modernes à Gaza, Bagdad et Grozni.

Les limites du modèle productiviste

L'AGRICULTURE

Aujourd'hui, nous n'avons pas encore résolu un problème qui nous vient du passé : 1 milliard de personnes situées dans les pays en voie de développement ont une alimentation insuffisante. Parmi les 3 milliards de personnes qui vivent de l'agriculture dans le monde, plus d'un cinquième ne mange de manière satisfaisante ni en quantité ni en qualité.

Constatant la situation d'aujourd'hui, alors que l'humanité compte 6 milliards d'habitants, nous pouvons nous demander si elle peut produire assez de biens et de services pour 9 milliards en 2050, et quelles sont les voies de l'agriculture qui sauront répondre aux besoins ? On a craint après la Seconde Guerre mondiale une crise alimentaire. Elle ne s'est pas produite grâce à la révolution verte qui a permis à l'Asie d'atteindre l'autosuffisance.

La révolution verte peut être définie à l'origine comme :

– Un ensemble de techniques de production pour l'agriculture irriguée par inondation dans le tropique humide avec l'emploi :

• de variétés de blé et de riz à paille courte et haut rendement,

• d'engrais et de produits de protection phytosanitaire.

– Un ensemble de mesures de politiques agricoles de soutien :

• des garanties d'achat de la récolte par le secteur public à prix fixé à l'avance,

• des subventions aux engrais, aux produits de traitement, aux équipements,

• l'accès au crédit,

• la protection tarifaire,

• la présence d'un système de formation.

La révolution verte a réussi dans les zones irriguées des régions tropicales humides. Elle a obtenu un succès partiel dans les régions de savane en agriculture pluviale, mais non dans les régions sèches où le niveau des risques climatiques ne peut pas permettre à des paysans pauvres de s'engager dans les investissements qu'elle demande, trop importants pour eux. Ainsi, elle a favorisé les agricultures familiales dans toute l'Asie, et dans une bien moindre mesure en Amérique latine où ses techniques ont surtout bénéficié aux grandes exploitations. En Afrique, elle n'a pas atteint la grande masse des producteurs.

Malgré les performances enregistrées en Asie, une question se pose : les catégories sociales pourraient-elles toutes bénéficier un jour de la révolution verte ? Ou bien celle-ci toucherait-elle peu les plus défavorisés, contribuant ainsi à engendrer de nouvelles inégalités sociales ? En Afrique, les difficultés rencontrées renforcent le doute sur la capacité de cette solution à permettre la sortie de la pauvreté.

La pauvreté est à la fois une cause et une conséquence : elle est la cause de la sous-alimentation et des carences nutritives ; elle est la conséquence d'un processus de marginalisation sociale dérivant du mécanisme de formation des prix dans toutes les sociétés. Le rapport de forces dans les luttes sociales se fait le plus souvent au détriment des producteurs agricoles. Les raisons en sont nombreuses : la pression des classes ouvrières et des urbains pour maintenir leur pouvoir d'achat (le prix du pain ici, le prix du mil ou du riz ailleurs restent des indicateurs du mécontentement social), les difficultés du partage de l'eau, l'idée répandue que la paysannerie nourrit le retard social, le fait que l'isolement des producteurs, souvent peu solidaires, rend difficile la formation d'organisations de défense de leurs intérêts. Le monde paysan est partout dévalorisé et dominé. Cette asymétrie de pouvoir à son détriment crée un flux de départ des agriculteurs : les plus pauvres alimentent la formation de classes urbaines tout aussi pauvres qui se contentent de faibles revenus de leur travail. Le développement économique et social, dans de nombreux pays et à l'échelle mondiale, est donc synonyme d'une transition sectorielle et géographique du rural agricole vers l'urbain industriel, dégradant les moyens d'existence de tous. En effet, la croissance des villes y transfère les investissements qui auraient pu être faits à la campagne. Celle-ci devient moins fertile quand les fermiers appauvris déforestent et extraient de leurs terres plus qu'elles ne devraient fournir[1].

Une autre raison explique la misère des agriculteurs : le fait que les prix agricoles nationaux sont en permanence tirés vers le bas par les prix internationaux des matières premières alimentaires, lesquelles sont produites dans les grandes exploitations d'États riches (Amérique du Nord et du Sud en particulier) avec des niveaux de productivité beaucoup plus élevés et de surcroît subventionnées. Cette baisse tendancielle des prix étrangle les paysanneries les plus pauvres et leur interdit l'espérance de pouvoir produire des surplus pour leurs marchés nationaux.

Si la situation alimentaire mondiale ne s'améliore que lentement, c'est parce que ces mécanismes sociaux, qui en sont les facteurs, se caractérisent par une forte inertie. Ils ne peuvent être modifiés rapidement car ils mettent en cause l'évolution des men-

1. Pan A. Yotopoulos, « Middle income classes and food crises », *Economic Development and Cultural Change* , avril 1985, p. 463-483.

talités et le fonctionnement profond des sociétés. Illustration du décalage déjà signalé entre la rapidité du progrès technique et la lenteur des réactions psychosociales.

Facteur supplémentaire d'inquiétude, il ne faut pas prendre pour définitivement acquis le succès remporté par l'Inde dans sa production agricole entre 1970 et aujourd'hui. La révolution verte, en dehors de toute appréciation quantitative, a causé l'exil des populations rurales, détruit les sols, les eaux, les fondations sociales millénaires de nombreux pays. Ces dislocations ont nourri l'explosion des naissances, l'urbanisation, la perte de pouvoir social, déchaînant un nouveau cycle d'appauvrissement et de famine.

La dégradation des sols est un phénomène général qui touche 4 700 millions d'hectares dans le monde ; 43 % des terres cultivables de l'Asie du Sud-Est en sont affectés : sur 140 millions d'hectares, 31 millions souffrent fortement et 63 millions modérément. Sur un total de 329 millions d'hectares indiens, 107 souffrent de dégradation, dont l'érosion est un facteur principal (57 millions d'hectares) suivi par l'érosion par le vent (10,5 millions d'hectares). Ces chiffres se réfèrent à 1994.

Lors d'une récente mission à Bangalore, mes amis les responsables de l'ISRO, l'Agence indienne de l'espace, m'ont fait part de leurs préoccupations nourries par les excellentes mesures de leurs satellites de télédétection, analysées à leur puissant Centre spécialisé à Hyderabad et que je résume.

La surface des terrains irrigués avant la révolution verte ne dépassait pas 5 millions d'hectares et le taux de salinité y était partout négligeable. La surface irriguée aujourd'hui est de 55 millions d'hectares sur un total de terres cultivées de 140 millions, 85 se contentant d'eau de pluie et ne produisant alors qu'une seule récolte. La productivité dans les zones irriguées atteint 2,7 tonnes de riz à l'hectare, à comparer avec la productivité moyenne sur tout l'ensemble de 1,7 tonne à l'hectare.

Un phénomène est apparu récemment et progresse rapidement, la salinisation des terres irriguées due au lessivage des surfaces. Il frappe déjà 20 millions d'hectares sur 55, d'après les mesures spatiales. La détérioration irréversible des sols fait baisser le rendement. Pour la première fois depuis le début de la révolution verte, l'Inde a dû importer du riz en 2005. Un phénomène de plafonnement se retrouve partout ailleurs, allant même jusqu'à des réductions de rendement, dans toutes les zones irriguées aussi bien que celles d'agriculture pluviale. Toute technique productiviste rencontre limites et rétroactions et, en fait, les crée.

Comment nourrir une population de 9 milliards ? Il faudrait augmenter la production globale de 2 % par an pour éradiquer la malnutrition et remplir les nouvelles bouches, mais la répartition est inégale entre les différentes régions. Tenant compte de l'évolution de la pyramide des âges, des changements d'habitudes dus à l'urbanisation et de l'accroissement des revenus, Philippe Collomb a déterminé les besoins alimentaires en 2050 (base 1 en 2000) : l'Asie et l'Amérique du Sud devront doubler leur production et l'Afrique la quintupler !

	Afrique	Asie	Europe	Amérique latine	Amérique du Nord	Océanie
Croissance de la population	3,14	1,69	0,91	1,80	1,31	1,61
Composition de la population	1,07	1,02	0,98	1,03	0,99	1,00
Modification Régime alim.	1,64	1,38	1,00	1,07	1,00	1,00
Effet d'ensemble	5,14	2,34	0,91	1,92	1,31	1,61

Tableau 2[1]. *Facteur de multiplication des besoins alimentaires par rapport à la situation actuelle (chaque chiffre de ce tableau représente le rapport entre la valeur du paramètre considéré pour 2050 et sa valeur en 2000).*

1. Philippe Collomb, *Une voie étroite pour la sécurité alimentaire d'ici à 2050*, Economica, 1999.

Pour augmenter la production, il faut accroître soit les surfaces cultivées, soit le nombre des récoltes par an, soit les rendements. L'accroissement des surfaces est limité car la partie la plus utile de la planète est déjà utilisée, et défricher dans les proportions qui seraient nécessaires aboutirait vite à détruire l'essentiel de la forêt tropicale. Il faut pourtant la conserver pour éviter la dégradation des capacités productives des écosystèmes terrestres et sauver la biodiversité. Par ailleurs, on ne peut pas attendre de la double culture annuelle beaucoup de résultats ; elle ne peut se développer que dans les régions tropicales où l'on dispose de beaucoup d'eau, et l'expansion de l'irrigation ne va pas de soi ; elle exige de construire beaucoup de barrages, ce qui est controversé pour des raisons tant écologiques que sociales et financières et de toute façon reste très limité. C'est donc vers un accroissement important des rendements qu'il faut obligatoirement aller. Or les techniques de la révolution verte qui avaient créé un mouvement de confiance sur les capacités des sociétés à augmenter rapidement, massivement et sans difficulté les rendements montrent leurs limites en termes économiques et environnementaux.

Dès lors, on s'inquiète sur la réalisation d'un scénario satisfaisant pour l'alimentation de la population mondiale[1] en 2050. Même si l'Amérique du Sud possède un fort potentiel à produire des excédents, l'ensemble des ressources paraît insuffisant avec les techniques actuellement utilisées. Il faudrait, de plus, que la spécialisation internationale des différents espaces productifs se réalisât d'une manière assez harmonieuse pour que les pays éventuellement très importateurs d'alimentation puissent aussi exporter des biens sur le marché international.

Comment donc retrouver les succès de la révolution verte en termes d'accroissement de la production, mais d'une manière acceptable par l'environnement, viable économiquement et fondée sur plus d'équité sociale ? Cet objectif a été qualifié de « révolution doublement verte », en référence tant à la nécessité d'une conti-

1. Michel Griffon, *Nourrir la planète*, Odile Jacob, 2006.

nuité de l'effort productif de la révolution verte, qu'à la vertu d'une inspiration respectueuse de la nature, radicalement nouvelle, nourrissant la technologie à promouvoir, en même temps qu'à son orientation « tournée vers les pauvres ». Ses axes consisteraient d'une part, à limiter le plus possible le forçage chimique des écosystèmes productifs tout en intensifiant l'usage des fonctionnalités naturelles de ces écosystèmes et, d'autre part, ouvrir des droits d'accès à l'espace, aux ressources et aux services sociaux pour les producteurs pauvres. L'introduction de ce concept encore fumeux montre le discrédit qui peu à peu s'installe envers la révolution verte, mais son réalisme est sujet à caution. Il s'apparente à un rêve.

Puisque le recours à la chimie, base de la révolution verte, paraît devoir atteindre ses limites dans un futur non éloigné, un changement de paradigme risque de devenir nécessaire : les experts imaginent aujourd'hui de s'adresser à la biologie pour augmenter les rendements à l'intérieur des contraintes tant spatiales que sociales qu'il faudra bien respecter. Les OGM sont inévitables, mais nul ne sait s'ils résoudront le problème sans en créer d'autres.

Depuis que les lignes précédentes ont été écrites (en 2006, et je n'y change rien !), les risques de pénurie alimentaire ont fait leur apparition dans les médias et les discours des dirigeants de la planète – et aussi dans la réalité. Selon la FAO, 36 pays, dont 21 en Afrique, auront eu besoin d'une aide alimentaire dès 2008.

Des émeutes de la faim se sont produites en mars-avril 2008, surtout en Afrique et à Haïti. Leur cause ne réside pas dans le volume de la production mais dans les prix : celui du blé a doublé entre mars 2007 et mars 2008, celui du riz a triplé depuis 2006, le maïs a suivi en doublant sur deux ans. L'indice FAO des prix alimentaires a connu sa plus forte hausse depuis 1978.

La tendance est-elle structurelle, c'est-à-dire marque-t-elle les premiers pas dans l'évolution vers une production mondiale insuffisante que nous avons prévue ci-dessus pour le milieu du siècle ? Même si elle présente des aspects conjoncturels puisqu'elle est amplifiée par des épiphénomènes comme l'augmentation des surfaces consacrées aux agrocarburants, les conflits armés africains, les sécheresses ou inondations qui ont frappé l'Australie et l'Ukraine, l'augmentation de 150 % du prix des transports lié au cours du pétrole, ou l'attrait nouveau exercé par les matières premières sur les spéculateurs fuyant les placements financiers et immobiliers devenus incertains, il n'est certes pas exclu d'y voir principalement l'impact de la croissance de la consommation dans les pays émergents ; et cet effet-là n'est pas prêt de disparaître, bien au contraire.

Examinons le cas du riz : l'augmentation des prix de 2008 n'a pas été due au marché mondial qui ne compte que pour 10 % dans son commerce : les importations fournissent en Asie 4 % de la consommation et en Afrique 16 % ; la seule région d'Afrique qui dépend des importations est le nord (50 %). Les facteurs d'augmentation des prix sont multiples : politique locale de bas prix à l'achat au producteur, faibles gains en productivité, besoins en eau non satisfaits, absence de terres arables aggravée par l'urbanisation et la salinisation, enfin et c'est celui sur lequel nous insisterons, le coût de l'engrais azoté.

De 1900 à 2000, la production agricole mondiale a été multipliée par 6, ce qui a permis à la population de passer de 1,7 à 6,7 milliards de têtes. Tout cela repose sur l'azote, c'est-à-dire sur les engrais azotés fabriqués grâce au gaz naturel. Sans les engrais, 30 à 40 % de la population mondiale n'existeraient pas. La demande globale d'engrais a augmenté de 31 % entre 1996 et 2008 et de 56 % dans les pays en développement, d'après l'International Fertilizer Industry Association. Le prix a été multiplié par trois en de nombreux endroits et la pénurie s'est installée : la population croît, la classe moyenne réclame plus de nourriture et surtout de viande. Par exemple, au Vietnam dans les vingt dernières années, les rendements par hectare ont été doublés pour le riz et triplés pour le grain, ce qui permet de fabriquer beaucoup plus de viande : avec un taux de croissance du PIB de 5 à 8 % par an, des centaines de millions de gens en Asie gagnent assez pour exiger une meilleure diète. La production d'engrais n'a pas suivi la demande et les prix se sont envolés avec ceux du pétrole. Le paysan pauvre ne peut plus se payer l'engrais qui fait pour lui la différence entre la vie et la mort :

au Kenya, au Mali, en Éthiopie, au Laos, le prix de l'engrais a fait baisser la plantation de riz de 30 % entre 2007 et 2008.

Nous constatons donc, en analysant le problème de la production de riz, la synergie d'un certain nombre de tendances particulières dont la résultante sera que les prix ne retourneront pas à leur niveau précédent. D'après le secrétaire général de l'ONU, Ban Ki-moon : « Il est certain que nous sommes passés d'une ère d'abondance à une ère de pénurie » (déclaration du 2 mai 2008). Car de plus en plus de gens veulent manger et de plus en plus veulent bien manger.

Un des facteurs les plus inquiétants est que le marché agricole mondial ne traite que 20 % de la production totale. Il est donc soumis aux aléas et à la spéculation, et connaît ainsi hausses et baisses amples et brutales, au grand dam des producteurs.

Si vous dépendez du marché mondial, vous pouvez craindre l'avenir. Ainsi le Sénégal importe les deux tiers de ses principaux aliments (riz et farine) dont le prix est quasi indexé sur celui des carburants. Comme l'alimentation (voyez les engrais azotés), les transports, l'éclairage, la cuisine, tous les aspects de la vie quotidienne subissent la spirale haussière du pétrole. Le pays, soi-disant émergent (4,8 % de croissance en 2007), a vu une marche de la faim organisée à Dakar le 30 mars 2008.

L'EAU

La ressource en eau renouvelable de la planète provient des précipitations annuelles sur les continents, estimées à 113 000 km^3/an. 72 000 s'évaporent, laissant 41 000 km^3 pour remplir les aquifères ou couler aux océans. Environ 14 000 sont disponibles avec la capacité actuelle de récupération à partir des précipitations. Elles sont importantes dans les zones tempérées (jusqu'à 700 à 1 000 mm/an) et tropicales (2 300 mm/an) avec un minimum quasi nul dans la ceinture des déserts chauds (Australie, Sahara, Arabie, Asie centrale).

En 2000, il faut 8 250 km^3 d'eau par an pour abreuver 6 milliards d'hommes dont :

– 5 000 de pluie tombant sur $1{,}34 \times 10^9$ hectares (agriculture pluviale),

– et 3 250 d'eau provenant des rivières et des nappes pour arroser $0{,}266 \times 10^9$ hectares (agriculture irriguée).

En 2050, il faudra 10 000 km^3 d'eau, peut-être 12 000 si la consommation de viande augmente, et nous y ajouterons 4 000 km^3 dévolus à la résorption des carences actuelles pour atteindre 16 000 km^3/an. Donc, globalement, les hommes ne devraient pas manquer d'eau dans le futur proche, à condition que soit augmenté le pourcentage disponible des rivières et des aquifères, ce qui est envisageable et envisagé.

En contradiction totale avec cette considération optimiste, il faut comprendre que les conséquences de l'expansion démographique ne portent pas sur la quantité d'eau consommée, mais sur sa disponibilité dans les pays dont la population croît.

En associant à chaque zone climatique le pourcentage de la population mondiale qui y vit, l'écoulement total et le ruissellement direct dans les rivières, on constate que la répartition de la population ne coïncide pas avec l'accès à la ressource en eau. Aujourd'hui, un nombre de personnes sans précédent, c'est-à-dire 1,1 milliard, n'a pas accès à un point d'eau potable, 2,6 milliards ne disposent pas d'assainissement, 3 milliards n'ont pas de robinet chez eux. Aux régions déficitaires en eau pour des raisons physiques (prélèvements supérieurs à 75 % des ressources), s'ajoutent celles qui le sont pour des raisons économiques par manque de moyens pour exploiter la ressource. Si les 3 milliards d'hommes à naître d'ici 2050 s'entassent, comme nous le pensons, dans des zones déficitaires, on peut craindre qu'à ce moment la moitié de l'humanité ne se trouve en situation de pénurie, où sont déjà 26 pays.

Dans le monde, les deux tiers de l'eau utilisée sont consacrés à l'agriculture. Trois céréales, le blé, le maïs et le riz, chacune à raison de 700 millions de tonnes par an, fournissent 60 % de la nourriture mondiale. Puisque la demande annuelle de nourriture croît de 2 %, les besoins en eau de l'agriculture auront environ doublé en 2050. La première chose à faire[1] est de bien utiliser l'eau, c'est-à-dire d'éviter les pertes ou de choisir des cultures plus productives à quantité d'eau égale. Le mieux à espérer d'ici 2050 ne dépasse pas des économies d'eau de l'ordre de 20 %, notoirement insuffisantes par rapport aux besoins. On pourrait penser d'abord que la solution est d'accroître les surfaces d'agriculture irriguée, qui produisent par hectare, en général, plus que celles en agriculture pluviale. Au rythme actuel d'augmentation de 1,34 million d'hectares par an de ces surfaces irriguées, les 264 millions d'hectares d'aujourd'hui passeraient très modestement à 331 millions d'hectares irrigués en 2050 : il faudrait donc décupler le rythme actuel d'aménagement pour répondre aux besoins croissants, ce qui est peu envisageable. En effet, au prix actuel des céréales, la rentabilité des investissements n'est pas assurée et les financeurs institutionnels se détournent de ces grands aménagements de retenues d'eau et de périmètres irrigués, dont certains ont des conséquences environnementales désastreuses et une efficacité douteuse. La solution vers laquelle on se dirige est une très forte augmentation de l'agriculture pluviale, occupant actuellement 1,34 milliard d'hectares, qui devrait croître d'ici 2050 de 1 milliard d'hectares. De telles surfaces cultivables en agriculture pluviale semblent disponibles, mais pas partout : l'Asie et le Moyen-Orient/Afrique du Nord sont très proches des limites d'utilisation de leurs sols alors que ces deux zones sont en très forte expansion démographique. En revanche, l'Afrique subsaharienne, également en très forte expansion démographique, possède les sols nécessaires pour produire la nourriture dont elle a besoin. L'Amérique latine puis les pays de l'OCDE et la Russie auraient les moyens de produire la nourriture nécessaire au monde. Selon ce scénario, on se dirigerait vers un vaste effort de défrichement des zones actuellement non cultivées mais cultivables, aujourd'hui occupées par la végétation naturelle (forêt, steppe, pampa...). Cette évolution s'accompagnera nécessairement

1. Ghislain de Marsily, *Problèmes de l'eau, adéquation besoins-ressources au XXIe siècle*, rapport à l'Académie des sciences, 30 janvier 2007.

de fortes atteintes aux écosystèmes naturels et d'une réduction massive de la biodiversité. Forêts et savanes perdent déjà, surtout au Brésil, 15 millions d'hectares chaque année. Dans le même temps, 12 à 16 millions d'hectares de terres arables disparaissent par suite de l'urbanisation, de l'érosion et de la salinisation.

	Monde	Asie	Amérique latine	Proche-Orient Afrique Nord	Afrique subsaharienne	Pays de l'OCDE	Russie
Surface cultivée en 2000 (a)	1 600	439	203	86	228	387	265
Surface cultivable (b)	4 400	586	1 066	99	1 031	874	497
a/b	39 %	75 %	19 %	87 %	22 %	44 %	53 %

Tableau 3. *Superficies cultivées et cultivables dans le monde, en millions d'hectares (selon M. Griffon, 2006).*

De nombreux pays d'Asie, du Proche-Orient et d'Afrique seront incapables d'assurer leur suffisance alimentaire, et d'autres (Amérique du Sud) devront les suppléer pour produire la nourriture nécessaire qu'il faudra transporter à longue distance. Conclusion qui rejoint celle à laquelle des considérations de surfaces cultivées nous avaient déjà conduits.

Les autres solutions évoquées sont l'augmentation des rendements agricoles par fertilisation accrue et meilleure utilisation de l'eau, mais cette option ne semble pas suffisante. L'amélioration génétique des plantes pour les faire produire plus en consommant moins d'eau est apparemment un faux espoir car il est établi que si une plante consomme moins d'eau, elle produit moins de matière sèche : l'ouverture des stomates règle non seulement la transpiration mais aussi l'entrée de CO_2 et la photosynthèse ; réduire l'une réduit aussi l'autre. Le défrichement, plus ou moins étendu, semble donc inéluctable si l'explosion démographique se poursuit.

L'homme peut aussi vouloir mobiliser les abondantes réserves du globe en eau douce au lieu de se contenter des apports annuels par la pluie.

Milieux	Volume (km^3)
Neige et glace sur les pôles et les montagnes	30 millions
Eaux souterraines à moins de 500 mètres de profondeur	4 millions
Eaux souterraines à plus de 500 mètres de profondeur	4 millions
Eaux de tous les lacs d'eau douce	100 000
Eaux présentes dans les sols	70 000
Eaux présentes à tout instant dans l'atmosphère	13 000
Eaux présentes à tout instant dans toutes les rivières	1 000

Tableau 4. *Volume estimé des réserves d'eau douce sur terre.*

Mises à part les glaces, difficiles à exploiter et qui sont d'ailleurs actuellement consommées dans les zones où elles fondent du fait du réchauffement climatique (par exemple, les glaciers tropicaux andins en voie de disparition), c'est dans les nappes souterraines que se situent les principales réserves d'eau douce de la planète. Certains pays ont déjà commencé à les prélever. C'est le cas, par exemple, de l'Inde qui, puisant dans ses nappes phréatiques superficielles, est en passe de consommer tous les stocks régulateurs d'eau souterraine d'ici dix à vingt ans[1]. Ce pays ne pourra plus ensuite qu'utiliser les flux annuels d'eau souterraine qui se seront infiltrés pendant la saison humide précédente, très variables d'une année sur l'autre. Les aquifères situés sous les plaines de la Chine du Nord seront épuisés dans trente ans. La surexploitation, c'est-à-dire l'excès de la consommation sur la recharge, est la règle dans la

1. Rapport de l'OECD, *Using Space Assets for Water Resources Management* , février 2007.

plupart des pays du Proche-Orient, en Turquie, en Mauritanie. Au Mexique, 25 % des nappes sont surexploitées. En Inde et au Pakistan, 60 % de la population dépendent des eaux souterraines, 25 % en Chine, 15 % en Iran, 5 % au Mexique. Les pays sahariens (Algérie, Libye, Tunisie) exploitent, quant à eux, de très grands aquifères dont les ressources pourraient durer des siècles au rythme actuel des prélèvements. Mais ces eaux sont chères (coût de pompage…) et ce type de grands aquifères fossiles est très rare sur Terre.

Les réserves en eau salée sont estimées à 1,32 milliard de km^3. Pour les utiliser, il faut les dessaler. Le coût de cette opération est un peu inférieur à 1 euro par m^3 mais dépend du prix de l'énergie :

– 0,6 dollar si le pétrole coûte 30 dollars le baril,

– 0,8 dollar pour le pétrole à 60 dollars le baril (ce qui est acceptable pour l'eau potable mais 50 fois trop cher pour l'agriculture).

Si cette option est envisageable pour l'eau domestique, elle est, à de rares exceptions près, irréaliste pour l'eau destinée à l'agriculture : à titre d'exemple, pour produire par dessalement l'eau nécessaire à la satisfaction des besoins en nourriture des 3 milliards d'êtres humains supplémentaires à venir sur Terre d'ici 2050, estimée à 4 000 km^3/an, il faudrait dépenser par an en énergie l'équivalent de trois fois la quantité d'hydrocarbures actuellement utilisés sur terre à raison de 2,5 kWh/m^3, c'est-à-dire 2 250 milliards dollars par an, 7 % du PNB mondial, 21 % du PNB des États-Unis sans oublier des impacts sur l'environnement.

Les 263 bassins internationaux sont traversés par les frontières politiques de deux pays ou plus, couvrent 45,3 % de la surface terrestre de la planète, abritent environ 40 % de la population mondiale et représentent 60 % de l'écoulement des cours d'eau dans le monde. Les territoires de 145 nations se trouvent sur des bassins internationaux et 33 pays sont presque entièrement inclus dans ces bassins. On imagine les problèmes posés par des bassins comme celui du Danube (partagé par 17 pays) ou du Nil (partagé par 10 pays). Ce grand nombre de cours d'eau partagés, en combinaison avec une pénurie d'eau grandissante pour de nombreuses populations, a conduit plusieurs politiciens, ainsi que la presse, à annoncer des « guerres de l'eau » imminentes.

Dans le passé, les querelles liées à l'eau ont pu être résolues même entre ennemis et même lorsque des conflits éclataient à propos d'autres sujets. Certains des adversaires les plus acharnés ont négocié des accords sur l'eau ou sont sur le point de le faire et les institutions qu'ils ont créées s'avèrent être solides, même lorsque leurs relations se détériorent.

Le Comité du Mékong, par exemple, agence intergouvernementale établie en 1957 par les gouvernements du Cambodge, du Laos, de la Thaïlande et du Vietnam, a continué d'échanger des données et des informations sur le développement des ressources en eau tout au long de la guerre du Vietnam. Israël et la Jordanie ont tenu des pourparlers secrets sur la gestion des eaux du Jourdain après l'échec des négociations Johnston de 1953-1955, et ce, en dépit de la guerre entre les deux nations qui a duré de la création d'Israël en 1948 jusqu'au traité de 1994. La commission du fleuve Indus a survécu à deux guerres majeures entre l'Inde et le Pakistan.

Sans relations ou institutions consacrées à la résolution des conflits, des actions unilatérales peuvent augmenter les tensions et l'instabilité régionale et il faudra alors des années ou des décennies pour résoudre le problème : le traité de l'Indus a demandé dix ans de négociations, celui du Gange trente, et celui du Jourdain quarante. Pendant ce long processus, la qualité et la quantité de l'eau se dégradent jusqu'à nuire à la santé des populations qui en dépendent ou à affecter les écosystèmes. Le problème s'aggrave à mesure que les disputes s'intensifient. Les écosystèmes du bas Nil, du bas Jourdain et les affluents de la mer d'Aral, par exemple, ont été en fait partiellement détruits par les effets de la lenteur à répondre aux dégradations causées par l'homme.

Il n'y a aucune garantie pour que le futur ressemble au passé. Aujourd'hui les conflits prennent une tournure moins traditionnelle, alimentés de plus en plus par des pressions internes ou locales, par la pauvreté et l'instabilité. Ces changements laissent entendre que les disputes liées à l'eau pourraient être demain très différentes de celles d'aujourd'hui.

Deux facteurs augmenteront les tensions, la multiplication de la population et les changements climatiques annoncés. Avec le rythme d'urbanisation de l'Inde et de la Chine, leurs besoins en eau pour le secteur domestique doubleront d'ici 2030, avec une augmentation identique pour l'industrie, ce qui exigera des transferts de la consommation à partir de l'agriculture dans des régions déjà en déficit.

La machine hydrique va s'accélérer localement et globalement (plus d'évaporation par les océans), les précipitations vont diminuer dans certaines zones et augmenter dans d'autres : il pleuvra plus dans l'Europe du Nord, moins dans l'Europe du Sud et l'Afrique du Nord, et plus au sud du Sahara et dans les tropiques. La succession des zones climatiques se déplacera vers les pôles. Enfin, il est vraisemblable que la fréquence des événements extrêmes tels que crues ou sécheresses augmentera.

Ces deux facteurs entraîneront des famines dans un avenir plus ou moins proche mais imprévisible. La cause la plus fréquente des pertes en vie humaine en cas de réduction des récoltes est la perte instantanée du pouvoir d'achat des paysans les plus pauvres, dont les récoltes ont disparu, et d'autres catégories sociales défavorisées qui n'ont plus les moyens d'acheter la nourriture quand bien même elle serait disponible. Avec la mondialisation des échanges de nourriture et la part croissante de l'eau virtuelle (c'est-à-dire le transport de l'eau sous forme de céréales : l'eau consacrée à l'agriculture l'a été dans des zones où elle est abondante), il est probable que les lois du marché vont entraîner, en cas de pénurie, une augmentation massive des prix mondiaux agricoles et que la famine touchera alors les plus pauvres même si des stocks existent encore et que les moyens de transport sont disponibles, comme ce fut le cas en Éthiopie dans les années 1970.

L'ÉPUISEMENT DES RESSOURCES

Hier, marchant dans le pré, je me livrai au plaisir simple de cueillir un bouquet de renoncules et de trèfle. Toi, citoyen du XXIe siècle, tu obtiens tes fleurs grâce au pétrole. Depuis peu, la

Hollande, qui domine ce commerce, la Colombie, le Kenya et Israël, par ordre d'importance décroissante, exportent par avion des fleurs coupées en grande quantité. Prenons le Kenya, qui n'est pas le premier de la liste : il en a exporté 61 000 tonnes en 2005 après une progression de 83 % en quatre ans. Le plus gros importateur du Royaume-Uni, World Flowers, fait voler 600 tonnes par semaine dont 250 en provenance de Nairobi, à raison de deux vols par jour portant chacun 18 tonnes de fleurs refroidies à 2-3 °C d'où les supermarchés détaillants servis par camion extrairont 40 000 bouquets de chacun 12 roses rouges. Cinq cents horticulteurs colombiens alimentent l'aéroport fret de Bogota, utilisé à 80 % de sa capacité pour les roses à destination de Miami qui leur sert de *hub* vers l'Amérique du Nord, l'Europe et l'Asie ; il est même saturé au moment de la Saint-Valentin et de la Fête des mères. Le client est considéré comme satisfait si la fleur survit chez lui une semaine. L'énergie nécessaire à la construction d'une des pyramides d'Égypte correspond à deux vols transatlantiques.

Les combustibles fossiles

La *demande* mondiale en énergie augmente de 2 % par an. Cette tendance lourde est soutenue par l'expansion des grands pays émergents comme la Chine et l'Inde : les pays développés contribuent à la croissance au niveau de 1,5 % et les pays émergents à 5 %. La consommation augmentera de 9 Gtep, valeur d'aujourd'hui, à 18 (15 à 20 selon les estimations) en 2050, c'est-à-dire qu'elle doublera.

Le citoyen de l'Union européenne dispose de 4 tep/habitant/an à comparer à 8 pour les États-Unis et 0,6 pour l'Inde. Un consensus s'est établi pour estimer que l'équité et l'éthique devraient conduire à assurer à tous les hommes :

– un niveau d'énergie de 0,5 à 1 tep/habitant/an pour des exigences de santé publique,

– un niveau de 2 tep pour entrer dans le développement.

Supposant 2 tep pour les 8 milliards d'habitants des pays pauvres et 3 à 4 (c'est-à-dire une réduction forte par rapport à aujourd'hui) pour 1,25 milliard dans les pays industrialisés, on trouve le chiffre optimiste de 18 Gtep mentionné ci-dessus.

La *production* est assurée aujourd'hui à 90 % par les combustibles fossiles : pétrole (40 % des fossiles), gaz (20 %), charbon (25 %). Donc, leur consommation augmentera elle aussi de 2 % par an. Ils ne sont pas inépuisables. Depuis 1980, la consommation est supérieure aux découvertes. Aujourd'hui, le monde consomme 4 barils de pétrole quand il en découvre 1. Dans le dernier siècle, nous avons brûlé 1 trillion de barils. D'après la société BP, les réserves s'élèvent à 1,2 trillion et seront consommées dans les trente prochaines années. Certains spécialistes estiment à un autre trillion les réserves à découvrir, par exemple dans l'Arctique, ou à exploiter difficilement comme les sables bitumineux. Le coût des projets d'exploration a été multiplié par deux depuis 2005 : c'est un facteur sérieux du ralentissement des découvertes. L'Agence internationale de l'énergie (AIE) prévoit que la production quotidienne aujourd'hui de 87 millions de barils ne dépassera pas 100 en 2030 (alors que la consommation augmente, répétons-le, de 2 % par an). Elle sera donc insuffisante. Or le pétrole fournit un tiers de l'énergie consommée et restera à ce niveau pendant les trente prochaines années.

Le rapport des réserves prouvées à la consommation annuelle, c'est-à-dire le nombre d'années qui nous restent si nous continuons à notre rythme de consommation, est 42 ans pour le pétrole, 67 pour le gaz et 300 pour le charbon. Mais si nous tenons compte de l'augmentation annuelle de 2 %, il nous reste 34 ans de pétrole, 37 de gaz et 93 de charbon.

L'an 2050 est assez proche pour que l'on puisse calculer sans trop risquer de se tromper que les combustibles fossiles ne pourront alors fournir plus de 12 Gtep. Donc, un premier problème apparaît, celui de la pénurie d'énergie puisque le nucléaire, les énergies renouvelables et les économies, dites négawatt, ne permettent pas de monter de 1 Gtep aujourd'hui à 6 en 2050. Supposons qu'elles parviennent à produire 2 Gtep : pour produire les 4 Gtep manquants, il faudrait 2 500 centrales nucléaires alors qu'il en existe aujourd'hui 450, c'est-à-dire en ouvrir une tous les huit

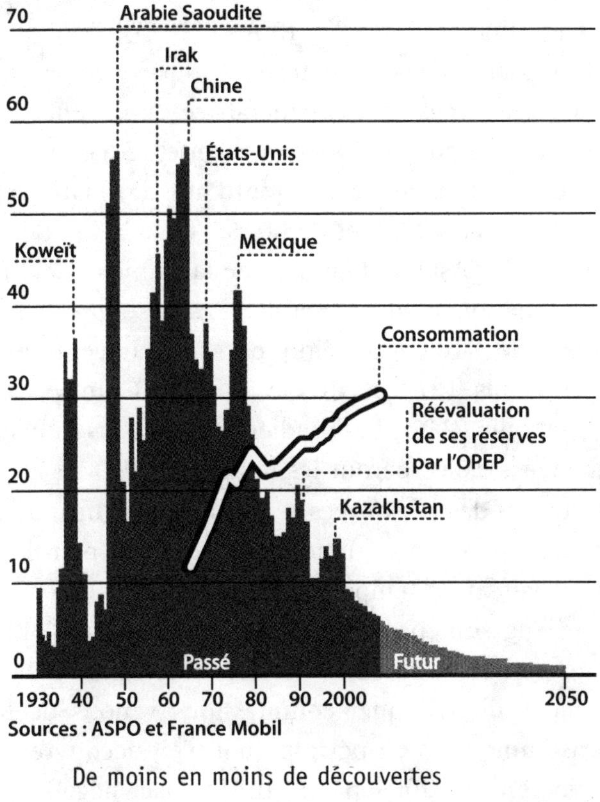

Figure 3. *Découvertes de pétrole en milliards de barils par an.*

jours ! Et au taux actuel de consommation, nous n'avons sur Terre de l'U_{235} que pour cent ans.

Les réserves prouvées de pétrole, estimées à 160 Gtep, sont inégalement réparties : les pays de l'OCDE, principaux consommateurs (61,2 %) ne possèdent que 7,5 % des réserves et l'OPEP qui regroupe les principaux fournisseurs possède 77 % des réserves. La dépendance du monde industrialisé vis-à-vis de l'OPEP va rapidement augmenter. Mêmes inégalités pour la consommation : les États-Unis importent plus d'un dixième de la production mondiale. Sur 9 barils produits, 1 va dans les réservoirs des automobiles américaines. De 1980 à 2007, la consommation des États-Unis a augmenté de 21 % ; celle des pays européens a baissé, sauf celle du Royaume-Uni (France : – 14 % ; RFA : – 20 %). Pour le gaz, dont les réserves égalent celles du pétrole, la répartition est moins inégale mais n'en sera pas moins génératrice de dépendances : 40 % en ex-URSS et 34 % pour le Proche-Orient et l'Algérie. La demande mondiale de charbon, qui est aujourd'hui de 3 Gtep par an, va croître de 32 % d'ici à 2015 et de 60 % d'ici à 2030 ; 86 % de cette hausse viendra de l'Asie, notamment de la Chine et de l'Inde, selon l'Agence internationale de l'énergie. Les réserves mondiales de charbon sont de 910 Gtep. Cinq pays en concentrent les trois quarts : États-Unis (27 %), Russie (17 %), Chine (13 %), Inde (10 %) et Australie (9 %). Les gradients entre pays industrialisés et pays producteurs exacerberont les tensions.

La diminution des ressources se traduira par une augmentation irréversible des prix, en particulier de celui du pétrole, même si celui-ci peut baisser de temps en temps. Les envolées cycliques du prix du baril ne sont pas dues à une pénurie car l'offre s'ajuste encore aujourd'hui aisément à la demande, mais à l'inquiétude spéculative née du fait que, comme nous venons de le voir, le monde consomme plus de pétrole qu'il n'en découvre. Selon une étude publiée en mai 2004 par l'AIE, l'impact négatif du renchérissement sera plus prononcé sur les pays en voie de développement que sur les pays industrialisés. Ces derniers peuvent résister au choc, car en fait le prix de l'énergie est beaucoup trop bas, mais les autres souffriront. Ainsi, dès la première moitié du XXIe siècle, la crise des combustibles élargira le fossé entre pays riches et pays pauvres.

D'ici à un moment situé entre 2050 et 2150, il n'y aura plus de combustibles fossiles alors que notre mode de vie repose sur leur abondance. Le pétrole, dont la production devrait montrer un maximum dans une trentaine ou une quarantaine d'années au plus tard, devrait quasi disparaître avant 2075 comme le montre le diagramme ci-dessous, établi par l'US Geological Survey, une agence scientifique peu portée sur les exagérations. Il sera suivi par le gaz bien avant 2150, et le charbon bien avant 2200. Ces

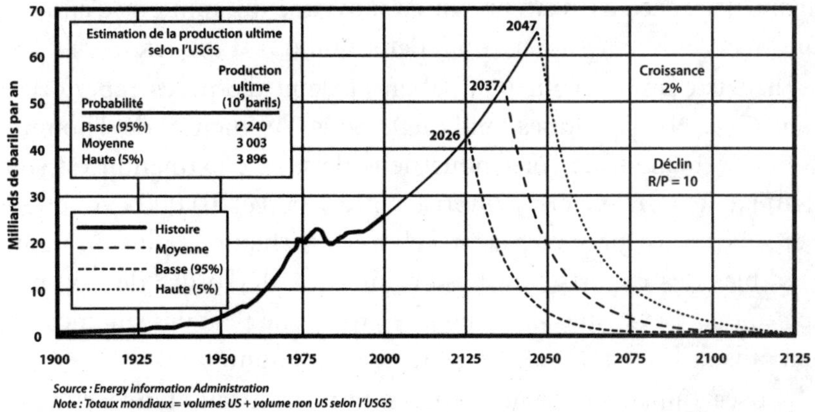

Figure 4. *Scénarios de production annuelle pour un taux de croissance de 2 % et différents niveaux de ressources (déclin R/P = 10).*

dates pourraient s'avérer tardives par rapport aux événements réels.

La cherté tendra à ralentir la consommation, et donc l'inaccessibilité au produit par raison économique commencera plus tôt que les dates indiquées avec ses effets politiques et sociaux alors que l'inaccessibilité physique s'étalera un peu dans le temps.

Biodiversité

Depuis que l'apparition de l'oxygène dans l'atmosphère, il y a six cents millions d'années, a déclenché la naissance et le développement des formes macroscopiques qui constituent les règnes animal et végétal, cinq crises majeures, dites extinction en masse, ont marqué l'évolution. À chacune de ces crises disparaît un pourcentage élevé d'espèces (95 % des espèces marines à la fin du Permien il y a deux cent quarante-cinq millions d'années, 75 % des espèces animales à la fin du Crétacé). Si une extinction majeure se déroule sur un million d'années, il en faut une quinzaine de millions pour que la diversité se rétablisse. En dehors des crises, les espèces apparaissent et disparaissent continuellement. On parle alors d'extinction de fond. Elle correspond au niveau d'une espèce tous les quatre ans. Une espèce d'invertébré vit en moyenne dix millions d'années ; une espèce de mammifère un à deux millions d'années.

Il existe aujourd'hui un million et demi d'espèces répertoriées (sur peut-être quelques millions). Sous l'influence de l'homme, avec l'avènement de l'ère industrielle, le taux d'extinction est soudain passé à une valeur comprise entre 1 000 et 10 000 extinctions par million d'espèce et par an, selon les évaluations plus ou moins crédibles des experts[1], c'est-à-dire un taux de l'ordre de dix mille fois plus élevé que la tendance naturelle ; nous sommes les témoins et les acteurs d'une sixième extinction.

En ce qui concerne les espèces terrestres, leur taux actuel de disparition est gouverné par la décroissance de la forêt tropicale où le plus grand nombre vit sans que nous les connaissions. Or cette forêt perd 1 % de sa surface par an, par suite de l'action de l'homme. Lorsqu'elle ne couvrira plus que 10 % de son étendue originelle, vers 2050, 50 % des espèces qu'elle abrite auront disparu. Le Programme des Nations unies pour l'environnement (PNUE) a signalé en 2001 que 25 % des espèces de mammifères (1 130 espèces sur un peu plus de 4 000) et 12 % des espèces d'oiseaux sont menacées.

Prenons maintenant l'exemple des populations marines. En mai 2002, le commissaire européen à l'agriculture et à la pêche constate que le nombre des bateaux de pêche affrétés par l'Union est supérieur de 40 % à une valeur compatible avec la gestion durable des stocks de poissons. Il estime impératif de réduire dès maintenant la flotte par un pourcentage similaire afin de freiner le dépeuplement. La surpêche par les chalutiers-usines, le braconnage, bref l'appât du profit immédiat a porté, ici ou là, un coup quasi fatal à des réserves naturelles d'animaux considérées longtemps comme inépuisables. Les ministres européens unis contre-attaquent et mènent depuis un combat permanent contre les quotas. En effet, l'humanité gère les pêcheurs et non la ressource qu'ils font disparaître.

---

1. Edward O. Wilson, *The Future of Life*, Knopf, 2002, p. 100.

L'origine de l'évolution actuelle remonte à la signature en 1982 de la Convention sur le droit de la mer sous les auspices de l'ONU, qui confiait aux pays côtiers la responsabilité de gérer la pêche marine. Les gouvernements américain, canadien et européens ont alors subventionné l'expansion de leur flotte nationale pour remplacer les étrangers exclus. Des bateaux plus grands et plus modernes ont permis une forte augmentation des captures jusqu'à un maximum en 1990. Les prises mondiales ont ensuite commencé à baisser. Un exemple devrait faire réfléchir : la surexploitation des bancs de morues au large des côtes canadiennes y a éliminé radicalement cette espèce, absente encore aujourd'hui après quinze ans d'interdiction de pêche, plus rare qu'elle ne l'était lorsque le moratoire entra en vigueur.

La disparition des poissons dans les atterrages européens a conduit, à partir des années 1990, les pêcheurs industriels venus d'Europe, de Chine, de Russie et d'ailleurs sur les côtes de l'Afrique occidentale, qui à leur tour ont été dépeuplées. Deux cent mille personnes au Sénégal, en Mauritanie, en Guinée, en Sierra Leone y vivaient des ressources maritimes aujourd'hui en voie d'extinction : la biomasse a décliné des trois quarts entre 1988 et 2002. La population des poissons nichant au fond est 25 % de ce qu'elle était il y a vingt-cinq ans. La paupérisation entraîne l'émigration de la population vers l'Europe : en 2007, 900 pirogues ont tenté d'amener aux Canaries 31 000 malheureux dont 6 000 ont disparu dans les flots. À qui la faute ? À toi lecteur qui te délectes de sardines tout en subventionnant tes marins-pêcheurs qui vident la mer.

Au large de la Namibie, les anchois et sardines, encore si abondants récemment qu'on en prenait 1,5 million de tonnes par an dans ses atterrages, mais aujourd'hui disparus, ont été remplacés par 20 millions de tonnes de méduses urticantes. Le même phénomène se produit au Japon, en Californie et dans la Méditerranée où l'élimination de leurs prédateurs, les thons surpêchés et les tortues de mer qui ne trouvent plus d'endroits pour pondre à cause de la pollution ambiante, permet la prolifération de ces animaux qui ont l'audace de chasser les baigneurs de leur plage sur la Riviera. Mer Noire, mer Rouge, Baltique deviennent des soupes à méduses.

Quant à l'aquaculture qui se développe rapidement et qui fournit déjà un tiers des ressources, il serait illusoire de croire qu'elle puisse un jour prochain empêcher la baisse des populations de poissons sauvages : pour obtenir 1 kilo de poissons d'élevage, il faut 4 kilos d'aliments composés en général à partir de farine de poisson ; 1 kilo de crevettes en exige 5.

Passons aux eaux continentales[1]. Globalement, au moins sept espèces de poissons ont disparu depuis 1970, et ce nombre doit être probablement multiplié par dix pour tenir compte des espèces disparues depuis le début du XIXe siècle. Au niveau régional, de grandes extinctions ont frappé les eaux continentales, plus que d'autres milieux, au cours du XXe siècle. On estime ainsi à plus de 60 % le taux de disparition des cichlidés endémiques dans le lac Victoria, suite à l'introduction de la perche du Nil. Aux États-Unis, l'Alabama a vu disparaître 34 de ses 120 espèces de poissons par suite de la multiplication des barrages sur les cours d'eau de son bassin-versant.

En 2000, plus de 3 500 espèces de vertébrés et d'invertébrés liés aux eaux continentales étaient classées à haut risque d'extinction, et au moins 20 % d'espèces de poissons d'eau douce menacées de disparition. Cette érosion de la biodiversité se développe sous l'influence des modes d'utilisation des terres, des invasions biologiques et du changement climatique.

Un tiers seulement des 13 000 espèces végétales alimentaires connues sont cultivées. Et ce ne sont que quatre plantes qui assurent plus de la moitié de l'alimentation humaine : blé, maïs, riz et pommes de terre. Elles ont éliminé toutes les autres autour d'elles sur d'immenses surfaces. La monoculture est soumise au danger des maladies et des parasites qui peuvent apparaître et décimer soudain des populations génétiquement homogènes. Les 22 000 platanes de

1. Ghislain de Marsily coordinateur, *Les Eaux continentales* , Académie des sciences, rapport sur la science et la technologie, n° 25, EDP, 2006.

la ville de Marseille ne sont qu'un seul individu. Lorsqu'il mourra, ils mourront tous en même temps.

Normalement, l'état d'un écosystème fluctue autour de valeurs moyennes. Un régime de croisière s'établit qui, toutefois, peut s'interrompre soudain pour faire place à un nouveau régime, à la surprise des observateurs. De telles alternances ne sont pas rares et l'un des exemples les plus connus est celui de la crise affectant les écosystèmes coralliens. À aucun moment, la bonne connaissance de leur fonctionnement ne permettait de prévoir leur encroûtement par des algues selon la séquence suivante. L'exploitation humaine plus poussée des terres a grossi les apports de nutriments au milieu aquatique, amplifiant la croissance des algues, croissance d'abord masquée par l'action de poissons herbivores, et à la suite du déclin de ces populations intensément pêchées, par la prolifération d'une espèce d'oursin elle-même herbivore ; cette prolifération a favorisé le développement d'un agent pathogène qui a entraîné la disparition des oursins et désormais, en l'absence de tout contrôle, le développement d'algues encroûtantes. En 2004, on estimait que déjà 20 % de 527 000 km^2 de coraux mondiaux avaient disparu à la suite de diverses ingérences humaines (surpêche, remblaiements, pollution, tourisme). Une étude récente (2008) affirme que 45 % supplémentaires sont menacés à court terme.

Généralisons. De telles crises, dites bifurcations ou catastrophes, peuvent survenir à la suite d'une légère modification des conditions extérieures lorsque le dépassement d'un seuil critique provoque le passage instantané d'un état à un autre, souvent à la suite de la croissance d'un paramètre. Avant d'atteindre ce seuil, un système stable n'évolue que faiblement, rien ne laissant prévoir à l'avance une discontinuité. Lorsqu'il aura basculé, on ne ramène pas un système de son état final à son état initial par un simple retour au point de basculement, mais par un retour à un point correspondant à des valeurs du paramètre responsable de la crise, très inférieures à celle qui l'a déclenchée ; par exemple dans le cas d'un lac, le paramètre est la concentration de l'eau en phosphate, qui engendre la prolifération d'algues dont la consommation d'oxygène entraîne l'asphyxie de tout l'écosystème. Il n'y a pas de retour. La réparation est en général impossible ou du moins exige beaucoup de temps, même si l'on est parvenu à restreindre l'effet du paramètre responsable de la crise. Dans les systèmes complexes où beaucoup de facteurs interagissent, il faut s'attendre à des disparitions brutales et irréversibles.

Une gestion saine de nos rapports avec l'environnement exige l'identification des variables qui peuvent conduire au dépassement de seuils critiques.

L'identification de ces variables ne peut se concevoir sans référence à la notion d'échelle. Dans quelle mesure une modification locale d'un écosystème peut-elle influencer un niveau régional, voire continental ? Quant aux eaux courantes, des impacts locaux peuvent se répercuter à des milliers de kilomètres, en d'autres milieux. Ainsi, les barrages du Mississippi et de ses affluents, en réduisant les débits du fleuve, ont annulé sa capacité de transport de nutriments, ce qui provoque le déclin des stocks de poissons et de crustacés là-bas dans le golfe du Mexique. Les conséquences sont parfois inattendues : la décomposition de la biomasse associée aux réservoirs hydroélectriques peu profonds des climats chauds rejetterait des quantités de gaz carbonique et de méthane telles que ces réservoirs pourraient être responsables de près de 15 % des émissions de gaz à effet de serre, si les projets de construction prévus se réalisent.

Le rôle majeur joué par la biodiversité dans le maintien de l'aptitude des écosystèmes à se régénérer après une perturbation tient à l'existence de groupes fonctionnels, c'est-à-dire d'ensembles d'espèces aux fonctions écologiques similaires.

Après perturbation, un écosystème se réorganisera d'autant mieux qu'il renferme divers groupes fonctionnels et, au sein de chacun de ces groupes, diverses espèces qui, tout en accomplissant une même fonction, répondent différemment aux perturbations. La diversité représente donc une sorte d'assurance face au risque, or nous avons vu qu'elle est en danger. Ainsi l'impact des changements climatiques sur la biosphère présente-t-il une synergie avec la dégradation de la biodiversité. Rétroaction et couplage des différents paramètres caractérisent les évolutions des êtres vivants.

CHANGEMENTS DU MODE DE VIE

La vieillesse

La France s'enorgueillit de fournir à sa population une espérance de vie parmi les plus élevées dans le monde, 84 ans pour les femmes en 2003 et 78 ans pour les hommes, avec une croissance de 4 mois par an. Les anciens Grecs fixaient à 80 ans l'âge ultime que l'homme pouvait atteindre, le psaume XC à « 70, parfois 80 ». Notre vision et notre pratique reposent sur l'idée que cet âge n'est pas une frontière extrême réservée à quelques privilégiés du sort, mais peut et doit être dépassé par tous. En 1800 est mort le premier centenaire avéré. Ils étaient 100 en 1950, 6 840 en 1998. L'Insee en prévoit 150 000 en 2050.

La médecine moderne maintient en vie beaucoup de vieillards à 50 euros mais dans un état de délabrement que l'on cache en les cachant. La moitié des dépenses de santé consacrées à chacun pendant sa vie par la communauté nationale est consommée dans la dernière année de l'existence. Dès 70 ans, les gens présentent en moyenne plus de sept affections. Parmi les organes qui s'affaiblissent avec le vieillissement se trouve le cerveau.

La maladie d'Alzheimer affecte aujourd'hui 850 000 malades en France. Son incidence est estimée à 100 000 nouveaux cas chaque année. Une étude canadienne a chiffré le coût sociétal annuel par individu engendré par la maladie d'Alzheimer à 10 000 dollars, à 20 000 et à 37 000 selon l'intensité de l'affection respectivement légère, intermédiaire et avancée.

Aux États-Unis, 4 millions de patients en sont aujourd'hui atteints et ce chiffre montera jusqu'à 14 millions en 2050. Le coût annuel dépasse déjà 100 milliards de dollars.

En 2050, la France comptera 22 millions d'habitants âgés de plus de 60 ans, soit 85 % de plus qu'en 2000. Ils constitueront alors 32 % de la population. Parmi eux, 11 et 5 millions de personnes auront respectivement dépassé 75 et 85 ans, trois fois plus et quatre fois plus qu'aujourd'hui : 4 et 1,2 millions en 2000. De ces chiffres, l'on déduit qu'en 2050 la France se glorifiera d'héberger au moins 1,2 million de déments séniles de plus de 85 ans. Comment et avec quels moyens les entretiendra-t-on, alors qu'aujourd'hui nous parvenons à peine à contenir la pression de quatre fois moins de cacochymes ?

Dès 2025, les plus de 65 ans seront 820 millions dans le monde au lieu de 470 millions actuellement. La vieillesse apparaît ainsi comme une des épidémies du XXIe siècle. Notre société sans éthique n'hésite pas à se débarrasser des fœtus non désirés par leur mère mais conserve à grands frais ses débris cacochymes. Le poids imposé à la population productive par le maintien en vie de grabataires se répercutera en dernière analyse sur la biosphère et nourrira aussi bien le combat des 50 dollars que celui des 1 dollar pour assurer la dégradation accélérée de la nature.

Les épidémies

L'humanité est rapidement devenue plus vulnérable à la dissémination, aussi bien des anciennes maladies que des nouvelles : les gens voyagent non seulement plus, mais plus vite et en plus d'endroits. Entre 1950 et 1990, le nombre de passagers d'un vol commercial international est passé de 2 millions à 280 millions ; les vols domestiques aux États-Unis ont transporté 424 millions de personnes en 1990. Vers 2020, 1,5 milliard de touristes, soit le double du nombre actuel, parcourront la planète. Grâce aux modifications des activités humaines pendant la seconde moitié du dernier siècle, les microbes ne sont plus confinés à des écosphères lointaines ou à des espèces réservoirs rarissimes : pour eux, la Terre est devenue le « village global » que Marshal McLuhan assignait aux hommes. Ils font le tour de la planète en vingt-quatre heures. Le déplacement rapide d'humains infectés est la règle, et les insectes porteurs de parasites ne se font pas faute de les accompagner.

Notre époque connaît l'irruption de maladies inconnues jusqu'à présent, comme celles causées par le hantavirus, ou les fièvres hémorragiques ; leur migration dans de nouvelles régions, comme l'ont fait un choléra nouveau en Amérique latine et récemment le chikungunya à La Réunion puis en Italie ; leur dissémination par la technologie, comme ce fut le cas de la légionellose dans les circuits modernes de refroidissement de l'eau ; et enfin leur saut de l'animal à l'homme, dont l'exemple est donné par l'encéphalopathie spongiforme bovine.

Nietzsche a écrit que le XXe siècle serait l'ère classique des guerres. En le paraphrasant, nous pouvons avancer que *le XXIe siècle sera l'ère classique des épidémies.*

Le sida est l'exemple et le symbole des maladies modernes causées par nos mœurs et mondialisées par les transports. Ce n'est pas un hasard si un de ses premiers propagateurs parmi les plus efficaces a été un commissaire de bord d'une compagnie aérienne.

Depuis 1973, 30 nouvelles maladies infectieuses ont fait leur apparition, tandis que revenaient en force de grandes endémies traditionnelles qu'on avait cru pouvoir vaincre définitivement : le paludisme, la tuberculose, la fièvre jaune et le choléra. Le bacille de Koch a infesté un tiers de la population mondiale ; il a tué 3 millions de personnes en 1995. Une souche virulente de tuberculose résistant à presque tous les médicaments a été détectée dans 37 pays. Elle est engendrée par l'emploi erratique de ces médicaments par de nombreux patients et a augmenté de 3 à 11 % entre 2000 et 2004, avec 15 % en Corée du Sud et 19 % en Lituanie. La Russie et l'Afrique sont particulièrement menacées par leur mauvaise pratique. L'OMS s'attend à l'apparition de souches complètement résistantes d'autant plus dangereuses que la tuberculose est une des conséquences opportunistes du sida. Mais le danger ne vient pas seulement de la tuberculose. Les mutations du staphylocoque risquent de briser le dernier rempart qui nous protège de cette bactérie, celui de la vancomycine. L'OMS a admis en 1992 qu'elle ne dispose pas de stratégie contre le paludisme que contractent chaque année 500 millions de personnes dont 3 millions succombent. Devant l'augmentation des ravages causés par les germes chez les gens à 1 dollar par jour, même si le danger semble contenu pour l'instant chez les gens à 50 dollars, devant leur résistance croissante, nous devrions écouter avec attention l'avertissement des épidémiologistes de Harvard publié en 2000 par l'OMS : « Nous sommes à la veille d'une crise mondiale en ce qui concerne les maladies infectieuses. Aucun pays n'est à l'abri. » Les armes nouvelles, et puissantes, dont nous disposons, telles que l'amélioration de la vigilance mondiale et l'efficacité accrue des cordons sanitaires ne nous mettent pas complètement à l'abri des mutations dont la fréquence caractérise le monde des microbes.

Le réchauffement climatique

Lorsque nous brûlons un combustible fossile nous produisons un gaz inerte, le CO_2, dont la moitié est absorbée par l'océan, la végétation et les sols. et l'autre s'accumule dans l'atmosphère. La concentration en CO_2 dans l'atmosphère a augmenté de 25 % entre 1850 et 2000, et montre un taux supérieur à la valeur la plus forte relevée depuis huit cent mille ans (380 ppmv à comparer à des variations comprises entre 180 et 280 ppmv[1]).

Les émissions de CO_2 s'élèvent en 2006 à 10 gigatonnes/an (8,4 provenant des combustibles fossiles et 1,6 de la déforestation). Leur augmentation annuelle voisine, et pour cause, de celle de la demande en énergie est estimée actuellement à 3 %, ce qui conduit à une concentration de 500 ppmv vers 2050. La molécule CO_2 produit un effet de serre s'ajoutant à l'effet de serre naturel. La communauté scientifique est aujourd'hui quasi unanime à estimer qu'il causera des changements climatiques. La température moyenne de l'atmosphère dans les 8 premiers kilomètres a augmenté de 0,6 °C entre 1860 et 2000. Les modélisations montrent qu'elle continuera à croître d'ici 2100 jusqu'à une valeur comprise dans une fourchette de 1,5 à 4,5 °C, selon les hypothèses faites sur le comportement économique de l'humanité, c'est-à-dire sur sa consommation en combustibles fossiles.

L'augmentation ne sera pas un phénomène bénin, parce qu'elle ajoute une importante quantité d'énergie à l'atmosphère, et son caractère le plus chargé de conséquences est qu'elle se produit très rapidement, en un temps trop bref pour permettre un ajustement

1. Un ppmv est une part par million en volume.

en douceur des écosystèmes bien adaptés au climat actuel. Les premiers signaux d'alerte ont paru avec le recul des glaciers de montagnes, l'avancement de la date des vendanges (en cinquante ans, trois semaines à Châteauneuf-du-Pape, deux semaines dans la côte de Bourgogne), la fonte de l'inlandsis arctique (10 % depuis 1980) et l'élévation du niveau des mers qui, limitée à moins de 20 centimètres pour toute la durée du dernier siècle, est mesurée avec précision par satellite depuis 1992 à 3,4 ± 0,4 millimètres par an. La modification de la température des couches superficielles océaniques se traduit déjà par l'apparition à des latitudes élevées de poissons habitués de l'Atlantique central et de la mer du Nord. En zone tropicale, on constate une augmentation de la température superficielle de l'ordre du degré : la mer renferme donc plus d'énergie, ce qui peut avoir un effet sur l'intensité des cyclones.

Les études de Météo France montrent dans notre pays au XXe siècle un réchauffement de l'ordre de 1 °C affectant les douze mois de l'année, avec une augmentation plus importante des minima que des maxima. Les simulations pour le prochain siècle prévoient une forte augmentation de la probabilité d'événements chauds en été, c'est-à-dire une multiplication par 5 à 10 du nombre de jours où la température dépassera 35 °C, alors que le nombre moyen de jours de gel diminuera fortement. Si la température moyenne augmente de 3 °C, un été sur deux à la fin du siècle sera au moins aussi chaud qu'en 2003, année qui a connu un pic de + 4 °C sans précédent par rapport à la moyenne séculaire. En montagne, vers l'altitude de 1 500 mètres, la saison d'enneigement sera écourtée de plus d'un mois. Les cultures annuelles comme le blé, le riz, l'orge ou la pomme de terre seront favorisées en zone humide, comme la sylviculture, mais la floraison des arbres fruitiers sera de plus en plus précoce, accroissant le risque d'exposition au gel. Tout ce que nous appelons « produits du terroir » sera altéré ou transformé en autre chose.

Il est certain que le régime des précipitations sur le globe subira un changement radical. Les événements extrêmes deviendront plus fréquents. Des régions sèches cesseront de l'être, d'autres verront les inondations augmenter. La tendance actuelle, à cause de l'inertie du système océanique, se fera sentir pendant plusieurs siècles. L'impact sur les êtres vivants sera énorme. Par exemple, une augmentation de 2 °C (par rapport à 1990) de la température moyenne entraînera un blanchissement généralisé des coraux, c'est-à-dire l'expulsion des zooxanthelles, algues qui les font vivre, et une augmentation de 3 °C créera une mortalité quasi générale.

Le changement climatique permettra l'extension vers le nord de l'Europe de certaines cultures, tandis que des contraintes hydriques plus sévères dans le sud devraient limiter les gains de production. Face au stress hydrique, les plantes se défendent en limitant leur évapotranspiration, c'est-à-dire en ralentissant la photosynthèse. Elles absorbent alors moins de CO_2 qu'elles n'en émettent. En 2003, elles ont relâché en Europe 500 millions de tonnes de CO_2, soit l'équivalent de quatre années de séquestration de ce gaz par la végétation. La production végétale a perdu du fait de la canicule 30 % en 2003 par rapport à 2002. Si le réchauffement stimule la vitalité de la flore, la multiplication des épisodes extrêmes peut donc diminuer l'efficacité de la végétation à absorber le CO_2, et donc à limiter l'effet de serre. Elle capture aujourd'hui entre 10 et 20 % des émissions humaines.

On peut s'attendre à perdre en Europe de 6 à 10 % de la superficie des terres cultivables et autant pour les prairies et herbages, avec une croissance potentielle des forêts de 1 à 6 %. Plus faible dans les zones méditerranéennes qu'aux hautes latitudes, le réchauffement y aura un impact socio-économique plus fort, et lourdement négatif. Entre 6 et 44 millions d'Européens pourraient vivre en 2080 dans des régions en stress hydrique, alors qu'elles sont aujourd'hui normalement approvisionnées en eau, principalement autour de la Méditerranée. En conséquence, l'assèchement de certains bassins empêchera la production d'énergie nucléaire ou hydroélectrique.

Enfin la hausse du niveau des mers, qui atteindra en cent ans une cinquantaine de centimètres au moins, représente une menace potentielle pour l'Asie du Sud-Est où des millions de pauvres gens sont installés sur les côtes à des altitudes inférieures au mètre.

Dernier exemple d'impact du changement climatique : son effet sur la santé des populations humaines.

L'augmentation de la température permet aux vecteurs des maladies infectieuses d'élargir leur domaine et leur capacité à frapper l'homme, d'autant plus que la plupart des systèmes biologiques réagissent très rapidement. Le danger d'expansion des maladies infectieuses portées par des moustiques pendant le réchauffement climatique sera grand parce qu'il augmente les températures de nuit et d'hiver qui fixent les seuils de mortalité des insectes. Quatre pathologies infectieuses et transmissibles, très liées à des modifications climatiques, retiennent l'attention des autorités sanitaires des pays tropicaux et équatoriaux : fièvres hémorragiques (dengue, fièvre de la vallée du Rift), paludisme, choléra et méningites. La population visée par ces maladies comprend environ 3 à 4 milliards de personnes, dont plus de 50 % des enfants de moins de 5 ans.

Une autre catégorie d'influences climatiques sur la santé est liée à l'occurrence d'événements extrêmes qui agissent sur les populations d'animaux vecteurs. L'ouragan Mitch qui a ravagé l'Amérique centrale en 1998, a laissé derrière lui une traînée de maladies infectieuses portée par des insectes et par des rongeurs qui profitèrent de la ruine des infrastructures et de l'appauvrissement de la population. En 1993, dans le sud-ouest des États-Unis, l'épidémie de hantavirus fut propagée par des rongeurs qui, après avoir été débarrassés de leurs prédateurs par une sécheresse prolongée, se gavèrent d'une nourriture rendue abondante par de fortes pluies.

Ainsi, l'impact climatique de l'effet de serre créé par la boulimie énergétique de l'humanité est-il profondément synergétique : il s'étendra à toutes les productions, au mode de vie, à la satisfaction des besoins de base, à la santé et à l'environnement. On s'accorde à penser que les pays en cours de développement souffriront beaucoup plus que les développés. Nous venons d'en vivre un exemple : des milliers de gens sont morts à Haïti lors des cyclones de la fin de 2004 alors que les populations soumises aux mêmes dangers au même moment en Floride étaient épargnées. La différence s'amplifiera entre le Nord et le Sud, créant des instabilités politiques de grande ampleur. Par exemple, l'influence du changement climatique sur la disponibilité, la qualité, la température de l'eau, comme sur la fréquence et l'intensité des sécheresses et des inondations, rendra plus difficile la gestion des systèmes hydriques qui sont parmi les plus vulnérables au changement climatique.

Que peut-on faire en termes de politique pour faire face au changement climatique à l'échelle mondiale ? Pour plafonner la concentration en CO_2 à 450 ppmv, il faudrait réduire les émissions annuelles de 4 gigatonnes (un facteur 2). Or les réduire de 1 gigatonne exige de diviser par 2 la consommation d'essence par kilomètre de 2 milliards de voitures, ou de remplacer 700 centrales au charbon de 1 GW_e soit par autant de centrales nucléaires équivalentes, soit par 2 000 centrales à piles photovoltaïques, soit par 1 million d'éoliennes[1]. Les émissions de la France ne s'élèvent en 2000 qu'à 1,5 % des émissions mondiales de CO_2, l'Union européenne à 27 ne pèse que pour 14 % tandis que la croissance est surtout ailleurs : Chine, Inde, etc. L'Union européenne ne sera plus responsable que de 7 % des émissions mondiales vers 2050. On ne peut agir qu'à l'échelle mondiale. C'est dans cette perspective qu'a été privilégiée la négociation internationale. L'adoption du protocole de Kyoto en 1997, ratifié en 2005, a fixé pour les pays industrialisés des réductions des émissions de gaz à effet de serre. Il prévoyait une réduction entre 1990 et la période 2008-2012 d'à peu près 5 % des émissions de ces pays-là. Les pays émergents ne sont soumis à aucune contrainte par le protocole de Kyoto. Ce n'était qu'un début. Mais avec lui se mettait en place une gouvernance dans un domaine où il n'existait pas de système international pour maîtriser les émissions de gaz à effet de serre à l'échelle mondiale. Les règles de mise en œuvre du protocole de Kyoto ont été adoptées finalement à la fin de 2001 à la conférence de Marrakech. Durant cette période, nous avons vécu la défection des États-Unis dont les émissions représentent 20 %, voire un peu plus des émissions mondiales et auront augmenté de + 30 % en 2010 par rapport

1. Ralph J. Cicerone, *Energy Challenges* , 145e réunion annuelle de la Nat. Ac. Sc., États-Unis, 28 avril 2008.

à 1990. D'après le protocole de Kyoto qu'ils ont signé et refusé de ratifier, les États-Unis devraient être à – 6 %. Le régime actuel s'appliquant à 30 % des émissions mondiales ne les réduira que de quelques points. Ce premier pas limité ne sera même pas respecté par tout le monde.

On peut espérer que l'Europe atteindra globalement les objectifs de Kyoto mais cette « performance » n'est rendue possible que grâce à l'adhésion des dix pays de l'Europe de l'Est dont les consommations, comme celle de la Russie, ont fortement diminué du fait de l'effondrement du communisme. De même, l'Allemagne devrait respecter ses objectifs grâce à l'intégration de l'Allemagne de l'Est. L'Angleterre fera sans doute mieux que ses objectifs. Cette bonne performance est due à sa désindustrialisation ainsi qu'au remplacement du charbon par le gaz ; mais, au-delà de 2010, ces effets d'aubaine auront disparu. La France devrait elle aussi atteindre son objectif, grâce à son emploi de l'énergie nucléaire qui fournit 80 % de son électricité. L'Espagne, le Portugal et l'Irlande auront des déficits considérables de 33, 26 et 16 % respectivement, qu'on peut attribuer à leur développement rapide. La surprise vient du Danemark qui s'était engagé à réduire ses émissions de 21 % mais devrait en réalité les augmenter de 16 %, soit un déficit par rapport au but fixé de 37 %. Cet échec est d'autant plus préoccupant que le Danemark a, plus que d'autres, recherché la diminution de son intensité énergétique, le développement de l'énergie éolienne et celui de la cogénération. Mais il n'a pas pu réduire son emploi du charbon pour sa production d'électricité. En 2007, le Danemark tirait 20 % de son électricité de l'énergie éolienne et faisait des plans pour doubler en 2025 le pourcentage de sa production d'énergie renouvelable en construisant plus sur la mer, bien que la rupture en 2004 des turbines de Horms Reef, à 15 kilomètres des côtes ait coûté 38 millions d'euros. Le Danemark et l'Allemagne continuent à émettre 50 % plus de gaz carbonique par tête que la France ou la Suède. Il sera difficile et coûteux de s'arracher aux combustibles fossiles. Les limites du développement de l'éolien, liées à son intermittence, ont commencé à apparaître clairement. Aucun analyste sérieux ne croit désormais que l'objectif de 21 % d'électricité renouvelable en Europe puisse être atteint.

En fait la situation s'aggrave. Dans les dernières années du dernier siècle, l'injection humaine de CO_2 dans l'atmosphère augmentait de 1,1 % par an (l'autre moitié était absorbée par l'océan). De 2002 à 2004, la croissance annuelle a atteint 3 %[1]. En 2005, nous avons dépassé le scénario le plus pessimiste imaginé en 2000, à cause de la Chine qui contribue pour 70 % à cette accélération. Et les pays industrialisés ne parviennent plus à émettre moins de carbone par unité de PIB.

Le réchauffement climatique devenu une « tarte à la crème » des médias et des politiciens donne lieu à des effets de manche qui feraient pleurer s'ils n'étaient si grotesques. Le Conseil européen des ministres a décidé en avril 2007 une diminution autoritaire des rejets de CO_2 qui, nous venons de le voir, risque de rester lettre morte. J'afficherai le même scepticisme quant à l'annonce par la France d'un objectif de division par quatre d'ici 2050, typique de la gesticulation nationale.

On ne peut donc qu'être pessimiste sur l'évolution climatique : l'effet de serre continuera à augmenter pendant le siècle qui vient, il aggravera les difficultés décrites précédemment[2] et donc il entraînera des conséquences douloureuses, car l'entreprise humaine a reposé à travers l'Histoire sur la stabilité du climat et aujourd'hui nous le changeons nous-mêmes. Il n'est cependant qu'un symptôme des maladies sociales engendrées à l'échelle globale par le productivisme, parmi beaucoup d'autres.

Les transports

Augmentant au niveau mondial de 2 % par an, les transports dépendent à 98 % du pétrole et, par exemple pour la France, représentent 50 % de la consommation en hydrocarbures, soit 50 mégatonnes sur 100 par an. Le volume en 2050 aura été multiplié par

1. *Proc. Nat. Ac. Sc. USA*, 22 mai 2007.
2. Catherine Gautier et Jean-Louis Fellous, *Eau, pétrole, climat. Un monde en panne sèche*, Odile Jacob, 2008.

trois pour les marchandises et augmenté de 131 % pour les passagers. Et d'ici là, les combustibles fossiles deviendront plus rares et donc plus chers. Comment conserver notre plus noble conquête, l'automobile, ou l'avion, encore plus menacé ?

Entre 1960 et 2006, le fret aérien mondial (tonnes-kilomètre transportés, ou TKT) et le nombre de passagers-kilomètre (passagers-kilomètre transportés, ou PKT) ont été respectivement multipliés par 74 et 30, atteignant 150 milliards TKT et 400 milliards PKT (2 milliards de passagers transportés en 2006). Les chiffres correspondants auront triplé et doublé en 2030. Le nombre d'avions doublera passant de 17 000 à 36 000.

En 2000, le trafic aérien consommait 0,2 Gtep par an, soit 5 % des 3,66 Gtep de la consommation totale de pétrole, ponction cohérente avec l'offre possible de kérosène comprise entre 4 et 10 % du pétrole brut en cours de raffinage.

En 2050, nous avons vu que la production de pétrole, après avoir culminé vers 2030-2040, devrait avoisiner celle de 2000, c'est-à-dire 3,5 Gtep. On obtiendrait alors au maximum une disponibilité de 0,35 Gtep pour le transport aérien, si l'on tient compte de l'augmentation possible de la capacité de raffinage.

Or le transport aérien augmente de 4 % par an, ce qui correspond à une multiplication par 7 en 2050, que l'on peut ramener à 5 en tenant compte des gains en efficacité du système de transport. Nous admettrons donc un besoin de 1 Gtep, c'est-à-dire un triplement du pourcentage de pétrole affecté au transport aérien, qui ne sera certainement pas réalisable.

Il faudra donc synthétiser le kérosène à partir d'autre chose que du pétrole. La solution la plus rapide à mettre en œuvre est la liquéfaction du gaz ou du charbon selon le procédé Fischer-Tropsch, bien qu'il existe aujourd'hui très peu d'unités de production et qu'il faille compter entre 30 000 et 100 000 dollars par baril par jour pour la mise en place d'une installation de production. Le procédé perd 50 à 70 % de l'énergie contenue dans le combustible de départ. Il dépend toujours des combustibles fossiles avec leurs inconvénients.

Quant aux solutions « écologiques » telles que les agrocarburants ou les combustibles cryogéniques, ils exigent un investissement de recherche et, même pour ces derniers, le franchissement de paliers technologiques tels que leur utilisation industrielle n'est pas envisageable pour le transport aérien avant les années 2040-2050.

En 2100, il n'y aura plus d'avions. On se demandera à quoi servaient les aérodromes. Messieurs les édiles, résistez à l'envie d'en construire.

Passons au transport routier. Beaucoup de bruit est fait autour des agrocarburants considérés comme remplacement possible des hydrocarbures. L'Union européenne a décidé d'imposer un pourcentage de 20 % d'agrocarburants dans la consommation des automobiles d'ici 2020. Ils proviennent soit des céréales (blé, maïs, betterave, canne) qui produisent de l'éthanol à partir du sucre, soit des plantes à huile (colza, tournesol, ricin ou jatropha) qui produisent du diester. Pour estimer leur avantage par rapport aux combustibles fossiles, il faut établir un bilan complet, et tenir compte de l'emploi d'engrais azotés issus du gaz naturel, du transport des phosphates, etc. L'éthanol restitue 25 % de l'énergie qui a permis de le fabriquer et le diester 93 %. Il a été dit brutalement, et ce n'est pas tout à fait faux, qu'il faut 1 tonne de pétrole pour produire 1 tonne d'éthanol… On se demande ce qui a passé par la tête de nos « décideurs ».

La culture des végétaux utilisés exige une grande surface et beaucoup d'eau : le rendement ne dépasse pas 0,75 tep/hectare/an pour toutes les options sauf pour la canne à sucre qui, grâce à la réutilisation des bagasses, produit 6 400 litres/an/hectare, c'est-à-dire environ six tonnes moins 25 % de consommation nécessaire à la production, donc 4,5 tep/hectare/an. Le Brésil produit déjà 18 gigalitres par an c'est-à-dire environ 15 Mtep. La production de canne y occupe six millions d'hectares dont 3,3 pour l'éthanol, alors qu'il dispose de 90 millions d'hectares de friches. Il compte doubler sa production en dix ans, et atteindre 100 mégatonnes en 2030 sans toucher à la forêt amazonienne. Déjà y roulent deux millions de voitures flex-fuel. La canne à sucre dans les zones tropicales représente donc une option réelle, en fait la seule qui soit réaliste, pour la production d'agrocarburant. Les États-Unis ont adopté la filière maïs et leur production d'éthanol a dépassé celle du Brésil en 2007 en dépit du faible rendement énergétique et de la forte consommation en eau prélevée dans l'Ouest sur un aquifère fossile. Le besoin d'engrais, l'épandage des pesticides, l'érosion progressent avec elle. Phénomène nouveau, l'excès d'azote et de phosphore provenant des 35 millions d'hectares consacrés au maïs, et emporté par le Mississippi au printemps, favorise le développement des algues à l'embouchure du fleuve dans le golfe du Mexique. En été, au terme de leur vie, elles coulent ; leur décomposition absorbe l'oxygène et crée une zone morte qui atteint 23 000 km^2 en 2008.

Les ingénieurs agronomes redoutent une course à la terre entre les cultures destinées à l'alimentation et celles qui seraient consacrées aux agrocarburants très subventionnés, donc aimés des agriculteurs. Déjà des forêts primaires d'Indonésie et de Malaisie laissent la place à des plantations de palmiers à huile.

À raison d'un rendement de 0,75 tep/hectare/an, la France devrait consacrer 40 % de ses terres agricoles à la satisfaction de 10 % de sa consommation actuelle de transports routiers. La promotion des agrocarburants ne vise pas à régler un problème de transport, mais s'inscrit dans la défense des intérêts soutenus par les lobbies agricoles.

Le monde dispose de 1,5 milliard d'hectares de terres arables et consomme 3,7 Gtep de pétrole, dont les deux tiers pour le transport. Avec un rendement moyen (optimiste) de 1 tep par hectare, il ne pourrait pas fournir plus de 1,5 Gtep : en ne mangeant plus, nous pourrions faire rouler 40 % de nos voitures avec des agrocarburants ! Concluons qu'au plus 15 à 20 % de nos besoins pour le transport pourraient être couverts par des agrocarburants. Aujourd'hui. Et avec une augmentation de 2 % par an…

Les désastres

Plusieurs analyses indépendantes font apparaître que le nombre des désastres naturels majeurs tels qu'inondations, tempêtes et sécheresses a quadruplé depuis 1960 et les pertes économiques ont été multipliées par huit. L'industrie des assurances s'attend que cette tendance se développera pendant les prochaines années.

Une importante compagnie de réassurance a écrit dans un rapport de 2003 repris par l'OCDE : « L'étendue possible des dommages causés par des catastrophes naturelles extrêmes dans une des grandes métropoles, ou dans un grand centre industriel, a déjà atteint un niveau qui peut entraîner l'effondrement du système économique de pays entiers et même peut-être affecter les marchés financiers jusqu'au bout du monde. »

Les pays en développement sont les plus frappés par les désastres naturels. De 1970 à 1997, 75 % des principaux sont survenus dans la région Asie-Pacifique, avec une tendance à l'augmentation des causes hydrométéorologiques, tandis que les catastrophes d'origine tectonique ne manifestaient guère de changement. Or les pays en développement sont vulnérables aux conditions climatiques, par suite de leur importante activité installée dans les régions côtières de basse altitude. En 2025, plus de la moitié de leur population vivra dans des zones à risques d'ouragans ou d'inondations. La déforestation augmentera le nombre des inondations et des sécheresses. Sur 1,4 million de tués par des catastrophes naturelles pendant les vingt dernières années, 98 % venaient des pays pauvres. Pour chaque mort, il faut compter 2 000 à 3 000 personnes affectées. Un tremblement de terre tue des dizaines de milliers de gens en Iran, Turquie ou Pakistan, alors qu'un événement d'amplitude similaire ne fera que quelques centaines de victimes en Californie ou au Japon. À la conférence de Montréal en décembre 2005, l'assureur Munich-Ré a annoncé : « L'année 2005 a connu les plus grandes pertes financières dues aux catastrophes naturelles régies par les conditions climatiques », c'est-à-dire 200 milliards de dollars dont 70 en valeur assurée, à comparer avec 145 en 2004.

Avec la globalisation de l'économie, les répercussions d'un désastre peuvent se propager loin de l'épicentre. Le tremblement de terre qui a frappé la ville de Chichi, dans l'île de Taïwan, le 21 septembre 1999, a provoqué une pénurie mondiale de puces mémoire pendant plusieurs semaines, qui seraient devenues plusieurs mois si l'épicentre avait été placé à soixante kilomètres du lieu réel.

« C'est une erreur très grave et très répandue que l'occupation des sols se soit étendue depuis le début du XXe siècle sans qu'une grande attention ait été portée aux risques, en particulier dans les pays en développement. Quarante villes parmi les cinquante dont le taux de croissance est le plus élevé, sont situées dans des zones à tremblement de terre. Le développement des infrastructures y rend plus probable de jour en jour la propagation des conséquences des catastrophes naturelles à des régions très éloignées de l'épicentre… » Après avoir écrit les lignes précédentes en 2003, je ne pouvais être surpris par le raz de marée du 26 décembre 2004, exemple typique et prévisible du non-respect des forces naturelles. On en a surtout parlé parce que 5 000 touristes européens y perdirent la vie. Une catastrophe d'aussi vaste ampleur qui a ravagé les côtes du Bengale en 1991 avait montré la précarité de l'implantation humaine si elle s'effectue à 50 centimètres d'altitude.

Un autre exemple illustre les conséquences de notre mépris pour la nature de façon quasi caricaturale. La Nouvelle-Orléans est une ville construite sur des alluvions instables qui s'enfoncent lentement, de sorte que 60 % de sa surface se trouve au-dessous du niveau de la mer. Comme en moyenne 6 ouragans par an frappent la côte nord du golfe du Mexique, la vulnérabilité de La Nouvelle-Orléans était connue des scientifiques, des techniciens et des autorités locales qui ont dépensé des centaines de milliers de dollars pendant les années 1990 pour établir des scénarios, dont la plupart prévoyaient explicitement la rupture possible des digues (dites levées) entre le lac Pontchartrain et la ville basse.

L'ouragan Katrina, le quatrième des neuf de l'année 2005, a entraîné la submersion des 60 % de la ville situés au-dessous du niveau de la mer, suivant exactement les modèles calculés depuis dix ans dans les deux universités locales, contrairement à ce qu'a déclaré le président Bush interviewé le 1er septembre par la chaîne ABC, trois jours après l'inondation : « Je ne pense pas que personne ait anticipé la rupture des levées. » Les spécialistes se gardent bien d'affirmer que le changement climatique est la cause de la virulence de Katrina, puisque les statistiques montrent une variation aléatoire du nombre de cyclones dans le golfe du Mexique avec un nombre aussi élevé dans les années 1960 que dans les années 2000. Cependant un cyclone ne se forme que si la température de l'eau dans les cinquante premiers mètres atteint 27 °C, et c'est un fait que la température superficielle des océans tropicaux a augmenté de 1 °C depuis les années 1960, fournissant ainsi plus d'énergie aux météores éventuels.

LA GESTION

La vulgate répandue par les instances internationales admet que les États industrialisés sauront plus ou moins s'adapter par un appel à la technologie. C'est des autres, ceux qui s'invitent aujourd'hui à la table, que pourrait venir la déstabilisation, et il paraît nécessaire de les aider financièrement à croître à leur tour. Pour illustrer l'efficacité du soutien apporté par les pays industrialisés aux régions sous-développés, prenons l'exemple de la Banque mondiale qui, depuis une cinquantaine d'années prête une vingtaine de milliards par an aux États africains. Dans les années 1960-1970, sa politique consistait à soutenir des projets : routes, barrages, télécommunications, hôpitaux. Vers 1990, 2 200 projets avaient ainsi été entrepris. La Banque a alors admis que la moitié avait échoué. Le passage d'une politique de projets à une politique de réforme ne fut pas plus heureux : les SAP (Structural Adjustment Programs) introduits dans 29 pays africains, dont le coût entre 1981 et 1991 atteignit 25 milliards, devaient éliminer des structures étatiques considérées comme inefficaces (bien qu'établies auparavant par la Banque elle-même) au profit d'une économie de marché. Quelque 6 pays ont été déclarés, pour peu de temps, comme ayant obtenu des succès économiques. L'échec des SAP fut dénoncé en 1998 par la conférence de l'ONU sur le commerce et le développement : « En dépit de nombreuses années de réforme, presque aucun pays africain n'a réussi à obtenir une croissance régulière. » En 2000, à nouveau la Banque a dû admettre l'échec de sa politique. La cause reconnue en est la corruption de la plupart des partenaires : 30 % des prêts sont empochés comme gains personnels ; 40 % de la richesse créée en Afrique fuit vers l'étranger. Les fonds destinés à la lutte contre les pandémies ne sont pas épargnés. En 2000 l'ancien ministre des Finances du Ghana, Victor Selormey, fut condamné à huit ans de prison pour avoir détourné 1,2 million de dollars prêtés pour informatiser le système judiciaire. En 2003, l'ancien ministre des Finances de Zambie, Katele Kalumba, a été poursuivi pour avoir volé 33 millions de dollars. En 2006, des hauts fonctionnaires de l'Ouganda ont été accusés d'avoir détourné des dizaines de millions fournis par le Fonds global contre le sida basé à Genève. La liste ne s'arrête pas là. Pour gérer ses programmes, la Banque paie 7 000 consultants et emploie 7 000 bureaucrates dont plus de 1 000 reçoivent un salaire de 500 dollars par jour. Son ambitieuse campagne entreprise en 1994 pour diviser par deux en quinze ans le nombre de paludéens en Afrique a abouti à une augmentation des cas. Méfions-nous donc des bonnes intentions et de la soi-disant générosité. Elles conduisent en général à un résultat contraire à leur objectif annoncé. C'est que nous ne savons pas gérer les fluctuations d'aujourd'hui qui préfigurent la crise de demain. Notre impuissance s'inscrit à l'intérieur du dérèglement général qui caractérise le comportement global de l'humanité. Les Nations unies viennent de nommer président de leur commission du développement durable M. Francis Nehma, ministre de l'Environnement et du Tourisme du Zimbabwe, dont l'agriculture florissante sous le colonisateur, a été détruite par la politique du gouvernement dont il fait partie. En proie au chaos politique, au désastre économique, à la faim et à la soif, à la violence, le Zimbabwe nous montre aujourd'hui une voie que l'humanité entière pourrait bien suivre vers 2050... Jadis prospère sous le nom de Rhodésie, il souffre d'une inflation qui atteignit 231 millions pour 100 en juillet 2008 et s'affiche, en décembre, à un chiffre estimé à 8 suivi de 18 zéros... Jadis grenier de l'Afrique australe, il ne produit plus rien après la spoliation des fermiers blancs au profit de prolétaires incompétents... Jadis fier de ses hôpitaux et de ses écoles, il doit les fermer dans son incapacité à payer les salaires. Aucun établissement public ne fonctionne. L'eau potable a disparu. L'électricité est rationnée jusqu'à vingt heures par jour dans les villes. La Compagnie d'énergie du Mozambique qui la fournit menace de couper le courant si elle n'est pas payée. Les enfants vaquent dans la rue, c'est-à-dire dans les effluents qui débordent des égouts obstrués et les ordures jamais ramassées. Le taux de sida est un des plus élevés dans le monde et le pourcentage d'orphelins, le deuxième (un enfant sur quatre). Voici que s'installe une épidémie de choléra causée par l'effondrement du système d'assainissement. Nous entrevoyons là peut-être l'avenir, c'est du moins ce que je pense en mes jours d'optimisme.

Monsieur Nehma a bénéficié de l'affectation d'une ferme confisquée, aujourd'hui en ruines. Le développement durable est en bonnes mains.

Voilà comment le système politique mondial prétend gérer l'évolution. Mais le problème n'est-il pas plus profond ? Répétons que la notion de durabilité du développement se heurte à une limite fondamentale, la disponibilité des ressources : leur exploitation au taux pratiqué aujourd'hui n'est pas durable. Amener les gens à 2 euros, c'est-à-dire la moitié de l'humanité, au niveau des gens à 50 euros est une absurdité ; il n'est même pas possible d'atteindre 25 euros. On me dit : Ah, mais le développement durable, ce n'est pas l'augmentation du PIB. Et qu'est-ce donc ?

Le précédent de 1347 vient à l'esprit. L'histoire commence avec une mondialisation, l'unification de l'Asie centrale par Gengis Khan, qui a permis avec le développement du commerce caravanier, l'extension de la peste abritée jusque-là par des marmottes isolées dans des habitats reculés. En plein changement climatique avec le commencement du petit âge glaciaire, des cadavres de pesteux auraient été catapultés par les Turcs sur le comptoir vénitien de Caffa qu'ils assiégeaient. Les bactéries embarquèrent sur un vaisseau à destination de Messine, et la peste noire tua en six mois 30 % de la population européenne. Convergence de trois facteurs qui nous inquiètent aujourd'hui : guerres, épidémies, changement climatique.

Si l'on voulait inverser la tendance, quels seraient les acteurs ?

Les grands acteurs dans les prochaines décennies seront les pays « émergents ». Que le lecteur, qui aura trouvé les pages précédentes trop inquiétantes, veuille bien parcourir l'exposé factuel qui suit.

LA CHINE

La Chine s'est convertie au productivisme pour hisser ses 1,3 milliard de citoyens au niveau du PIB des pays industriels. Depuis dix ans sa croissance annuelle, nourrie par les exportations et la construction, dépasse 10 % (10,7 % en 2006). Selon un de ses ministres, « l'Asie est la région la plus optimiste du monde ». Avec 700 000 ingénieurs et chercheurs, elle s'affiche comme la deuxième nation scientifique et technique après les États-Unis et s'est fixé pour objectif d'obtenir en 2020, le premier rang. Les crédits qu'elle consacre à la R&D augmentent de 17 % par an, à comparer aux 4-5 % des États-Unis et du Japon dans les douze dernières années (2 % en France). Devenue la quatrième économie mondiale, elle est aussi le troisième exportateur devant le Japon. Dans tous les domaines, la production croît plus vite que la demande. Partout les nouvelles usines se multiplient.

L'urbanisation croît rapidement : en 2010, la moitié de la population vivra dans des villes et 60 % en 2020. Le pays devra loger entre 350 et 450 millions de citadins supplémentaires en moins de vingt ans, à peu près autant que l'Europe compte d'habitants. Le marché du bâtiment sera donc porteur. En 2003, un ministre avait préconisé la création de 400 villes d'un million de personnes d'ici 2020. Le gouvernement essaie d'empêcher l'exode rural, ce qui fragmente en réalité le tissu périurbain : 4 millions de nomades flottent autour de Pékin et Shanghai dont l'administration contrôle le nombre de résidents à l'intérieur de ces mégapoles.

La production chinoise d'acier surpasse dorénavant celle de l'Allemagne, du Japon et des États-Unis combinés (38 % de la production mondiale). La construction automobile constitue un symbole de la puissance industrielle. Aujourd'hui, la Chine ne compte que 25 voitures pour 1 000 habitants, à comparer à 800 pour 1 000 aux États-Unis. Cependant, avec 7 millions de voitures vendues en 2006 pour une capacité annuelle de production de 8 millions (dont 77 % présentent des défauts), elle se classe au troisième rang mondial, devant l'Allemagne. Elle vise à atteindre dans dix ans 10 % du marché mondial des véhicules et pièces détachées contre moins de 1 % aujourd'hui. Produisant annuellement 30 millions de motocyclettes ou de véhicules de ferme, son objectif est de posséder 250 millions de voitures dans vingt ans, autant que les États-Unis. Le monde s'achemine de 600 millions d'automobiles aujourd'hui vers le milliard, et 2 milliards en 2050. La Chine a fixé pour 2020 la mise sur le marché d'un avion commercial gros porteur, concurrent d'Airbus et de Boeing. Ayant déjà placé deux spationautes sur orbite, elle songe à la conquête de la Lune.

Le culte débridé de la croissance dans un pays de 1,3 milliard d'habitants dont la moitié gagne moins de 2 euros par jour pourrait conduire à des dangers. Tout d'abord, la fracture sociale : si l'on constate une élévation du niveau de vie puisque le nombre des personnes au-dessous de 1 euro par jour, est passé de 377 millions en 1990 à 130 en 2006 (au moins dans les discours officiels), les plus pauvres ont en fait perdu 2,5 % de leur revenu depuis 2000, et des centaines de millions d'individus migrent à travers le pays cherchant du travail. L'évolution est si rapide qu'en descendant le fleuve Jaune, dont les eaux abreuvent 140 millions d'individus, on passe successivement du nomadisme primitif à la paysannerie ancestrale, puis à l'usine et enfin à la mégapole. Tout arrive à la fois dans un télescopage des évolutions historiques. Et surtout, le développement prévu par les autorités planificatrices ne possède pas les ressources naturelles dont il a besoin, sauf une, le charbon qui fournit 70 % de l'énergie du pays.

Importatrice de pétrole depuis 1993, la Chine voudrait réduire sa dépendance à ses fournisseurs du Proche-Orient, d'Asie centrale et d'Afrique. Elle compte aujourd'hui 25 000 grands barrages et veut tripler d'ici 2020 sa capacité hydraulique qui fournit 6 % de son énergie. En fait les énergies renouvelables et le nucléaire, censés doubler d'ici 2020 pour atteindre 4 % de la production électrique, resteront marginaux. Alors qu'aujourd'hui ils ne dépassent pas 7,5 %, l'objectif de 15 % de leur part dans la production nationale en 2020 n'a aucune chance d'être atteint. Avec 118 milliards de tonnes de charbon (12 % des réserves mondiales), le pays possède un demi-siècle de réserves au rythme actuel de consommation de 2 milliards de tonnes par an. Or le charbon est le combustible fossile qui émet le plus de CO_2 par rapport à l'énergie qu'il procure (1 123 kilos de CO_2 par tep) devant le pétrole (831), le gaz (651), le solaire photovoltaïque (316), l'éolien (32) et le nucléaire (19). D'après l'AIE, la Chine a dépassé les États-Unis en 2007 pour devenir le plus gros émetteur de CO_2 grâce au charbon qui en fournira les trois quarts. Puis sa consommation énergétique doublera d'ici 2020. La Chine n'est soumise à aucune contrainte par le protocole de Kyoto qu'elle a signé et ratifié. Prétendant vouloir de bon gré réduire de 20 % sa consommation d'énergie par unité de PIB, elle a failli à ses engagements dès la première année car sa consommation par unité de PIB n'a diminué que de 1,2 % en 2006 contre les 4 % promis, et que ses émissions ont augmenté de 2 %. Pour résoudre le problème mondial des émissions de CO_2, « si la Chine ne joue pas un rôle significatif, les efforts des autres pays ne compteront pas pour grand-chose » a déclaré récemment l'économiste en chef de l'AIE. Or la Chine ne peut arrêter sa fuite en avant sous peine d'une déstabilisation sociale incontrôlable. Elle exige aujourd'hui que les pays développés consacrent 1 % de leur PIB à la diminution des émissions de gaz à effet de serre par les pays pauvres.

Le pays est parsemé de centrales de faible et moyenne puissance (25 à 600 mégawatts), fonctionnant grâce à la vieille technique de la pulvérisation du charbon. Il s'en ouvre une tous les dix jours. Une capacité de quelque 800 gigawatts produits à l'ancienne sera installée d'ici 2010, soit la capacité actuelle des 27 pays de l'Union européenne. La Chine, qui se prétend consciente de la menace climatique, envisage des innovations, comme la gazéification et la liquéfaction du charbon selon des brevets allemands mis en œuvre pendant la Seconde Guerre mondiale. De grands complexes industriels naissent dans le nord près des mines. Dans la province de Shaanxi et en Mongolie intérieure, la première entreprise charbonnière chinoise, le groupe Shenhua, exploite et entreprend de liquéfier le charbon par le procédé Bergius, alors que la numéro deux chinoise, Yankuang, met en route la méthode Fischer-Tropsch. L'anglo-néerlandais Shell et le sud-africain Sasol, envisagent de participer à ce mouvement. L'objectif est l'alimentation du futur parc automobile et ultérieurement, le développement de centrales capables de produire de l'électricité et de l'hydrogène tout en séquestrant le CO_2 dans les aquifères et les réservoirs naturels vidés de leur pétrole. Les procédés envisagés sont aujourd'hui immatures, peu efficaces et coûteux. L'ambition chinoise est de transformer la fruste filière charbon en une succession de procédés aussi complexes que ceux du nucléaire ou du pétrole. Quels que soient les moyens qui lui seront consacrés, une telle aventure prendra des dizaines d'années pour devenir opérationnelle et fiable.

Le problème énergétique de la Chine ne fait que commencer à se faire sentir. Déjà cependant les énormes importations chinoises de pétrole sont devenues un facteur politique majeur au Proche-Orient. Aux pertes de terres arables, à la pollution de l'air, à la destruction de l'environnement, s'ajoute le problème de l'eau dont la consommation a quintuplé depuis 1949. La ressource par tête du pays ne dépasse pas un tiers de la moyenne mondiale. La Chine dispose de 7 % des ressources mondiales en eau pour 20 % de la population. 400 des 600 villes chinoises ne disposent pas de l'eau nécessaire à leur croissance. Ainsi, la ville de Wahai créée en 1958 dans le Shaanxi pour fournir du charbon aux aciéries Boston Steel dans une région sans eau, compte 400 usines. Partout on assèche les nappes phréatiques : au bord de la mer, on construit des usines de dessalement. La plaine du nord où vivent 43 % de la population, doit se contenter de 14 % de l'eau. Ses 320 000 km^2 produisent la moitié du blé et le tiers du maïs. Première productrice mondiale de blé avec 490 millions de tonnes en 2006 (363 pour les États-Unis), la Chine deviendra importatrice de cette céréale. Elle importe déjà du soja car si la nappe possède d'énormes réserves, le surpompage la fait rapidement baisser et le prix de l'accès à l'eau devrait devenir prohibitif en 2030. Aujourd'hui, l'agriculture consomme 70 % de l'eau disponible. Puisque les provinces du nord manquent d'eau tant pour leur industrie que pour leur agriculture, un projet pharaonique, conçu jadis par Mao et approuvé en 2002, a été entrepris pour amener du sud au nord les eaux du Yangzi Jiang au moyen de trois canaux, mais cette ressource devra probablement être utilisée dans les villes pour les besoins vitaux de la population et pour l'industrie. L'urbanisation aspire les fleuves et les nappes. La surexploitation du Yangzi Jiang, avant même ces détournements, dépasse peut-être les limites du raisonnable. Il supporte le barrage des Trois-Gorges (2,3 kilomètres de long et 185 mètres de haut) dont les effets pervers sur l'environnement surexploité commencent à se faire sentir par des glissements de terrains et des proliférations d'algues ; il sera barré par une centaine de centrales hydroélectriques en amont des Trois-Gorges, on compte aussi sur lui pour traîner 30 milliards de tonnes de déchets humains et industriels par an ou pour laver la pollution du grand lac Tai-Hu asphyxié.

Dès aujourd'hui, les nouveaux timoniers gèrent au jour le jour les syncopes à répétition d'un organisme surmené, alors que la pénurie traditionnelle d'eau est aggravée par la surexploitation et la pollution qui se sont traduites par cinq désastres en deux ans : en novembre 2005, 5 millions de personnes sans eau pendant cinq jours à Harbin ; en septembre 2006, 80 000 personnes sans eau à Hunan pendant quatre jours ; en avril 2007, 150 000 personnes sans eau à Yangzi ; en mai 2007, 2,3 millions de personnes touchées pendant deux semaines à Wuxi par les algues du lac Tai-Hu ;

en juillet 2007, 200 000 personnes sans eau pendant deux jours dans le Jiangsu.

« Nous manquons d'eau, mais nous devons nous développer, dit le dirigeant du bureau municipal de la conservation de l'eau dans une grande ville, à un reporter du *New York Times*. Et le développement est la priorité. » On ne peut mieux caractériser le productivisme effréné qui entraîne la Chine. En 2025, elle placera un taïkonaute sur la Lune pour la plus grande gloire du pays. La fierté des 350 millions de Chinois qui n'auront pas accès à l'eau potable en sera certainement flattée. Et l'avenir sera pire : un rapport du gouvernement (2007) vient d'annoncer que « le volume total des ressources en eau exploitables aura été atteint en 2030, même en prenant en compte tous les efforts d'économie ».

L'INDE

L'Inde se prétend, avec ses 28 États, ses 7 territoires, ses 23 langues officielles et ses 1 600 dialectes, « un pays pas comme les autres ». Elle compte aujourd'hui 1 150 millions d'habitants, et ce nombre augmente de 1,5 % par an. Le taux de fécondité est de 3,2 enfants par femme. La part de chacun s'établit à 550 euros par an, c'est-à-dire en moyenne 1,50 euro par jour. Environ 400 millions d'Indiens vivent avec moins de 1 euro par jour, et autant avec moins de 2 euros, plaçant leur pays au 126e rang sur 186 si l'on utilise l'indice de développement humain établi par les Nations unies. Les deux tiers de la population active s'adonnent à l'agriculture dans 680 000 villages. Elle fournit 20 % du PIB, bien que les pertes diverses réduisent à 20 % la partie utilisée de la production. La moitié des dépenses dans les villages est consacrée à la nourriture et un quart aux nécessités vitales de logement, chauffage et vêtements. C'est dire que les produits manufacturés restent hors d'atteinte. Les villageois dépensent moins de 50 *cents* US par jour (les 10 % les plus pauvres moins de 20 *cents*) et les habitants des villes moins de 80 *cents*.

À côté de cette masse existe, si l'on se fonde sur le nombre de foyers imposés (35 millions), une classe moyenne au niveau de vie similaire à celui des populations des pays industriels qui compte, selon les auteurs, 50 à 100 millions d'individus. L'Inde est donc un pays double : un dixième de la population vit et pense comme vous et moi, et les neuf dixièmes vivent au Moyen Âge. En haut de l'échelle, se pavanent 83 000 millionnaires.

L'État est faible, les impôts quasi inexistants puisque 85 % de la population opère dans le secteur informel, et la redistribution est donc impossible, d'où une forte inégalité sociale. Les dépenses publiques d'éducation ne dépassent pas 3,3 % du PIB (8 % en Chine), d'où un pourcentage d'analphabètes de 42 %. Des 500 millions de travailleurs, seuls 20 % ont reçu une éducation secondaire. Les dépenses de santé par tête sont inférieures à celles du Sierra Leone, classé par l'ONU comme avant-dernière des nations dans le domaine. L'infrastructure présente des pénuries qui créent une perte de 2 % du PIB : production insuffisante d'électricité, routes saturées en dépit du faible nombre d'automobiles, chemin de fer lent et vétuste. La société est caractérisée par l'illettrisme, la corruption et la ségrégation des castes.

À partir de 1991, peut-être comme une conséquence de l'effondrement de l'allié soviétique, s'est enclenché un processus de croissance avec la suppression des contrôles et des permis qui formaient le carcan du « *license raj* ». Son extraordinaire succès est dû à l'adoption du modèle productiviste occidental, reposant sur le marché. La croissance annuelle a atteint 8,2 % au cours des trois dernières années, et le plan prévoit son maintien à 9 % pendant les dix années qui viennent. Le taux de croissance de la production agricole n'est que de 3 % par an, ce qui traduit une faiblesse congénitale et confirme la difficulté que rencontre la poursuite de la révolution verte. Les prix à la consommation n'ont augmenté en 2006 que de 7 % dans les villes et 9 % dans les campagnes : la croissance se poursuit dans une inflation maîtrisée.

Le pays s'industrialise à tour de bras. La production d'énergie doit suivre la croissance, c'est-à-dire augmenter de 8 % par an. La capacité installée actuelle de 123 gigawatts doit donc doubler dans les dix ans prochains. À l'heure actuelle, le charbon fournit 55 % des besoins en combustibles fossiles. La production à peine suffisante de 355 millions de tonnes doit augmenter de 20 millions par an. Il en faudra 700 en 2015. À ce rythme, les 93 milliards de tonnes de réserves prouvées seront épuisées dans cent ans.

D'ici 2012, 247 milliards d'euros seront investis par le gouvernement dans les infrastructures, afin de construire 35 aéroports, 76 nouveaux terminaux portuaires, 6 000 kilomètres d'autoroutes. Les investisseurs étrangers arrivent en masse des États-Unis, de Maurice (pays refuge), du Royaume-Uni, du Japon et de la Corée du Sud (par ordre d'importance). Les grandes chaînes de distribution Wal-Mart, Tesco, Carrefour amorcent leur venue. D'importants projets industriels sont en cours. Voir les grands complexes d'Essar (acier) à Hazira, de General Motors, Motorola, Posco (sud-coréen), Mittal Steel qui construit des usines géantes, Reliance qui bâtit une des plus grandes centrales thermiques dans le monde.

Renault construit, en partenariat avec le conglomérat Melindra et Mahindra, premier spécialiste mondial des engins agricoles, une usine pour fabriquer en 2009, 300 000 Logan qui deviendront 500 000 en 2010. En effet, la croissance annuelle du marché atteint 20 %, et son potentiel est énorme. Seul 1 million de voitures ont été vendues en 2005, deux fois moins qu'en France, pour une population seize fois plus grande, et aujourd'hui la proportion n'atteint pas 8 voitures pour 1 000 habitants, mais ce chiffre est passé à 1,4 million en 2007. General Motors, Volkswagen, Hyundaï, Honda ont annoncé récemment des investissements de 4 milliards de dollars. 35 à 40 milliards seront nécessaires pour porter le chiffre d'affaires du secteur automobile de 34 à 145 milliards de dollars, objectif fixé par le plan gouvernemental à dix ans, et ils se trouveront. Ford va doubler la capacité de son usine de Chennai pour assembler 200 000 véhicules par an ; Nissan et Renault vont investir 1 milliard de dollars sur un site voisin pour y fabriquer 400 000 voitures à partir de 2010.

Tous les constructeurs étrangers ont le même objectif : assembler en Inde des petits véhicules à coûts réduits. Grâce au revenu par habitant qui a doublé depuis 2000, les 45 millions de propriétaires de deux-roues sont nombreux à vouloir acquérir une première voiture, à un prix accessible.

L'industrie indienne s'y met aussi : Tata s'apprête à mettre sur le marché une voiture à 2 500 euros, la Nano, et à en écouler 250 000 par an, en visant le million. Renault et Bajaj ont aussi un projet de petite voiture.

L'Inde est en passe de devenir un centre mondial de production de véhicules à bas coûts. Maruti Suzuki, une coentreprise détenue par le constructeur nippon Suzuki et l'indien Maruti, sera la première entreprise en partie étrangère, à produire entièrement depuis l'Inde, un modèle destiné aux marchés indien puis étrangers. « La fabrication de la A-Star correspond au positionnement de l'Inde comme plate-forme internationale de production de nos petits véhicules », a déclaré Shinzo Nakanishi, directeur général de Maruti Suzuki en Inde.

Or toutes les routes de l'Inde sont défoncées, étroites et non entretenues. Que se passera-t-il quand la voiture deviendra vraiment populaire, alors que déjà aujourd'hui les villes sont saturées par le trafic ? La vitesse moyenne d'un véhicule à New Delhi, où sont enregistrés environ 4 millions de véhicules, est passée de 27 km/h en 1997 à 15 km/h en 2002.

Il y a quelques années E. M. Stephen, ministre des Communications d'Indira Gandhi, déclara que « le téléphone est un luxe et non un droit », et que chaque insatisfait n'avait qu'à rendre son appareil. Au début des années 1990, le pays ne comptait que 8 millions de connexions et l'on trouvait 20 millions de personnes sur les listes d'attente (il fallait alors huit ans pour obtenir une ligne). Le gouvernement s'est retiré du domaine des télécommunications en diminuant les tarifs, supprimant les régulations et les restrictions qui décourageaient les investisseurs, et a autorisé les sociétés étrangères à posséder 74 % de leurs filiales. En conséquence, 140 millions d'Indiens disposent aujourd'hui d'un téléphone portable (450 millions de Chinois) et en 2006, 8 millions en acquièrent un chaque mois ; on en attend 500 millions en 2010. Les bénéficiaires sont les pauvres : on voit aujourd'hui un sâdhu assis sur un âne, le portable à l'oreille comme les conducteurs de taxi, les paysans, les pêcheurs. La communication commence son travail d'égalisateur des esprits.

Mais c'est surtout dans l'informatique que l'Inde a accompli d'extraordinaires progrès, capturant 50 % de la sous-traitance informatique mondiale, notamment les centres d'appels, proposant leurs services dans les transports, la télégestion des entreprises, la santé : une trentaine d'hôpitaux haut de gamme ont accueilli en 2005 cent cinquante mille touristes, offrant des traitements dix fois moins chers qu'aux États-Unis. Pour votre correspondance entre deux avions à New York, ou même entre deux trains à Londres, les horaires viennent d'être établis il y a quelques instants à Bangalore…

La croissance indienne ne profite pas à tous car, loin de constituer une révolution manufacturière, elle repose sur les services à valeur ajoutée qui exigent relativement peu de main-d'œuvre. Le secteur informatique n'emploie que 1,6 million d'individus alors qu'il faudrait créer 8 millions d'emplois chaque année. Là comme partout, le développement des activités modernes dans les villes y attire des paysans qui abandonnent leur ferme pour des bidonvilles où ils s'entassent sans protection sociale ni politique. La dépense (c'est-à-dire le niveau de vie) des 5 % les plus riches augmente dans les zones rurales deux fois plus vite que celle des pauvres et cinq fois plus vite dans les villes.

Au Pendjab, grenier de l'Inde, fer de lance de la révolution verte, le suicide de plusieurs fermiers par semaine (à la mort-aux-rats) illustre la difficile adaptation des paysans à la pratique moderne. Les deux tiers des paysans qui se sont tués possédaient moins de 2 ares de terre, alors qu'une exploitation inférieure à 5 ares n'est pas viable. Or le nombre de petites exploitations ne cesse de croître en raison des successions familiales. Vous avez 5 ares et 5 enfants, quand crèveront-ils ? Le phénomène sévit surtout dans les 5 États pilotes où la révolution verte fut inaugurée dans les années 1960, apportant engrais, pesticides, mécanisation, négligence de l'environnement, accès facile aux prêts. La terre s'est fragmentée, mais les cultivateurs se comportent toujours comme s'ils possédaient 10 hectares, et achètent motos et télés couleur. 84 % de l'agriculture indienne se pratique sur de petites fermes marginales. 49 % des fermiers sont endettés, 82 % dans l'État d'Andrah Pradesh.

Et l'évolution se poursuit dans l'inégalité croissante de la société, construisant des mégapoles peuplées de gens démunis de tout sauf d'un regard sur un écran de télévision, selon le schéma pervers que nous avons analysé.

Comme jadis en Union soviétique, comme en Chine, la conversion indienne au productivisme se fait dans le mépris de l'environnement. Comme en Chine la croissance repose sur le charbon, le plus nocif des combustibles fossiles. Mais aussi dans les campagnes se répandent à une grande échelle les générateurs diesel chinois pour produire l'électricité qui manque localement, surtout pour alimenter les postes de télévision dont les miséreux ont un besoin incoercible. Le diesel, favori du pauvre, est encore moins propre et moins efficace que le charbon mais il est très bon marché, alors que l'augmentation du prix des cellules photovoltaïques renchérit l'énergie solaire. Autre facette du développement, la manie de l'air conditionné qui s'étend en Asie : 50 % de la consommation d'énergie de Singapour ! Tous les 18 millions d'habitants de Bombay veulent en profiter. La consommation du chlorofluorocarbure HCFC-22, destructeur de l'ozone stratosphérique mais toléré jusqu'en 2040, augmente de 35 % par an et la tendance continuera puisque seulement 2 % des foyers indiens disposent aujourd'hui d'air conditionné. D'où peut-être, la croissance récente des trous d'ozone arctique et antarctique, dont on espérait que le protocole de Montréal bannissant les autres chlorofluorocarbures, permettrait la disparition.

La croissance démographique de l'Inde lui permettra de dépasser la Chine en 2030. En 2050, elle comptera 1,66 milliard d'habitants, à comparer avec 1,41 milliard de Chinois. D'après le BIT, elle disposera déjà en 2020 de 116 millions de travailleurs (s'ils ont du travail), dans la fourchette de 20 à 24 ans alors que la Chine n'en alignera que 94. Nous avons vu que le pays ne pourra pas les nourrir. Mais, en novembre 2006, l'Agence spatiale indienne a annoncé qu'elle travaillerait dorénavant au lancement d'un homme dans l'espace par des moyens nationaux, symbole de cette conversion à l'idéal productiviste du XXe siècle.

Concluons notre bref aperçu de l'évolution indienne par des *Choses vues* dans la capitale[1]. À une heure et demie de voiture de New Delhi, la GG Colony abrite à la fois des déplacés du bidonville de Molchand au centre du Delhi résidentiel, et ceux des bords de la Yamuna. En plein champ, dans un décor de routes inachevées, de poteaux électriques sans fils, de caniveaux à ciel ouvert, des masures faites de quelques piquets de bois, de pailles tressées, de feuilles de plastique noir ou bleu, de papier, s'imbriquent dans un désordre à l'image de leur vie.

« On nous a dit qu'en 2010 des matches allaient avoir lieu [les jeux asiatiques], qu'ils voulaient construire le métro, qu'il fallait nettoyer Delhi », raconte Rita, une réfugiée du Bangladesh qui vivait avec son mari et ses deux enfants de 5 et 3 ans sur les bords de la Yamuna avant d'en être expulsée. Rita a tout perdu dans ce déménagement forcé. « Je n'étais pas là quand les agents du gouvernement sont venus détruire ma hutte et je n'ai quasiment rien retrouvé, dit cette jeune femme qui, en raison de l'éloignement, a aussi perdu son travail. J'étais employée comme servante à 600 roupies [10,20 euros] par mois et mon mari, conducteur de tricycle, gagnait 50 à 60 roupies [1 euro] par jour après la location de l'engin. » Elle ajoute : « Je suis ici depuis sept mois et aucun de nous n'a de travail. »

Dans sa petite échoppe, une planche de bois comme comptoir et une feuille de plastique pour toit, Renu, 28 ans et 5 enfants, vend du thé pour survivre. Elle est arrivée du bidonville de Molchand il y a neuf mois. « Les autorités nous demandent de déposer 5 000 roupies [85,40 euros] pour la licence nous donnant droit à 12,5 m^2 pour cinq ans. Ce n'est pas suffisant pour une grande famille… Je ne sais pas quoi faire », dit cette femme qui était ouvrière dans une usine de vêtements à 1 800 roupies [30 euros] par mois. Travail qu'elle a dû abandonner en raison de la distance à parcourir qui lui coûte plus de la moitié de son salaire. « Il n'y a pas d'électricité, pas de sanitaires, pas d'hôpital

1. Françoise Chipaux, *Le Monde*, 5 mai 2007.

et 90 % des hommes sont désormais sans travail à GG Colony », affirme Renu.

Jusqu'à présent 500 000 personnes ont été expulsées à Delhi afin de permettre le remplacement des taudis par des immeubles destinés aux riches et aux bureaux dans le centre. Le plan du gouvernement est de déplacer 400 000 familles, soit environ 2 millions de personnes d'ici 2010.

New Delhi n'est qu'un cas parmi de nombreux autres des effets de la transition rapide que traverse l'Inde. Les conflits qui opposent, dans quasiment tous les États du pays, les nantis et les autres se multiplient, avec pour conséquence « une violence accrue de la société », affirme le Dr Pramilla Kamal, principale d'un collège d'Amritsar, au Pendjab.

Dirigé par un gouvernement communiste, l'État du Bengale-Occidental connaît, depuis 2006, des troubles qui ont fait plus d'une dizaine de morts provoqués par le refus des paysans de vendre leur terre pour favoriser l'implantation de groupes industriels que les autorités veulent voir investir. En Orissa, ce sont les *adivasis* [« membres de tribus »] qui refusent d'être expulsés pour faciliter les extractions minières.

Dans la capitale économique de l'Inde, Bombay, un des grands bidonvilles d'Asie, Dharavi, résiste à un plan de réhabilitation qui verra un grand nombre de ses occupants relogés dans les banlieues éloignées du centre. Au cœur de cette mégapole[1] dont la moitié des habitants occupe des logements *informels*, c'est-à-dire ignorés des autorités, donc démunis d'eau saine, d'égouts, sans traitement des déchets, loin des écoles et des hôpitaux, Dharavi abrite 1 million de personnes sur 220 hectares, soit 2 m^2 par tête. Le quartier survit grâce à son industrie de recyclage dont le chiffre d'affaires est estimé à 775 millions d'euros par an et occupe quelque 250 000 actifs dont femmes, enfants et vieillards dans 15 000 ateliers. Rares sont cependant les familles qui disposent de 200 euros

1. Mark Jacobson, « Dharavi, dans l'ombre de Mumbai », *National Geographic*, mai 2007, vol 16-5, n° 92, p. 78.

par mois ; la plupart gagnent beaucoup moins. La municipalité veut raser le quartier, déplacer les gens dans des tours et réhabiliter la zone dont la valeur immobilière deviendrait énorme. Près de Cross Road, les membres d'une association de défense, la LPT Housing Society, dont les maisons ont été rasées en attendant les nouveaux appartements approuvés, occupent depuis huit ans un bâtiment inachevé sans approvisionnement en eau, à la merci des racketteurs omniprésents et de la chaleur impaludée. Dans un premier temps, 57 000 familles seraient dirigées vers des structures verticales, où chacune disposerait de 21 m^2 avec sanitaires internes. Comme les projets précédents ont échoué, laissant derrière eux des *bidonvilles verticaux*, la plupart des habitants ne veulent pas partir même s'ils n'ont accès qu'à un W.C. public pour des centaines de personnes. La politique de défécation est un éternel sujet de débat en Inde. Gandhi donnait au développement des sanitaires une priorité supérieure à celle de l'indépendance. Un Indien sur trois seulement a aujourd'hui accès à des toilettes décentes. Près de sept cent mille intouchables les curent à la main. « Quel besoin ai-je d'avoir des cabinets chez moi ? », dit Nagamma Shilpiri. Arrivée de l'Andhra Pradesh il y a vingt ans, elle vit avec son père handicapé et treize autres membres de la famille dans 14 m^2. Elle aimerait un peu d'intimité quand elle s'accroupit au bord du ruisseau fangeux, mais pour elle une chasse d'eau pour un si petit nombre de personnes est un gâchis honteux. Attitude à rapprocher de celle de la population de Kibera, un bidonville de 260 hectares qui s'étend au centre de Nairobi et dont la population varie selon les saisons entre 600 000 et 1 200 000 âmes. Les femmes qui y vivent dans des baraques dépourvues de toute installation sanitaire redoutent d'être dépouillées et violées si elles s'aventurent le soir dans des ruelles sans éclairage pour se rendre aux latrines publiques et se rabattent sur des *toilettes volantes*, à savoir des sacs en plastique qu'elles jettent devant leur porte. Nous sommes là au cœur de l'Afrique, loin de l'Inde, mais dans le même monde.

« Un fossé énorme se creuse entre les deux Indes », note pour sa part Anouradha Bakshi de l'ONG Project Why qui essaie à Delhi d'aider les enfants des bidonvilles. « Ce qui m'effraie c'est le mépris des réalités. L'insensibilité des riches, couplée aux rêves grandissants des pauvres est inquiétante », dit cette femme d'un milieu très aisé, qui passe sa vie à donner aux laissés-pour-compte à travers l'éducation, une chance de s'élever dans la société. « Plus la place de l'économie devient prépondérante, plus l'espace pour les pauvres est en danger », explique le Dr Jimmi Dabhy, jésuite, directeur de l'Institut social indien.

Des exemples précédents nous déduirons qu'un bidonville du tiers-monde n'est pas aujourd'hui destructible. Il croît sans cesse sous la pression des campagnes pendant que d'autres se forment dans l'impuissance des autorités locales. Le bidonville est l'entropie de l'actuelle société humaine.

UNE PLACE CROISSANTE POUR LES ACCÉLÉRATEURS

Pas question, donc, d'inverser la tendance.

L'Inde et la Chine totalisent 2,5 milliards d'individus engagés dans une évolution reposant sur le modèle productiviste, d'autant plus dominant qu'ils traînent parmi eux 1,5 milliard de gens à moins de 2 euros. Les classes dirigeantes se sont persuadées qu'en 1700, la Chine et l'Inde produisaient chacune 23 % du PIB mondial, et que cette situation peut et doit être restaurée. L'impact de leur politique sur le reste du monde ira croissant avec leur population :

– leurs objectifs ne peuvent être atteints que par une augmentation rapide de leurs exportations et des investissements qui leur sont liés ;

– leurs ressources naturelles sont très insuffisantes pour assurer leur développement : en énergie, leur manque de pétrole les amène à soutenir politiquement les pays producteurs ; en eau, les pénuries à prévoir ne peuvent qu'amener des conflits internes peut-être exportables. À partir de 2002, la Chine a augmenté extraordinairement ses importations et est devenue aujourd'hui le plus grand importateur de la planète, exerçant partout une demande énorme sur les ressources naturelles ; exemple parmi d'autres, la multiplication par un facteur supérieur à trois en dix ans de la consommation chinoise en cuivre, nickel et aluminium transforme la stratégie des grandes compagnies minières mondiales qui trouvent désormais rentable d'ouvrir des exploitations dans les régions les plus turbulentes d'Afrique ; les achats chinois de pétrole au Soudan ont répandu une manne qui a transformé les mœurs et alimenté les violences du Darfour par un effet surprenant de « dégâts collatéraux » ;

– plusieurs milliers d'entreprises des pays émergents sont actives hors de leur marché national (le chinois Lenovo, l'indien Mittal font parler d'eux, comme aussi les coréens LG Electronics et Samsung). Leurs multinationales apparaissent dans les pays occidentaux et s'intègrent au jeu productiviste ;

– leurs bas salaires accélèrent les délocalisations et détruisent entreprises et emplois dans les pays industrialisés.

Quatre pays émergents prennent le relais des États-Unis, de l'Europe et du Japon pour pousser la croissance vers le haut, c'est le BRIC (Brésil, Russie, Inde, Chine). De 2001 à 2008, ses réserves financières ont été multipliées par dix et sa part du PIB mondial par deux pour atteindre 16 %. Pour la première fois, d'après l'AIE, en 2008, la Chine, l'Inde, la Russie et le Proche-Orient consommeront plus de pétrole que les États-Unis (20,67 milliards de barils contre 20,4).

QUE VA-T-IL SE PASSER ?

Les nations à 50 euros par jour et par tête combattront pour conserver leurs avantages. Le président George Bush (le père) l'a dit clairement en 1992 : « Le niveau de vie des États-Unis n'est pas négociable. » Les populations à 1 euro par jour et par tête se sentent de plus en plus frustrées, par suite de l'invasion médiatisée du modèle productiviste, mais ne voient d'issue que dans la lutte violente pour un partage plus équitable du gâteau. Le mode de vie des gens à 50 euros reste leur modèle. Conséquence : l'exploitation forcenée de la nature continuera à un rythme de plus en plus rapide et creusera les gradients.

Mais l'accession par les populations des pays sous-développés au niveau de vie dont jouissent les nations industrialisées est impossible car les ressources ne le permettent pas (eau, énergie, terres arables, etc.).

La situation n'est pas durable au niveau de 6 milliards d'êtres humains. Que deviendra-t-elle à 9 ?

II

De profundis clamavi

En 1994, j'ai écrit : « L'entassement dans des mégapoles de gens qui subsistaient jadis en harmonie avec leur milieu traditionnel, l'appauvrissement des espèces animales et végétales dû à la rapacité de l'homme, le gaspillage des ressources géologiques et minières créent un déséquilibre qui se traduira tôt ou tard par un cataclysme biologique[1]. »

Je n'ai pas changé d'avis.

Aux facteurs qui dominent le cours des événements, à savoir la surpopulation et l'exploitation aveugle des richesses naturelles, s'est ajoutée avec une effrayante ampleur l'augmentation illimitée de la production chez les pays émergents. Les dangers se sont précisés et rapprochés.

De longtemps, la question des rapports entre l'humanité et la biosphère, appelée préoccupation écologique, n'était évoquée que par des agités. Le paysage a changé : l'intelligence collective des populations a pris conscience, au cours des quatre ou cinq dernières années, des menaces, climatiques entre autres. Des critiques plus nombreuses ont été apportées aux comportements de vie et de consommation. Les sondages montrent que les considérations environnementales sont devenues un souci, encore bien

---

1. Jacques Blamont, « Remerciement à la Fondation de France pour l'attribution du prix Maurice-Pérouse au livre *Le Chiffre et le Songe* ».

modeste, de 45 à 60 % des Européens de l'Ouest et de 70 % des Chinois. D'après le Pew Research Institute, la proportion des Américains qui y sont sensibles a doublé en cinq ans et approche 40 %. Beaucoup d'observateurs parviennent donc à des conclusions voisines des miennes. Je me sépare d'eux cependant quand je vais chercher la racine du mal au fond de la nature humaine. Les pulsions de jouissance et de destruction inhérentes à notre essence animale sont passées de l'homme à l'humanité entière et empruntent désormais les outils de la science et de la technologie pour obtenir leur assouvissement. Je crois donc devoir insister sur les manifestations modernes de la méchanceté de l'espèce. Aucun remède de caractère scientifique ou technique ne me paraît capable d'arrêter le torrent dont cette méchanceté est la source.

Toujours, dès avant le paléolithique sans doute, l'homme s'est montré le plus méchant des animaux. Il torture et tue ses proies pour le plaisir, contrairement à la plupart des carnivores qui ne les capturent que pour se nourrir. Les sévices qu'il a infligés à ses semblables remplissent les chroniques. Ce n'est pas d'hier que les empereurs de la Chine se sont offert des pyramides faites de centaines de milliers de têtes. Ce n'est pas tout à fait d'hier que l'esclavage et la traite ont opprimé des peuples entiers. Mais c'est récemment que l'extension de la pratique d'ingénieur a permis une progression inouïe dans le crime.

Je crois que l'évolution décrite dans le chapitre précédent en termes quantitatifs viole les lois qui régissent l'équilibre de la biosphère. C'est donc bien un *crime* au sens exact du terme, mais ce n'est pas abstraitement que l'on peut employer ce mot pour décrire notre comportement ; une cruauté voulue accompagne notre agression de toutes les formes de la vie. Nous ne nous contentons pas d'avoir déclenché la sixième extinction des espèces, nous l'accompagnons par les modalités d'une rationalisation qui nous transforment en bourreaux, et c'est nouveau.

Au XXe siècle a été employée pour la première fois la méthode industrielle d'extermination. Inaugurée avec succès dans les tranchées de la Première Guerre mondiale, elle a été appliquée à l'anéantissement de groupes humains méprisés. On peut en citer plusieurs exemples comme le totalitarisme soviétique ou nazi, ou, plus modeste, mais se réclamant d'une doctrine voisine, la sauvagerie organisée des Khmers rouges. Bien des livres ont été consacrés à ce sujet, mais je veux insister sur l'idée que si l'humanité galope dans une course à l'abîme, elle le doit à l'émergence triomphale de sa perversité. Le ça surgit. Et donc après un rappel du fait que le pire manquement à l'éthique rencontré dans l'histoire doit être imputé à un peuple d'assez haute civilisation pour nous montrer en principe la voie du progrès moral, j'amènerai le lecteur à méditer sur un forfait collectif et dont chacun d'entre nous chaque jour profite car il s'en nourrit. Il nous faudra entrer dans le détail de la cruauté car, selon l'expression américaine, le diable est dans les détails.

Déréliction de l'homme

Entre 1945 et 1980 ont été retrouvés sous la terre de Birkenau les manuscrits de cinq membres du *Sonderkommando*. Trois d'entre eux ont été publiés en français par le Centre de documentation juive contemporaine, le Mémorial de la Shoah et les éditions Calmann-Lévy en 2005 sous le titre *Des voix sous la cendre. Manuscrits des Sonderkommandos d'Auschwitz-Birkenau*, accompagnés de dépositions faites en 1946 au procès de Cracovie, par trois membres du *Sonderkommando* nommés Dragon, Tauber et Feinsilber.

Jamais rien ne m'a apporté quoi que ce soit de commun avec l'horreur que j'ai ressentie en parcourant les pages dont je reproduis ici quelques-unes. Oui, chacun sait que les nazis ont assassiné des millions de victimes et croit tout savoir sur ce sujet rebattu. Mais il y a pire que l'assassinat : le *Sonderkommando*, c'est autre chose que l'extermination.

LE SYSTÈME

Dans le système de répression utilisé par les Allemands dans l'Europe asservie, il faut distinguer les camps de concentration ordinaires, où les détenus devaient en principe fournir un travail, et les camps d'extermination (*Vernichtungslager*) construits en Pologne après la conférence de Wannsee qui, en janvier 1942, décida la liquidation planifiée des juifs d'Europe, à conduire comme une entreprise d'assainissement public. On en compte six : Auschwitz-Birkenau, Treblinka, Sobibor, Belzec, Lublin-Majdanek et Chelmno. Bien qu'elle ait montré son efficacité en tous ces endroits (700 000 morts à Treblinka et 800 000 à Belzec), la direction de la SS avait choisi Auschwitz-Birkenau comme épicentre de l'opération. Les historiens s'accordent aujourd'hui à y recenser 1,1 million de tués.

À Auschwitz, après une brève sélection sur le quai d'arrivée, les déportés marchaient aussitôt jusqu'aux chambres à gaz, appelées « Bunker ». On estime que 80 % d'entre eux n'entraient pas dans le camp. Au début de 1942, le Bunker-1 contenait deux chambres qui recevaient à elles deux environ 2 000 personnes déshabillées. Le Bunker-2, entré en service en juin 1942, contenait quatre chambres pouvant contenir respectivement 1 200 personnes déshabillées, 700, 400 et 200. Les cadavres étaient transportés sur des wagonnets à des fosses distantes de 300 mètres, sauf un certain nombre, brûlés dans un crématoire adjacent au Bunker.

En août 1942, décision est prise de construire à Birkenau deux crématoires (dits II et III), avec cinq fours à trois foyers, et deux autres plus petits avec deux fours à trois foyers (dits IV et V), afin de brûler les cadavres produits dans les chambres à gaz. Dans chaque foyer, on place cinq cadavres. Au total, 8 000 corps peuvent être brûlés chaque jour. L'ensemble conçu par l'architecte de la SS Hans Kammler qui dirigera plus tard la mise au point opérationnelle des V-2, est achevé au printemps 1943.

Sous les ordres des SS, des détenus formant le *Sonderkommando* (Kommando spécial) participent à la décharge des convois sur la rampe d'accès, accompagnent les arrivants au Bunker au sous-sol duquel se trouve la salle de déshabillage, les aident à se dévêtir et les conduisent à la chambre à gaz. Après le gazage, ils extraient les corps de la chambre et les enterrent (au début) ou les brûlent.

CHRONOLOGIE DU *SONDERKOMMANDO*

16.09.1941 Le *Krematorium Kommando* est chargé de l'incinération des corps.

Mars 1942 Une vingtaine de juifs, sélectionnés par chaque convoi, sont employés à l'enterrement dans les fosses et ensuite assassinés par l'injection de phénol.

Avril 1942 Liquidation d'un *Sonderkommando*, composé de 80 membres, chargés de jeter les corps dans les fosses près du Bunker-1.

17.04.1942 Durant cette semaine, une nouvelle équipe spéciale a été formée pour le Bunker-1. Elle est composée de 45 déportés juifs slovaques immatriculés au camp le 17 avril. Le *Sonderkommando* compte désormais 200 membres : 50 prisonniers sont affectés au traitement des corps des juifs assassinés au Bunker-1, pendant que les 150 restants servent pour l'ouverture des nouvelles fosses.

Juin 1942 Avec l'entrée en service de la chambre à gaz du Bunker-2 et l'intensification des gazages, le *Sonderkommando* augmente son effectif jusqu'à 400 détenus.

21.09.1942 Selon les nouvelles dispositions sous le commandement de Hössler, commence l'incinération des corps amassés dans les fosses communes de Birkenau. Les corps sont brûlés sur des bûchers à ciel ouvert et plus tard, dans les fosses de crémation creusées dans les environs. Une partie du *Sonderkommando*, composée d'environ 300 prisonniers, subdivisés en deux groupes de travail et surveillés par 20 à 30 SS, est employée à cette tâche.

Fin nov. 1942 Le travail d'exhumation et l'incinération des cadavres sont terminés après avoir fait disparaître 107 000 corps.

03.12.1942 Le *Sonderkommando* d'exhumation est liquidé dans la chambre à gaz du camp principal.

06.12.1942 Constitution d'un nouveau *Sonderkommando* composé d'environ 200 juifs.

04.03.1943 Formation d'un nouveau *Sonderkommando* du crématoire avec 100 prisonniers arrivés de Drancy.

Début 07.1943 L'effectif approche de 400 affectés aux fours du crématoire. Une soixantaine de plus est affectée à l'exhumation des fosses du Bunker-1.

24.02.1944 Sélection importante : 200 prisonniers choisis parmi ceux affectés à une besogne secondaire, par exemple lavage et coupe de cheveux des cadavres, sont envoyés à Maidanek pour élimination immédiate.

09.05.1944 En vue de l'arrivée imminente de 500 000 juifs hongrois, l'effectif du *Sonderkommando* est porté à 308, puis augmente de mois en mois.

29.07.1944 Le *Kommando* compte 837 individus, répartis en une équipe de jour et une équipe de nuit.

Fin juillet 1944 Environ 400 juifs grecs sélectionnés pour le *Sonderkommando* sont liquidés pour refus d'obéir. Les effectifs atteignent 903 hommes.

29.08.1944 847 membres.

23.09.1944 Liquidation de 200 membres affectés au recouvrement des fosses communes.

07.10.1944 663 membres. Au début de l'après-midi la révolte éclate. Trois Allemands, 457 membres du *Kommando* sont tués dans les jours suivants, 14 responsables de la révolte et 4 femmes qui ont fourni des armes sont exécutés.

Novembre 1944 Les 198 survivants sont occupés au démantèlement des installations puis liquidés. Une dizaine parvient à s'enfuir.

LA FONCTION

Grâce aux rapports des anciens détenus Tadeuzs Joachimovski et Ryszard Dacko au même procès de Cracovie, Franciszek Piper, responsable scientifique au musée d'Auschwitz, a complété la description des tâches confiées au *Sonderkommando*.

> Les détenus du *Sonderkommando* intervenaient dans la décharge des convois sur la rampe, transportaient les cadavres de la rampe et parfois du camp vers les crématoires, dirigeaient les hommes vers le vestiaire, les aidaient à se dévêtir et à les conduire dans les chambres à gaz. Si de plus petits groupes d'hommes étaient menés au crématoire pour y être éliminés, on n'utilisait pas les chambres à gaz, mais on tuait les victimes par une balle dans la nuque avec un fusil de petit calibre. Dans ce cas, les membres du *Sonderkommando* avaient l'ordre de mener les victimes sur le lieu de l'exécution et de les tenir au moment de l'exécution. Les membres du *Sonderkommando* étaient aussi employés comme auxiliaires pour accomplir des actions à l'intérieur des camps. Cinquante détenus du *Sonderkommando* furent mobilisés pour la liquidation du camp des Tziganes. Ils allèrent de baraque en baraque pour en chasser les Tziganes qui furent ensuite chargés sur les voitures et conduits dans les chambres à gaz. [p. 245.]
>
> Les détenus du *Sonderkommando* accomplissaient leur travail sous la contrainte, et au péril de leur vie. On ne connaît pas de cas de volontariat pour cette activité. Tous étaient conscients qu'il permettait et qu'il accélérait l'extermination de milliers de leurs frères et sœurs. C'est pourquoi, chez tous les détenus du *Sonderkommando*, ce travail occasionnait d'abord un choc psychique puis menait à l'effondrement, et même souvent au suicide. Ils souffraient avec les victimes et leur conscience était dominée par les reproches qu'ils se faisaient, parce qu'ils se savaient complices du crime – même si c'était contre leur gré. En proie au doute et au désespoir, le membre du *Sonderkommando* Zalmen Lewental s'interroge lui-même :

> « [...] Pourquoi fais-tu un travail aussi honteux, pourquoi vis-tu, à quelle fin vis-tu, que désires-tu [...].
> « L'homme se persuade qu'il n'y va pas de sa propre personne, mais uniquement de l'intérêt général. Il aimerait survivre pour une raison ou une autre, à cet égard ou à un autre et, à cette fin, il invente des centaines de prétextes. Et la vérité, c'est qu'on aimerait vivre, à n'importe quel prix, qu'on veut vivre, parce qu'on vit, parce que le monde entier vit. Et tout ce qu'il désire, et tout ce à quoi il est relié un tout petit peu, [...] il est surtout lié à la vie, sans vie, [...] voici la pure vérité[1]. »

Nous emprunterons à l'historien israélien Gidéon Greif[2] son analyse du tourment infligé aux membres du *Sonderkommando*, extraite de son ouvrage *Nous pleurions sans larmes*.

> Premièrement ils ont vu défiler devant eux des milliers de juifs allant aux chambres à gaz, assistant à une scène permanente d'anéantissement, tel un flot jamais interrompu.
> Deuxièmement, ils étaient obligés de seconder les criminels allemands dans l'accomplissement d'un massacre à échelle industrielle – de jeunes et de vieux, de fillettes et de garçonnets, de bébés et de nourrissons – et de participer à son camouflage.
> Troisièmement, ces hommes n'avaient même pas le droit de pleurer sur leur peuple et sur leurs proches, qu'ils étaient obligés de jeter de leurs propres mains dans les fours crématoires. Ils étaient condamnés à l'insensibilité.[...] Le chagrin qui ne peut se concrétiser par des larmes, la solitude, la sensation d'être coupé du reste du monde, qui les renie, en refusant de connaître et de reconnaître dans quelle réalité ils vivent, c'était ce que ressentaient les hommes du *Sonderkommando*.
> Quatrièmement, chaque membre du *Sonderkommando* savait qu'à partir du moment où il avait été sélectionné pour travailler dans cette unité, il était automatiquement condamné à mort. Il vivait dans l'incertitude du moment où tomberait la sentence et devait, en attendant, accomplir les tâches les plus horribles jamais imposées à des hommes.
> Cinquièmement, ces hommes étaient pris dans une situation paradoxale, dans laquelle leur intérêt était qu'il arrivât le plus de convois

---

1. *Des voix sous la cendre*, *Manuscrits des Sonderkommandos d'Auschwitz-Birkenau*, *op. cit.*, p. 247. © Calmann-Lévy, 2005, pour la traduction française.
2. *Ibid.*, p. 315.

possible avec leurs milliers de détenus, car un ralentissement dans l'activité de l'usine de la mort signifiait pour eux une menace sur leur vie.

DONNONS-LEUR LA PAROLE

Le 5 mars 1945, lors des fouilles effectuées près du crématoire III de Birkenau par une Commission d'enquête de l'Armée soviétique, on découvrit, à l'intérieur d'une gourde allemande en aluminium fermée par un bouchon en métal, un carnet de 14,5 sur 9,5 centimètres composé de 91 pages numérotées, chaque page comprenant de 20 à 38 lignes, dont les premières étaient illisibles. Le récipient contenait également un second manuscrit de deux pages datées du 6 septembre 1944 et portant la signature de Zalmen Gradowski. Les deux documents étaient rédigés, de la même main, dans le dialecte yiddish de la région de Bialystok.

Zalmen Gradowski, né en 1910 à Suwalki, près de la frontière lituanienne, arrivé en 1942 à Auschwitz, transféré au *Sonderkommando*, participa au mouvement clandestin dont il fut l'un des chefs. Il a probablement été tué durant la révolte.

Le 17 octobre 1962, à la suite de recherches effectuées après la découverte d'un premier manuscrit court signé Zalmen Lewental, on trouva, près des ruines du crématoire III, un récipient d'une capacité d'environ un demi-litre, fermé avec un couvercle en fer-blanc et dans lequel se trouvait un dossier, enveloppé dans une toile cirée, qui se révéla être un carnet de format 10 × 15 centimètres rédigé en yiddish. L'ensemble comportait 75 pages non numérotées, dont dix étaient blanches, reliées par des pinces métalliques et sur lesquelles l'auteur – qui avait signé Zalmen Lewental – avait consigné l'activité du *Sonderkommando* et les faits insurrectionnels qui conduisirent à la révolte du 7 octobre 1944. Deux autres épisodes, qui s'étaient déroulés dans le crématoire III, ont été par ailleurs rapportés sur deux feuilles séparées et anonymes. L'auteur les a intitulés *Di 3 000 nakete* (« Les 3 000 femmes nues ») et *Di 600 inglech* (« Les 600 enfants »).

Zalmen Lewental, né le 5 janvier 1918 à Ciechanow, fut immatriculé à Auschwitz le 10 décembre 1942. Le même jour, tous les membres de sa famille, qui avaient voyagé avec lui, furent envoyés dans les chambres à gaz. Après avoir travaillé durant une brève période dans différentes équipes du camp, il fut transféré au *Sonderkommando* au début de 1943 où il fut employé à la mise en fonction du troisième crématoire de Birkenau. Il participa au mouvement de résistance dont il rapportera les actions dans le manuscrit qu'il a dédié à ses chefs. Ayant survécu aux liquidations qui frappaient périodiquement le *Sonderkommando* et à la répression qui a suivi la révolte du 7 octobre, il laisse une ultime trace le 10 octobre 1944, la dernière date qui apparaît sur son manuscrit.

En avril 1945, Gustav Brorowczyk, un habitant de la ville d'Oswiecim, déterra, près des ruines du crématoire III, un récipient en verre, abîmé en partie, dans lequel était déposé un manuscrit. Ce dernier fut oublié pendant plusieurs années et c'est seulement en octobre 1970 qu'il entra en possession du musée d'Auschwitz, lorsque le frère de Borowczyk, Wojciech, le retrouva dans une mansarde de la maison paternelle.

Il s'agissait de notes intitulées *Der Gerusch* (« La déportation »), par un membre du *Sonderkommando* qui se prénommait Lejb – comme il était indiqué dans un passage du manuscrit – et auquel il fut possible d'attribuer le nom de Langfus, grâce à un contrôle des documents conservés dans le camp d'Auschwitz et à différents témoignages.

Le récipient contenait un carnet, de format 17 × 11 centimètres, de 62 pages non numérotées, et deux feuilles séparées d'un format différent, le tout écrit en yiddish. Étant donné le mauvais état de conservation du récipient, une vingtaine de pages du carnet étaient complètement illisibles.

Extraits du manuscrit de Lejb Langfus

C'était à la fin de l'hiver 1943. On avait amené un convoi d'enfants seuls, arrachés à leur mère au foyer, dans des voitures circulant de maison en maison, pendant que le père était au travail à Sîauliaj de

Kovno (Lituanie). Le chef du *Kommando* avait envoyé des hommes dans le local de déshabillage pour dévêtir les petits enfants. Une fillette de 8 ans était en train de déshabiller son petit frère d'un an. Un homme du *Kommando* s'approche pour le faire. La fillette l'interpelle : « Va-t'en, assassin juif ! Ne mets pas ta main qui a trempé dans du sang juif sur mon joli petit frère ! C'est moi à présent sa maman. C'est dans mes bras qu'il mourra avec moi. » À côté se trouve un garçonnet de 7 à 8 ans qui s'écrie : « Tu es pourtant juif ! Comment peux-tu emmener ces chers petits pour être gazés, tout ça pour rester en vie ? Est-ce que ta vie parmi une bande d'assassins t'est vraiment plus chère que la vie de tant de victimes ? »

Extrait du manuscrit de Zalmen Lewental

Les 600 jeunes garçons (octobre 1944)

On avait amené au beau milieu de la journée six cents jeunes garçons juifs de 12 à 18 ans, revêtus du costume rayé du camp, très léger et en loques, avec des chaussures ou des sabots de bois. Ils étaient conduits par vingt-cinq SS lourdement armés. Une fois qu'ils furent montés dans la cour, le chef du *Kommando* leur avait ordonné : « Déshabillez-vous dans la cour ! » Les enfants avaient aperçu la fumée de la cheminée et avaient aussitôt compris qu'on les menait à la mort. Terriblement effrayés, ils se sont mis à courir en tous sens. [...]
Le chef du *Kommando* et son adjoint se sont mis à frapper les enfants pour qu'ils se déshabillent. Les enfants, une fois nus et déchaussés, se pressaient les uns contre les autres pour se protéger des coups. Nombre d'entre eux s'étaient précipités vers les juifs du *Sonderkommando* en suppliant : « Sauvez-moi ! » D'autres couraient nus, dans la cour pour échapper à la mort. Le chef du *Kommando* a appelé à l'aide l'*Unterscharführer* avec son gourdin. On était assourdi et envoûté par les pleurs désespérés. Les SS assistaient à la scène avec un sourire satisfait et l'orgueilleuse joie des vainqueurs, ils les poussèrent dans le Bunker en les frappant.

Les 3 000 femmes nues (début de 1944)

Il soufflait un vent froid et coupant, le ciel était couvert, la terre gelée. Le premier camion, plein de femmes et de filles nues, était arrivé au crématoire 2. Elles ne sont pas debout, serrées les unes contre les autres, comme d'habitude, non, elles ne peuvent pas tenir sur leurs

jambes, affaiblies, elles gisent sans forces les unes sur les autres. Le camion s'arrête. [...] On soulève la benne et on bascule les corps comme on décharge un tas de gravier sur une chaussée. Celles qui gisaient devant tombent sur le sol dur, se fracassent si bien qu'elles perdent la force de bouger. Le reste des femmes tombe par-dessus et elles sont étouffées et écrasées par cette lourde charge. [...] Celles qui [...] commencent à s'extraire du tas, se mettent debout [...] commencent à grimper [...] sol, elles tremblent et grelottent de froid. Elles se traînent jusqu'au Bunker appelé « local de déshabillage » où l'on descend par un escalier comme vers une cave. Les autres y sont descendues par les membres du *Kommando*, accourus pour relever les victimes et retirer du tas avec précaution celles qui écrasées respirent à peine. Beaucoup ne peuvent plus mettre un pied devant l'autre. On les prend dans nos bras et on les porte à l'intérieur [...]. Huit jours plus tôt, on avait choisi des blocs entiers de jeunes filles juives sans en examiner aucune, et on les avait mises à part et conduites au bloc 25. Là, on leur avait ordonné de se mettre nues pour soi-disant examiner si elles étaient en bonne santé. Après qu'elles s'étaient déshabillées, on les avait poussées dans les trois blocs, à raison de mille par bloc, étroitement serrées, puis enfermées pendant trois jours pleins, sans la moindre goutte d'eau, ni le moindre morceau de pain. [...]. L'un de nous n'a pu se dominer davantage et a éclaté en sanglots. Une jeune fille s'écrit : « Ah ! J'aurai vécu assez pour voir avant ma mort une expression de pitié, ici, où l'on martyrise, frappe, torture et tue, où disparaît tout sentiment humain, où un frère ou une sœur tombe devant tes yeux sans être accompagné du moindre gémissement. Ainsi donc ma mort sera accompagnée d'une larme. Il se trouve encore quelqu'un pour nous pleurer. »
Des heures durant, des camions sont arrivés, qui se débarrassaient de leur masse humaine en la basculant à terre. Quand elles ont enfin été toutes rassemblées, on les a poussées dans le Bunker de gazage. [...] Terrible vacarme...

Extrait du manuscrit de Zalmen Gradowski

Gradowski guide le lecteur en s'adressant directement à lui dans un style intentionnellement littéraire. L'écrit s'arrête au moment où l'auteur est recruté au *Sonderkommando*. Il est possible que la suite ait été enterrée à différents endroits, sous des amas de cendres, dans l'espace des crématoires. En mars 1945, après quatre ans dans les camps de concentration, Haïm Wollnerman retourne à Oswiezcim, sa ville natale. Chaque jour, il se rend au camp pour y chercher, dans les blocs ou dans les archives, nom et traces de parents, d'amis de connaissances, en vain. Après quelque temps, Wollnerman et un petit groupe d'amis décident de rejoindre Israël. C'est peu avant son départ définitif qu'un jeune homme lui rend visite et lui propose de lui *vendre* une boîte qu'il avait déterrée près d'un crématoire à Birkenau. Wollnerman paie. Édition du texte à compte d'auteur, trente et un ans plus tard.

Voici l'invocation au lecteur par laquelle s'ouvre le manuscrit dédié par l'auteur à sa famille entièrement liquidée à Birkenau, sa mère, ses deux sœurs, sa femme, son beau-père, son beau-frère. N'oubliez pas qu'elle a été écrite en cachette, *sur le tas*.

> Viens vers moi, toi, heureux citoyen du monde, qui habite le pays où existent encore le bonheur, la joie et le plaisir, et je te raconterai comment les criminels modernes ont transformé en malheur le bonheur d'un peuple, changé sa joie en éternelle tristesse, détruit à jamais son plaisir de vivre.
> [...] Viens vers moi, toi, libre citoyen du monde, qui as eu la chance de ne pas avoir à affronter la domination des bourreaux, et je te raconterai comment, par quels moyens, ils ont fait périr des millions de membres du fameux peuple de martyrs.
> [...] Qui sait si, avant que le matin ne s'illumine, les témoins pourront s'extraire de la nuit car tu croiras certainement que la destruction que tu constateras était due à une punition infligée par les canons. Tu penseras certainement que la grande extermination subie par notre peuple était la conséquence de la guerre. Tu croiras certainement que la liquidation du peuple européen Israël était due à une sorte de cataclysme naturel.
> [...] Tu préféreras chercher un réconfort parmi les fauves plutôt que de te trouver parmi tes semblables civilisés, car même la bête sauvage, grâce à la civilisation, a été apprivoisée, ses griffes ont été émoussées et elle a beaucoup perdu de sa cruauté. Mais c'est le contraire pour l'homme, quant il est changé en bête sauvage. Plus il était cultivé, plus il est cruel ; plus il était civilisé, plus il est barbare ; plus avancé était son développement, plus horribles sont ses actes.

Déréliction des enfants[1]

Dans la sierra d'Atapuerca, non loin de Burgos, ont été découverts au cours des années 1990 les ossements d'au moins onze hominidés datant de huit cent mille ans, que l'on considère comme les plus anciens vestiges de notre espèce en Europe (à l'exception d'une mandibule trouvée sur un site voisin, vieille d'un million deux cent mille ans). Les marques relevées sur les squelettes appartenant tous à des enfants ou des adolescents montrent que les dépouilles des jeunes victimes ont été équarries à l'aide d'un outil tranchant et leur chair consommée, peut-être lors d'une lutte entre clans. Certains crânes ont été fracassés et les membres volontairement fracturés.

Nous connaissons donc un seul caractère de nos lointains ancêtres, leur anthropophagie. Leur espérance de vie était courte, et nous devons nous les représenter comme des adolescents cannibales, dont les habitudes poursuivies pendant des centaines de milliers d'années ont pu imprégner nos gènes à travers un des processus d'évolution et subsister dans notre ça.

BOMBARDEZ LES QUARTIERS GÉNÉRAUX

L'exposé ci-dessous suit de très près le remarquable article de Jacques Andrieu[2].

L'échec du Grand Bond en avant, qui aurait entraîné une trentaine de millions de morts (les chiffres sont incertains), amena la mise à l'écart de Mao Zedong, remplacé en avril 1959 par Liu Shaoqi à la présidence de la République de Chine. Mao avait cependant gardé un immense prestige et des appuis dans l'armée

1. Jacques Guillermaz, *Le Parti communiste chinois au pouvoir*, Payot, 1972.
2. Jacques Andrieu, « Les gardes rouges. Des rebelles sous influence », *Cultures & Conflits*, 18, 1995, p. 121-164.

où l'un de ses vieux compagnons d'armes, Lin Biao, prit à tâche de diffuser, à partir de la fin de 1962, l'étude de la pensée Mao Zedong, préparant ainsi la revanche du Grand Timonier. L'appareil du parti résista, mais la « Circulaire du 16 mai 1966 », accompagnée de la disgrâce du maire de Pékin, Peng Zhen, marqua le retour de Mao.

L'agitation croissait à l'Université de Pékin. Le 28 mai, un professeur, Mme Nieh Yuanzi et six membres du département de philosophie placardèrent un journal mural qui attaquait le recteur Lu Ping et appelait aux armes contre les éléments révisionnistes. Ce dazibao avait été commandité par Jiang Qing, l'épouse de Mao. Le 29 mai, la première organisation des « gardes rouges », c'est-à-dire un groupe de collégiens et d'étudiants, vit le jour au lycée annexe de l'Université Qinghua.

Dans l'après-midi du 1er juin, Mao Zedong, prenant connaissance du journal mural de Mme Nieh, l'approuva, recommanda sa diffusion et déclara que « le premier coup de canon de la révolution culturelle » venait d'être tiré. Le même jour, le *Quotidien du peuple*, journal officiel du Parti affirma que les impérialistes devaient être purgés et continua dans ce sens par une série d'éditoriaux qui ont été qualifiés de charte de la révolution culturelle. Aussitôt, tous les règlements universitaires furent déclarés abolis et il s'ensuivit, à l'échelle du pays, des chahuts où chacun, sur les campus comme dans les lycées, s'abandonna, tandis que les professeurs se voyaient imposer l'emploi du temps spartiate qui était auparavant celui de leurs élèves, avec lever à 6 heures du matin, l'eau et l'électricité coupées à 22 heures et le pas de course pour chacun de leurs déplacements.

Un basculement se produisit et les potaches se précipitèrent dans une désobéissance autonome qui passa rapidement de la critique à l'agression. L'encadrement professoral, administratif ou politique devint leur cible, et les enfants rivalisèrent les uns avec les autres pour humilier ceux qui les avaient dominés. Une fois détrônés de leurs positions d'autorité, les ex-maîtres devinrent des pantins que chacun se permettait d'outrager et de molester. Après deux mois de congés pour cause de « révolution », les lycéens et les étudiants, tous devenus en juin gardes rouges, se répandirent dans les rues afin d'éliminer les traces des « quatre vieilleries », suivant l'euphémisme par lequel Mao avait désigné « la vieille culture, les vieilles habitudes, les vieilles pensées et les vieilles coutumes » de la civilisation chinoise. Munis de listes fournies par les commissariats de police et les services de la sécurité, ils se rendirent chez les intellectuels, chez les artistes, chez les anciens bourgeois et les anciens fonctionnaires, chez tous ceux qui, dans l'« ancienne société », avaient voyagé à l'étranger, bref, chez les souffre-douleur du régime depuis 1949. Leurs demeures furent saccagées, eux-mêmes, sans considération pour leur âge ou leur sexe, roués de coups et promenés dans la ville au son des gongs et des tambours, une pancarte injurieuse autour du cou et un bonnet d'âne sur la tête. Dans leur zèle, les gardes rouges débaptisent les rues et les magasins et les affublent de noms empruntés à l'imagerie « révolutionnaire », « anti-impérialiste » et « antirévisionniste », ils brisent les stèles anciennes et les statues bouddhistes ou taoïstes et dévastent les temples et les rares églises encore ouvertes au culte, en suivant avec application le précepte de Mao : « Sans destruction, pas de construction. »

La révolution culturelle a été voulue, planifiée, montée en chacune de ses phases et, en définitive, rendue possible par Mao et la faction de l'oligarchie qui le soutenait, avec, en coulisses, l'appui décisif de la sécurité, le KGB chinois, et d'une fraction importante de l'armée. Les gardes rouges ne s'étaient lancés dans cette aventure que pour répondre à son appel, qui leur avait promis un « monde nouveau » s'ils se conformaient aux préceptes de sa « pensée », qualifiée de « bombe atomique spirituelle ». Puis, le 5 août, Mao placarda son propre dazibao où il lançait cet appel à l'insurrection qui allait faire le tour de la planète : « Bombardez les quartiers généraux ! » Enfin, le 18 août, au cours de la première des huit grandes processions de « petits généraux » qu'il passa en revue sur la place Tiananmen jusqu'au 25 novembre, il arbora le brassard de « garde rouge ». Plus de 13 millions de lycéens et d'étudiants défilèrent au pas cadencé devant leur idole. Tous étaient arrivés à Pékin par des trains qu'ils avaient pris d'assaut dans une liesse indescriptible. À Pékin, l'immense problème d'intendance que posaient ces millions de gardes rouges provinciaux qu'il fallait loger et nourrir fut résolu grâce au concours de l'armée et des forces de la sécurité (la GAJ, l'équivalent chinois du KGB). L'encadrement par l'armée et la sécurité est une caractéristique qui se maintint tout au long de la révolution culturelle. Ainsi était-il courant que l'armée assurât l'impression des innombrables publications des gardes rouges et elle leur ouvrit plus d'une fois ses fichiers, leur fournissant les matériaux qui alimenteraient leurs « critiques » contre telle ou telle personnalité.

Au début, les gardes rouges limitèrent leurs actions au monde de la culture et de l'éducation, le « repaire » par excellence des intellectuels, dont Mao venait de découvrir qu'ils constituaient une « neuvième catégorie puante ». Ainsi, en août 1966, l'écrivain connu Lao She, qui, après 1949, s'était pourtant rallié au régime, fut-il publiquement insulté et torturé par eux, puis acculé au « suicide ». Rien que dans le corps professoral de Pékin, il y eut, pendant l'été 1966, plus de deux cents « suicides » commis dans des circonstances analogues... Puis les gardes rouges s'en prirent aux vestiges du passé, durant ce même été 1966. Leur fanatisme ne tolérait pas les compromis : la révolution culturelle porte les traits de l'adolescence, l'intransigeance, l'idéalisme, l'illusion et, surtout, l'inexpérience. Les gardes rouges avaient grandi dans le creuset de l'Homme nouveau socialiste. Les religions étaient traitées comme un fatras de « superstitions ». La famille était placée sous surveillance et menacée dans ses attributions les plus traditionnelles.

La diffusion, à la fin de 1965, parmi les lycéens et les étudiants, de l'éloge de la paresse par Mao dans sa *Directive sur l'éducation de la Fête du Printemps* représente le geste fondateur de la révolution culturelle. En effet, six à sept mois plus tard, quand la jeunesse scolarisée fit irruption sur la scène de la révolution culturelle, sa première action d'éclat fut de suivre ce que le Timonier lui avait suggéré, à savoir se mutiner contre les professeurs, et jouer à renverser les rôles. Elle découvrit qu'elle pouvait s'arroger une position décisive dans la vie des établissements scolaires, des familles et même du pays. Elle se rua aussitôt, *Petit Livre rouge* en main, sur les cibles explicitement désignées par le Centre : les grands intellectuels et les hauts fonctionnaires, mais aussi tous ceux qui étaient plus ou moins soupçonnés de s'opposer au président Mao. Le côté subjectif, voire fantaisiste, de ces désignations provoqua rapidement le chaos au sein des gardes rouges qui se scindèrent en factions rivales. La première prit le nom de « vieux gardes rouges » pour marquer son antériorité vis-à-vis des autres. Elle était constituée en grande partie d'enfants de hauts cadres, proches du pouvoir, qui se sentaient donc investis d'une mission particulière, puisqu'ils se croyaient plus à même d'interpréter les volontés de Mao. Venaient ensuite les « rebelles qui critiquaient à la fois la hiérarchie et les options choisies par les factions adverses », puis les « conservateurs », c'est-à-dire ceux qui voulaient protéger l'empereur, autrement dit Mao. D'autres scissions se produisirent qui donnèrent naissance aux « rebelles révolutionnaires » et aux « rebelles conservateurs ». Tous ces groupes réglèrent leurs différends à coups de fusil. La Chine entière était tombée dans l'anarchie.

LA LUTTE

La problématique dans laquelle s'enfermèrent les gardes rouges était celle d'une « révolution » dont les postes de responsabilité auraient été usurpés par des renégats, des transfuges et autres traîtres, c'est-à-dire, par de faux pères. Aussi entreprirent-ils de démasquer des « coupables », d'abord parmi leurs professeurs, puis parmi tous les détenteurs d'une parcelle d'autorité qui croisaient leur chemin, y compris les comités de Parti des municipalités et des provinces, en s'attachant à respecter ce qui tenait alors lieu de procédure judiciaire en Chine. Comme ils avaient pu l'apprendre de leurs aînés, les apparatchiks en charge de la sécurité, ils commençaient par déterminer le chef d'« inculpation » de leurs « prévenus » à partir de critères tels que l'« origine sociale ». Puis, comme cela s'était fait des millions de fois depuis le début des années 1950, ils « instruisaient » leurs affaires, en fouillant dans le passé de leurs victimes. Depuis le début vous n'étiez plus libre de vos mouvements, car la parodie n'aurait pas été parfaite si les magistrats en herbe n'avaient pas mis au point leur propre système de détention, des prisons improvisées sur les lieux de travail et d'étude, aimablement qualifiées d'« étables ». Une fois l'« instruction » close, venaient les « aveux » et la « confession », obtenus par la trique, la privation de nourriture et culminant par l'« autocritique », cette pratique interne aux partis communistes qui, en Chine, avait été étendue au citoyen ordinaire : que l'on se figure la joie avec laquelle les élèves du professeur, par exemple, décrétaient, dix fois, cent fois, qu'il avait rendu une très mauvaise copie et qu'il lui fallait tout recommencer depuis le début. En même temps, vous étiez soumis à la procédure appelée la *lutte des masses*. C'est-à-dire que vous deviez comparaître devant vos anciens collègues, vos anciens élèves, vos anciens subordonnés, métamorphosés en une foule hurlante, et, entre deux volées de coups, écouter pendant des heures énumérer vos « crimes », dans la posture dite « de l'avion » – corps cassé en deux, mais le dos droit, bras à demi écartés avec pour seul répit les génuflexions que vous étiez forcé d'effectuer devant le portrait de Mao accroché au mur. Ce cérémonial réglait, déjà, les « meetings de lutte » contre les « propriétaires fonciers », pendant la réforme agraire... Son archétype est celui du « récit d'amertume » qui avait alors permis de ruiner le prestige et l'autorité des anciens notables locaux.

En novembre 1966, le « Centre » décide de porter la révolution culturelle dans les usines. Ayant reçu le feu vert, les étudiants partent fraterniser avec leurs « maîtres ouvriers » Dès ce moment, les violences s'étendent au monde industriel, où, sous l'impulsion des enfants, elles prennent la forme d'une justice populaire, enrichie d'une nouvelle dimension, la dénonciation par les plaignants des persécutions que leur avaient fait subir les cadres mis sur la sellette. Le simple fait de les évoquer leur arrachait des sanglots, ce qui, du coup, mettait la larme à l'œil de l'assistance, des stigmates exhibés du haut de l'estrade ponctuaient leur narration, tandis que, emportés par leur élan, ils se laissaient aller à l'exagération délirante. Sous les acclamations d'une foule qui réclamait sa livre de chair, ils étaient en général les premiers à frapper les loques humaines qu'ils accusaient.

Le moule dans lequel les gardes rouges se coulèrent est celui d'une imitation des Anciens. La moindre de leurs violences devenait une « guerre du peuple », le moindre de leurs déplacements, par exemple pour aller « prendre contact » avec les « révolutionnaires » d'autres villes, une « Longue marche », et il était accompli avec le décorum requis par une référence aussi glorieuse : drapeaux rouges dont les plis se déployaient au-dessus de visages exprimant la résolution, vêtements copiant ceux de l'Armée rouge, formation militaire, slogans scandés sur un ton montrant que l'on n'avait pas peur de la mort, bref, une mise en scène calquée sur les films qui leur avaient conté l'épopée communiste. Par ce mimétisme, ils exprimaient leur besoin de reconnaissance par un superpère, Mao, dans un contexte où l'autorité des pères biologiques avait été anéantie. En même temps que Mao s'inventait des ennemis, eux-mêmes prirent au sérieux le jeu de rôles dans lequel il les avait entraînés et remplacèrent les fusils de bois par de vraies mitraillettes, tirant de vraies balles et faisant de vrais morts. L'important pour eux se situait dans une révolte contre une Loi abusivement autoritaire, qu'ils justifiaient par ce fait-là que le Père en personne les y avait invités en remettant à l'honneur une exégèse du marxisme-léninisme qu'en 1939 il avait condensée dans une formule lapidaire : « On a raison de se révolter ! » Dès lors, l'imitation des gardes rouges cesse d'apparaître comme un élément folklorique. Comme cette révolte contre le Père n'était pas venue d'eux, mais de Lui, elle était le moyen de prouver que, en bonne doctrine confucéenne, ils étaient ses dignes Fils.

TRANSGRESSION[1]

Le passage à la violence se produisit du jour au lendemain, dans le courant du mois de mai 1966, sans le processus de maturation vécu par l'Allemagne nazie, ce qui prouve que cette violence existait alors en puissance dans la société chinoise.

1. Jacques Andrieu, *op. cit.*

La bonne conscience explique aussi que des enfants aient pu répudier publiquement leurs parents incriminés dans des affaires de « complot » ou de « trahison ». C'est le cas des filles de Liu Shaoqi, qui furent contraintes de critiquer leur père. Les enfants de Tao Zhu, le « Roi du Sud », comme le surnommèrent les gardes rouges se laissèrent facilement persuader de dénoncer le leur. Chen Kaige, réalisateur primé au festival de Cannes de 1993, a reconnu dans une interview publiée par un hebdomadaire français[1] : « Mon père, je l'ai attaqué, dénoncé comme contre-révolutionnaire. Publiquement. » En même temps, il résumait la motivation des gardes rouges. « Quand les gardes rouges ont fait leur apparition, j'ai cherché à les rejoindre. Moi, je voulais faire partie du groupe, ne plus être un adolescent solitaire. J'avais peur. Ils ne voulaient pas de moi, car mon père avait fait partie du Guomindang. J'ai appris le *Petit Livre rouge* par cœur, comme tout le monde, j'ai participé aux manifestations. Finalement, j'ai été accepté. Puis les gardes rouges ont fait irruption chez nous et ont contraint ma mère, malade, à rester debout dans un coin pendant quatre heures. Je ne l'ai pas défendue. » Quant aux mobiles d'un engagement qui a été longtemps porté aux nues en Occident, Chen Kaige ne le cache pas : « J'ai battu des gens. Je pensais que c'était drôle. J'avais 15 ans. Je me suis senti coupable, mais content en même temps. J'avais une impression de force. » Autre témoignage, parmi mille tout aussi révélateurs des enjeux véritables de la révolution culturelle : « J'ai enfilé le brassard rouge et, dans l'usine, je me suis mis à hurler les slogans, le poing levé. Je mettais en valeur mes compétences : chacun de mes coups de pied à un individu engagé sur la voie capitaliste laissait une marque violette, chacune de mes claques, cinq traces rouges. Puis on est allé débusquer mon père. Il n'avait que des "problèmes historiques" insignifiants, mais cela ne m'a pas empêché de gueuler qu'il était un contre-révolutionnaire coupable de fautes irrémissibles. Comme si cela ne suffisait pas, je lui flanquai une gifle, si forte que le vieil homme en eut le visage

1. *Le Nouvel Observateur*, 21 octobre 1993, n° 1511, p. 126.

en sang. » Des enfants se faisant les censeurs de leurs parents, pour le compte d'un État Parti omnipotent, voilà une pratique dont on sait qu'elle peut devenir banale. Mais la révolution culturelle a fait mieux. Elle a montré qu'une idéologie universellement respectée, y compris par les esprits les plus aiguisés (Jean-Paul Sartre a écrit dans *La Cause du peuple* qu'à la différence de Staline, Mao ne s'est jamais trompé), pouvait déboucher sur le cannibalisme. Et nous n'en avons rien su… Le moindre scandale n'était-il pas déjà retransmis en mondovision, accompagné des protestations des intellectuels « engagés » ? Cependant l'intelligentsia occidentale a bayé d'admiration, pendant toutes les années 1970, devant la révolution culturelle[1]. Pourtant, en juin et juillet 1968, en Chine, des élèves ont mangé les corps de leurs professeurs, dans un pays qui a toujours tenu le savoir en grande estime. La preuve en a été apportée en 1992. Nous devons cette révélation à Zheng Yi, un écrivain né en 1947. Ayant été lui-même garde rouge, comme Chen Kaige, il avait décidé de faire la lumière sur les cas d'anthropophagie qui, selon une rumeur persistante en Chine même, se seraient produits, pendant la révolution culturelle, dans la province du Guangxi. Muni des autorisations nécessaires, il s'y est donc rendu en 1986 et 1988, y a recueilli des témoignages et a pu consulter[2] les rapports d'enquête rédigés par les commissions spécialisées créées par le Parti, au début des années 1980. Le résultat de ses recherches est sans équivoque.

La frénésie anthropophage a commencé au lycée du chef-lieu de district de Wuxuan. Elle s'étendit à la proche campagne, puis aux districts avoisinants. La première victime fut Wu Shufang, une professeure de géographie et de dessin. Le 18 juin 1968 au soir, elle fut bâtonnée à l'issue d'une séance de lutte : le proviseur et trois professeurs, tous membres de la « clique noire », furent

1. Yves Viltard, « Les paradigmes à l'épreuve de l'air du temps, le discours des sciences sociales sur l'exception chinoise », *Revue française de science politique*, octobre 1995, vol. 45, n° 5.

2. Annie Au Yeung et Françoise Lemoine-Minaudier, extrait de l'ouvrage de Zheng Yi, *Perspectives chinoises*, janvier 1993, n° 11-12, p. 72-83.

requis, par des élèves en armes, de procéder au dépeçage du cadavre. Voici ce que le proviseur a déclaré à Zheng Yi : « Fu Bingkun, élève de première, jeta un couteau de cuisine à côté du corps en disant : “Espions, coupez dans la chair ! Mangeons-en cette nuit ! N’abîmez pas l’intestin en découpant ! Si vous le faites, je vous précipite avec dans le fleuve ! Je veux seulement le cœur et le foie.” Je tenais le couteau. Ma main n’arrêtait pas de trembler. Il n’y avait rien à faire : je ne pouvais pas commencer à trancher. Tout en m’insultant, les élèves donnèrent le couteau à Tan Chineng, professeur de mathématiques. À la lumière d’une lampe de poche, celui-ci se mit à l’œuvre, en serrant les dents. S’il ne s’était pas exécuté, les élèves nous auraient liquidés, nous aussi ! Après le cœur et le foie, ce fut le tour de la chair des cuisses d’être découpée. Certains en remplissaient des sacs en plastique, d’autres repartaient, des morceaux de viande saignante accrochés aux longs canons de leurs fusils. Puis vint l’étape de la cuisson, qui se prolongea très tard dans la nuit. Elle eut lieu dans les marmites des cuisines de l’école, permettant ainsi à 70 à 80 élèves de se repaître de la chair de leur professeur, mais aussi, sur des barbecues improvisés, dans les dortoirs, dans la cour et sous les auvents devant les salles de classe. Deux jours plus tard, le 21 juin, un élève du même lycée, Zhang Fuchen, fut dévoré à l’occasion, là aussi, d’une de ces séances de lutte. » Le 26 juin, dans l’ensemble du district on dénombrait déjà plus de 120 cas de meurtres suivis par ces festins d’un genre nouveau. L’épidémie allait s’étendre. Voici un autre récit ayant pour cadre, à nouveau, l’enceinte d’un lycée, le lycée de Tongling, un district jouxtant celui de Wuxuan : « Le 1er juillet 1968, à huit heures du soir, dans la salle de classe 10 C de l’école de Tongling, le proviseur adjoint, Huang Jiaping, subit une séance de lutte. Le responsable adjoint du Comité révolutionnaire à l’école, Xie Dong, présida la réunion et prononça un discours. Au bout d’une heure environ, il déclara la séance levée. Tan Tingduo, un élève, et trois autres personnes escortèrent le proviseur adjoint dehors, bâtons en main. Quand ils arrivèrent devant la porte de la cabine téléphonique, Tan Tingduo hurla : “Cognez !” et frappa Huang de son gourdin. Les autres se précipitèrent spontanément sur le proviseur adjoint qu'ils tuèrent de leurs coups. [...] Le lendemain matin, à 8 heures, son cadavre fut porté sous un arbre, à côté du terrain de sport. On récita des passages du *Petit Livre rouge*, puis la foule se dispersa, laissant le corps exposé. Qui trancha le premier dans la chair ? La plupart des témoignages accusent Tan Liufang, une élève garde rouge qui avait entretenu une relation amoureuse avec le fils aîné de Huang. Pour bien montrer qu'elle se démarquait de la famille Huang, elle aurait été la première à prendre un couteau et à entailler la viande. »

QUELQUES EXEMPLES D'EXACTIONS

En août 1966, les gardes rouges « nettoient » le district de Daxing, qui est situé sur le territoire de la municipalité de Pékin, au sud de celle-ci, de ses « propriétaires fonciers, paysans riches, contre-révolutionnaires, mauvais éléments et droitiers », ainsi que de leurs enfants : 325 personnes trouvent la mort.

En août 1967, dans les villages du district de Daoxian, province du Hunan, à la suite d'une rumeur selon laquelle les « catégories noires » étaient sur le point de « se rebeller », des « Cours suprêmes des paysans pauvres et moyen-pauvres » autoproclamées passent à l'acte. Voici un extrait du rapport d'enquête : « En août 1967, dans les campagnes de Daoxian, s'est produit le massacre de 10 000 personnes. Les plus âgées avaient 80 ans, les plus jeunes, quelques mois seulement. En dehors des quatre catégories et de leurs enfants, ont également été tués des membres du Parti communiste, des membres de la Ligue de jeunesse communiste, des paysans pauvres et moyen-pauvres, des cadres de l'État, des soldats démobilisés. Voici les façons de tuer employées : dépeçage au couteau ; coups assénés avec l'arrière d'une hache ; brûlure au fer rouge ; ensevelissement vivant ; noyade ; coups de poignard ou de baïonnette ; déchirement du corps au coutelas ; coups de houe ; étranglement à la corde ; lapidation ; mort par explosifs de groupes de dix personnes attachées ensemble ; mort par asphyxie de groupes de plusieurs dizaines de personnes précipitées dans des réserves à patates douces qui étaient ensuite enfumées. On a également recouru à la décapitation, à l'énucléation, à l'ablation des oreilles et du nez, à l'éviscération, à l'amputation des seins, des doigts et des membres[1]. »

Nous présenterons comme dernier exemple l'inondation de l'abri antiaérien de Nanning[2] le 8 août 1968.

Depuis la libération, la province du Guangxi ne pouvait se vanter d'aucun succès économique. En revanche, elle s'était mise en vedette dans la construction de routes stratégiques ou de projets de défense de la population, en particulier celui de l'abri antiaérien de Nanning. Cet abri était doté d'un système indépendant de distribution de l'eau et de l'électricité, et d'équipements d'aération et de protection contre les gaz toxiques. De plus y étaient entreposées des réserves alimentaires qui devaient permettre à plusieurs dizaines de milliers de personnes de survivre pendant des mois. Face aux assauts répétés du quartier militaire et des miliciens du « Quartier général », près de 3 000 membres (peut-être 7 000) du « 22 avril » y trouvèrent refuge.

Le but que s'étaient fixé le « Quartier général » et l'APL (l'Armée populaire de libération) était d'exterminer tous les opposants. Ils imaginèrent donc d'ouvrir les vannes du barrage situé sur le cours supérieur de la Yong pour inonder Nanning et ainsi noyer les adversaires cachés dans l'abri. Lorsque l'eau se déversa, un bon nombre de gens qui avaient trouvé refuge dans l'abri en sortirent pour se rendre et beaucoup furent exécutés après leur reddition. Quant à ceux qui étaient restés à l'intérieur, ils moururent noyés. Comme ils n'avaient plus aucun doute concernant la détermination des militaires et du « Quartier général » à en finir avec eux, les opposants qui résistaient dans ce sous-sol avaient placé tous leurs espoirs en « Mao et le groupe de la révolution culturelle » pour les sauver. Ils avaient rédigé un télégramme codé et avaient envoyé un des leurs le porter à Pékin.

1. Jacques Andrieu, *op. cit.*
2. Song Yongyi, *Les Massacres de la révolution culturelle*, Buchet-Chastel, 2008.

Mais le Comité central qui jadis les avait manipulés ne fit aucun geste en leur faveur.

Ce qu'ils ignoraient, c'est que la région militaire du Guangxi commandée par Wei Guoqing avait obtenu le « feu vert » des autorités centrales pour les éliminer. Le 25 juillet 1968, le gouvernement central et les dirigeants du comité révolutionnaire avaient rencontré une partie des camarades des deux organisations de masses venues étudier à Pékin et une partie des cadres de l'armée.

Le contenu de cette discussion fut mis en forme pour devenir, par la suite, la « directive importante » du « Quartier général prolétarien ». Cette directive fut diffusée partout par les comités révolutionnaires, par les organisations de préparation de la révolution, par les comités de gestion de l'armée et par les troupes soutenant les gauchistes. Elle devint une matière d'enseignement obligatoire pour toutes les organisations du Parti, pour les cadres et pour les masses. Ce fut le symbole du lâchage, par Mao Zedong et le comité révolutionnaire, du « groupe rebelle » qui s'était dévoué corps et âme pour abattre Liu Shaoqi, et de leur nouveau soutien au pouvoir militaire.

Zhou Enlai et ses compagnons conclurent que le « 22 avril » était une organisation contre-révolutionnaire qu'il devenait urgent d'abattre.

Ainsi, le « 22 avril » qu'avaient fustigé le Premier ministre et son gouvernement fut anéanti.

Avec les inondations, les corps remontaient à la surface. Auparavant, pendant les crues, ce qui dérivait sur l'eau c'étaient des mauvaises herbes, des morceaux de bois ou des restes de petits animaux. Maintenant, de la Yong jusqu'au delta de la rivière des Perles, des milliers de corps inertes dérivaient jour et nuit. Les habitants de Hongkong et de Macao finirent même par voir arriver sur leurs plages des cadavres venant de Chine. Les quotidiens locaux titraient : « Les luttes au Guangxi ont fait de nombreux morts et blessés. Des cadavres se déversent dans la mer... » Les dirigeants du Guangxi, en lisant ces journaux, comprirent qu'on avait mis au jour leurs « bassesses ». Ils sommèrent tous les districts situés sur les rives de la Yong de repêcher les victimes offrant à chacun 10 yuans par cadavre.

On récupéra quantité de corps dans l'abri antiaérien de Nanning et, à partir de 1968, bien que le comité révolutionnaire de la municipalité n'eût cessé de l'asperger de formol et autres désinfectants, des relents de chair en putréfaction empestèrent longtemps l'air ambiant.

SUITE ET FIN DE LA RÉVOLUTION

La révolution avait fait glisser le pays dans le chaos et la guerre civile. Après l'orage gauchiste de l'été 1967, qu'il avait lui-même déclenché, Mao dont le pouvoir était désormais affermi estima que la mission des gardes rouges avait atteint son terme et, le 9 octobre, *Le Quotidien du peuple* publia de lui un avertissement lourd de menaces : « Ça va être au tour des petits généraux de commettre des erreurs ». Le Timonier mit en place des « comités révolutionnaires » qui préfiguraient un nouvel appareil d'État. Ils rétablirent l'ordre, non sans difficultés. Ce n'est pas en 1967, au plus fort de la lutte entre fractions, mais en 1968, que les massacres furent perpétrés en plus grand nombre au nom des nouvelles autorités.

Comme les dossiers concernant la révolution culturelle sont encore tenus secrets, il est impossible d'établir un bilan des exactions. Des chiffres lui attribuant jusqu'à 7 ou 10 millions de morts ont été avancés. L'historien sino-américain Song Yongyi[1] estime leur nombre à 3 millions, ce qui paraît un chiffre acceptable. Et il ajoute : « Si l'on balaie du regard les dix années qu'a duré la révolution culturelle et si l'on fait l'inventaire des massacres qui se sont produits pendant cette période, on arrive facilement à la conclusion suivante : même si la réalité des faits est encore cachée par les autorités chinoises la majorité des assassinats et des violences perpétrés pendant la révolution culturelle relevaient de l'appareil com-

1. Song Yongyi, *Les Massacres de la révolution culturelle*, *op. cit.*

muniste. Certains, même, étaient planifiés de longue date et la “politique insurrectionnelle” n’était que le résultat ou le prolongement d’une forme de comportement étatique. Les assassins qui avaient orchestré ces massacres et qui y avaient pris part étaient l’armée, la police, la milice ou des apparatchiks du Parti, tous protégés par le pouvoir. »

Une nouvelle lubie du Grand Timonier décida le départ des jeunes gens à la campagne, d’abord les « Trois Promotions » de 1966, 1967, 1968 que la révolution avait empêché de recevoir des diplômes, puis les « Six Promotions », c’est-à-dire les deux cycles de l’enseignement secondaire : 2 millions de départs en 1968, puis 2,5 millions en 1969. La pratique persista jusqu’en 1980. Dix-sept millions de jeunes citadins, la moitié des générations concernées, en furent les victimes, envoyés à des travaux forcés contre leur gré. Ni intellectuels ni ouvriers, ils ne deviendront pas paysans, mais seront transformés en déclassés appelés *zhiqing* (jeunes instruits). Ayant interrompu leurs études, ils sont inutilisables à leur retour, sans formation et sans travail.

CE N’EST PAS FINI

Au début de notre siècle, on comptait 300 000 enfants-soldats dans le monde. Plus de 120 000 d’entre eux se trouvaient en Afrique. Les armées de guérilleros qui dévastèrent le Liberia et le Sierra Leone avaient enrôlé nombre d’entre eux. Un documentaire tourné au Liberia à la fin de 2003 par François Margolin donne la parole à plusieurs enfants. Le film s’ouvre sur Prince, 14 ans : « J’adore tuer » ; Gibson, 10 ans, « en a tué beaucoup ». Au centre de réhabilitation des enfants-soldats à Monrovia, on découvre qu’ils sont à la fois victimes et bourreaux ; une bonne moitié a choisi délibérément de se battre. Certains racontent sans ciller des séances d’anthropophagie, se rappelant le bon goût du cœur humain quand il est cuit à point.

Les faits concernant la Chine rapportés ci-dessus sont-ils de nature différente, puisqu’ils se sont produits au sein d’une nation à la très haute culture, encadrée par une administration sagace et omniprésente – non dans les grottes ou la forêt ?

Déréliction des animaux

J'aborde maintenant un sujet qui s'est révélé délicat. En effet, les amis qui ont bien voulu lire les pages suivantes ont été choqués de découvrir ce qu'ils ont interprété comme un amalgame entre les victimes des nazis et les animaux domestiques. Rien n'est plus loin de ma pensée. Les génocides n'ont aucune justification et se présentent comme des crimes inexpiables sans circonstances atténuantes. Au contraire, la boucherie satisfait un besoin vital de l'homme, celui de manger, et la consommation de viande est un attribut fondamental de l'espèce dont seule une petite minorité s'abstient en s'affirmant végétarienne.

L'inclusion dans ces pages d'actes affreux de nature différente n'a pas pour but de les rapprocher, mais de révéler au lecteur qui les ignore ou plutôt veut les ignorer, des *exemples* de la méchanceté exacerbée par cet esprit de modernité qui nous entraîne vers la catastrophe. Notre méchanceté s'exerce à travers un spectre immense qui couvre non seulement l'ensemble des êtres vivants mais aussi l'air, la mer, la terre, en un mot toute la nature.

Pas plus que les pages précédentes ne sont un acte d'accusation, celles qui suivent ne doivent être confondues avec un plaidoyer pour les droits des animaux.

INTRODUCTION AU XXe SIÈCLE

Rapprocher la description de la « fabrication mathématique de la viande » aux abattoirs de Chicago, extraite du roman *La Jungle*, d'Upton Sinclair, publié en 1906, avec les textes précédents extraits de la cendre d'Auschwitz, ne surprendra pas car l'écrivain américain, en invoquant le dieu hypothétique des porcs, atteint l'essentiel.

> Les animaux ainsi pendus par une patte se débattaient frénétiquement en couinant. Le vacarme était effroyable, à vous déchirer les tympans. Cris aigus et graves, grognements, gémissements de souffrance, tout se mêlait…
> On ne pouvait demeurer longtemps devant ce spectacle sans y voir des symboles et des métaphores, à entendre dans les cris de ces porcs la plainte déchirante de l'univers. […] N'y avait-il vraiment pas, quelque part, un dieu des pourceaux pour qui chaque porc aurait une personnalité propre, précieuse, pour qui ces cris et ces tourments auraient un sens ?
> […] Ensuite, le groupe traversa la rue pour aller voir l'abattage des bovins, dans un bâtiment où, chaque heure, quatre à cinq cents bêtes étaient transformées en viande. […] Un magnifique tableau de la puissance humaine s'offrait à vous.
> Les bœufs étaient emprisonnés dans des compartiments séparés, clos par une barrière qui ne leur laissait aucune place pour se retourner. Ils meuglaient et se jetaient contre les parois tandis que les « assommeurs » penchés au-dessus des boxes, attendaient le moment propice pour les étourdir d'un coup de leur merlin. La bête, qui continuait à se débattre, glissait jusqu'à la « chaîne d'abattage ». Là, on lui entourait une patte d'un cercle d'acier, on actionnait une manette et le bœuf était brutalement soulevé de terre.

Upton Sinclair estime à 250 millions le nombre d'animaux tués dans les abattoirs depuis leur fondation. D'après lui, l'usine emploie 30 000 personnes, en fait vivre 250 000 dans le voisinage et 0,5 million indirectement ; elle nourrit 30 millions de consommateurs.

> Nos amis n'arrivaient pas à croire que l'être humain ait pu concevoir quelque chose d'aussi phénoménal. Devant une si formidable création, à la mesure même de celle de l'univers, comment pouvait-on émettre des doutes sur les lois qui le régissaient ? Devant elle, l'homme ne pouvait que se prosterner humblement et obéir, se montrer reconnaissant d'y avoir sa place et d'y jouer son rôle ; c'était une bénédiction, au même titre que le soleil et la pluie.

Le livre d'Upton Sinclair a créé de l'émotion dans le public américain. L'auteur a été reçu par le président des États-Unis Theodore Roosevelt. Une commission d'enquête s'est penchée sur les abattoirs. Quelque réforme a modifié leur fonctionnement. En réalité, ils préfiguraient l'industrialisation de l'élevage qui, née dans la seconde moitié du siècle, les dépasse de très loin en sauvagerie, car elle s'étend sur toute la vie des animaux dont la mort est devenue la moindre ignominie.

LE BESOIN DE VIANDE

La production mondiale de viande a été multipliée par cinq de 1950 à 2000, passant de 44 millions de tonnes par an à 211 (258 en 2007). Par tête de consommateur, elle a doublé, atteignant 36 kilos par an.

Animaux	1960 (en milliards)	1997 (en milliards)	Augmentation (pourcentage)
Bovins	0,94	1,33	42
Moutons et chèvres	1,34	1,77	32
Porcs	0,41	0,94	131
Volailles	3,90	13,41	244

Tableau 5. *Population d'animaux domestiques.*

Selon l'INRA, la consommation annuelle de viande par personne s'est récemment stabilisée dans les pays développés : 123 kilos aux États-Unis, 86 kilos en Europe, 40 kilos au Japon traditionnellement amateur de poisson. Au contraire, elle croît rapidement dans les pays dans lesquels le revenu moyen par habitant était faible et s'améliore.

L'amélioration du niveau de vie a changé les habitudes partout dans le monde, en augmentant la consommation de viande : dans les dix dernières années celle-ci a doublé dans les nations pauvres, bien qu'elle n'y atteigne qu'un tiers du niveau des pays industrialisés. La demande en tous produits animaux tels qu'œufs et laitages a suivi la même tendance. La pêche a fourni 21 millions de tonnes de poisson en 1950 et 120 millions en 2000, permettant un triplement de la consommation par tête. D'après la FAO, elle devrait croître d'une valeur moyenne annuelle de 16 kilos par personne à 21 kilos en 2030.

Quelques nations dominent la consommation de viande. Les États-Unis et la Chine qui abritent 25 % de la population mondiale, consomment 35 % du bœuf, 50 % des volailles et 65 % du porc. Ajoutons le Brésil et l'Union européenne, et nous arrivons à 60 % du bœuf, 70 % des volailles et plus de 80 % du porc. La Chine produit et consomme à elle seule la moitié du porc qui représente 90 millions de tonnes, un tiers de plus que les bovins ou les volailles.

Pays	Bovins	Porc	Volailles	Mouton	Total
Industrialisés	21	25	24	2	72
États-Unis	44	31	48	1	123
Chine	5	35	11	2	53
Allemagne	16	54	15	1	86
Brésil	36	9	24		70
Inde	0	1	1	1	3

Tableau 6. *Consommation de viande (kilos par personne et par an).*

La croissance de la production animale engendre dans beaucoup de pays une compétition pour l'accès aux ressources naturelles :

Grain : la production de bœuf exige deux fois plus de grain que celle du porc et quatre fois plus que celle des volailles (7 kilos de grain – 4 kilos en France – pour 1 kilo de bœuf, 4 kilos de grain pour 1 kilo de porc, 2 kilos de grain pour 1 kilo de volaille), d'où les progrès relativement plus importants des derniers par rapport aux premiers. À l'heure actuelle, 36 % du grain mondial va à la nourriture des animaux. Dans le monde en développement, la proportion de grain consommé par les animaux vaut 21 %, ayant triplé depuis 1950 et augmentera certainement, dans la course de rattrapage engagée avec les pays industrialisés où ce pourcentage atteint 70 %. Depuis 1960 ce rapport est passé, en Chine de 8 à 26 %, au Mexique de 5 à 45 %, en Égypte de 3 à 31 %.

Eau : la production d'un kilogramme de blé nécessite entre 380 et 950 litres d'eau et celle de 1 kilo de bœuf entre 7 500 et 32 000 litres. Passer du porc au bœuf signifie dépenser deux fois plus d'eau. L'impact sur les régions en manque d'eau est fort. De plus, les grandes quantités de déchets produites par l'élevage menacent les nappes et les rivières. Aux États-Unis, les eaux usées produites par l'élevage valent 130 fois celles produites par les humains.

Surfaces : les 131×10^6 km^2 de la surface continentale (lacs et cours d'eau exclus) comportent 44×10^6 de terres agricoles (34 %) dont 15 % de terres cultivées (3×10^6 consacrées aux aliments pour animaux) et $34{,}6 \times 10^6$ de pâturages permanents non cultivés. Sur les 15×10^6 cultivés, 2,5 soit 16 % sont irrigués et fournissent 40 % de la production agricole mondiale. Étendre notre modèle alimentaire fondé sur une forte consommation de viande au monde entier aboutirait donc à une impasse.

Comme toute l'économie, la production alimentaire s'est globalisée. Le mode de production en série dit *factory farming* (« fermes usines »), conçu pour alimenter la consommation de masse repose sur une technologie moderne. Visant un *output* rapide, bon marché et uniformisé, il s'est répandu à partir des pays industrialisés jusque dans tous les autres. D'après la FAO, entre 1980 et 2001, les cinq plus grandes chaînes d'alimentation, toutes basées aux États-Unis et dans l'Union européenne, ont augmenté par un facteur trois le nombre de pays où elles sont implantées. Les trente chaînes principales d'alimentation contrôlent le tiers du marché mondial. La tendance favorable aux grands exportateurs s'amplifiera avec les accords de libéralisation du commerce agricole en cours de négociation. L'agriculteur, forcé de devenir de plus en plus compétitif, doit s'agrandir et se convertir au modèle industriel du traitement des animaux.

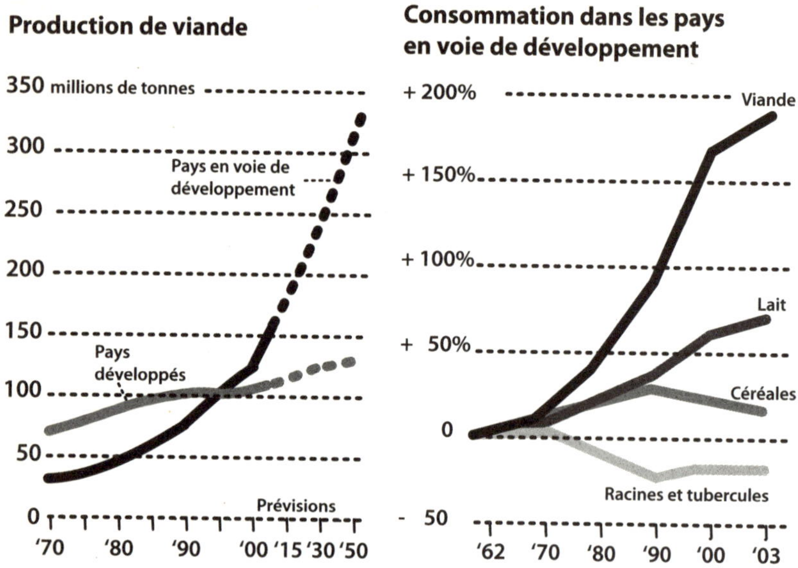

Figure 5. *Production et consommation de viande.* (United Nations Food and Agriculture Organization, 2006.)

LA FERME USINE

Le système industriel appliqué à l'élevage repose sur les principes suivants : rentabilité quoi qu'il en coûte au confort des animaux ; entassement qui fait vivre le maximum de bêtes maintenues immobiles dans le minimum de place, c'est-à-dire à peu près la surface de leur corps, dans des bâtiments clos où les mouvements et les instincts sont contraints ; ajustement de la nourriture à l'objectif d'un grossissement peu coûteux ; médication régulière et abondante pour favoriser la prise de poids (hormones), compenser le stress (anxiolytiques) et éviter les épizooties (antibiotiques).

En Europe, 70 % des antibiotiques mis sur le marché sont donnés aux animaux industriels, qui représentent aujourd'hui 90 % du marché de la viande. Aux États-Unis ils reçoivent dix fois plus d'antibiotiques que les humains. La majorité des animaux élevés pour l'alimentation passent leur vie entière étroitement confinés dans des cages où ils sont traités comme des pièces mécaniques sur une chaîne de montage. La souffrance est leur lot et la mort leur délivrance. La douleur et le stress de milliards de victimes ne sont ni une vue de l'esprit ni la réaction d'une sensiblerie propre aux amis des bêtes, mais des faits reconnus par tous les observateurs et par les éleveurs eux-mêmes coincés entre les fabricants de nourriture pour animaux et les géants de la distribution. Bien sûr, dans notre beau pays, il existe une Charte des bonnes pratiques d'élevage suivie par 125 000 éleveurs de bovins. Donc le lecteur français doit garder la conscience tranquille...

Et en effet, pendant la canicule de 2003, plusieurs éleveurs ont trouvé des milliers de volailles mortes de chaleur dans leur hangar d'élevage, preuve de leur bonne pratique. On les a entendus haut et fort se plaindre d'avoir perdu leurs investissements. Vous les avez indemnisés, généreux contribuables.

Né aux États-Unis, le *factory farming* est en passe d'adoption partout. Les fermes industrielles représentent le mode de production animale qui croît le plus vite. Elles fournissent 43 % du bœuf produit par l'humanité, 50 % du porc et de la volaille, alors qu'en 1990 la proportion ne dépassait pas un tiers. Si elles restent encore concentrées aux États-Unis, au Canada et à l'Europe, elles s'étendent rapidement autour des centres urbains au Brésil, au Mexique, en Afrique du Sud, en Russie et surtout, très vite, en Asie, en Chine, au Pakistan, en Inde, en Thaïlande, à Taïwan, partout où la demande de viande à bon marché augmente. Les deux tiers des gains sont observés dans les pays en développement où la réglementation, plus souple qu'aux États-Unis et en Europe, permet des profits plus élevés. L'évolution est accélérée par les programmes d'aide organisés par les pays industrialisés et les agences de développement ; les grandes multinationales de l'agrobusiness Purina Mills et Tyson Food, ouvrent des fermes dans plusieurs pays du Sud. Par exemple la production de volailles aux Philippines qui ne dépassait pas 50 millions d'oiseaux en 1980, a été aujourd'hui multipliée par dix ; la consommation de viande annuelle par tête y est passée de 21 à 30 kilos entre 1995 et 2005. Comme elle vaut

70 kilos dans les pays industrialisés, il existe encore un potentiel de croissance.

Nous prendrons l'exemple d'un pays en développement, le Maroc, en nous appuyant sur un rapport de 1997 établi par la direction de l'élevage du ministère de l'Agriculture. La production de la viande de volaille y est passée de 29 000 tonnes en 1970 à 230 000 tonnes en 1997, dont 180 000 proviennent du secteur industriel correspondant à 8 millions de pondeuses et 1,6 million de poulets de chair. La production d'œufs a crû de 400 millions à 21 milliards, dont 1,3 milliard proviennent du secteur industriel. La consommation de viande de volaille a évolué de 2,3 kilos par habitant en 1970 à 8,2 kilos en 1997, et celle des œufs de 21 à 75 pendant la même période. Cette progression repose sur le développement du secteur industriel privé dont la part a évolué pendant cette période 1970-1997 de 23 à 78 % pour la viande blanche et de 0,3 à 62 % pour les œufs, permettant la création de 20 000 emplois dans la production et 30 000 dans la commercialisation. 47 % des élevages de poules pondeuses ont une capacité supérieure à 5 000 places, regroupant 80 % des effectifs. Le ministère conclut avec satisfaction : « Cette activité joue un rôle primordial dans l'approvisionnement du pays en viande et en œufs à des prix accessibles aux couches sociales les moins favorisées. Le secteur avicole demeure le recours le plus compétitif pour les besoins en protéines de la population qui ne cessent de croître avec la pression démographique et l'accélération du pouvoir d'achat. »

Es-tu content, cher lecteur antimalthusien ? La science et la technologie modernes permettent à la consommation de viande de croître plus vite que la population humaine. Ouvrons les portes fermées de ces bâtiments situés loin de nous – pas si loin peut-être. Comme les Allemands ignoraient les crimes nazis perpétrés parmi eux, nous voulons ignorer les méthodes de nos fermiers. Ainsi ne nous contentons-nous pas d'exterminer la faune sauvage, considérée comme *res nullius*. Mais voyons, les sauvages, c'est nous !

Accrochez votre ceinture !

Le sort des volailles

Les poules pondeuses

Les poussins nouvellement éclos sont triés selon le sexe à une cadence rapide. Les mâles peu rentables sont tués aussitôt soit à la broyeuse, soit par asphyxie dans des sacs-poubelle en plastique où ils subissent une mort lente.

Les poulettes sont élevées sur litière dans des cages pendant dix-huit semaines. La plupart sont débecquées, c'est-à-dire que leur bec est amputé avec une lame chauffée au rouge afin de réduire le cannibalisme ultérieur, dû à leur mode de vie car il ne se produit jamais dans la nature. Parfois les becs sont arrachés lors de l'opération. La douleur est forte : le bec ressemble à nos dents. L'oiseau boit moins, se lisse moins les plumes et éprouve des difficultés à se nourrir. La plupart des poules de batterie passent environ un an dans les cages de ponte placées dans de vastes hangars dont la capacité peut atteindre 80 000 poules, hors sol car elles sont confinées sur un sol grillagé en pente, souffrant de lésions aux pattes et aux griffes, hors saison car elles sont soumises à un éclairage artificiel produisant des cycles de lumière optimisés pour accélérer la ponte. Tout est automatisé : deux tapis roulants évacuent les œufs et un troisième apporte la nourriture. L'animal n'a aucun contact avec les humains, à cause du risque de panique chez ces animaux perturbés.

Il ne faut pas que les œufs cassent, d'où la finesse du grillage sur lequel reposent les pattes. Puisqu'il est pentu pour laisser rouler les œufs vers l'extérieur, les oiseaux doivent constamment crisper leurs pattes sur le treillis insalubre qui engendre fissures, lésions et hyperkératose, principale souffrance des poules qui subissent en permanence détresse et manque de confort. Une cage abritant cinq poules mesure 45 × 50 centimètres, insuffisante pour l'envergure d'une d'entre elles (75 centimètres). La législation européenne prévoit 450 cm^2 par poule (la surface de cette page). La petitesse de la cage engendre la perte quasi totale de plumage sauf sur le cou et la tête, usé par frottement contre les barreaux et les congénères. Les mouvements verticaux de la tête sont limités par la hauteur moyenne de 35 centimètres. Ne pouvant ni avancer ni reculer, parfois des poules restent bloquées dans un coin près de la mangeoire et leurs ongles poussent sans pouvoir s'user et se referment autour du grillage. Elles seront arrachées lors du ramassage pour l'abattoir.

Le bruit est incessant, fait de dizaines de milliers de caquètements, l'odeur pestilentielle car souvent les fientes restent collées au grillage avec des débris de plumes. Un nettoyage complet est impossible pendant les soixante-douze semaines de vie de la poule.

En liberté, les poules marchent, picorent et grattent le sol du matin au soir. Elles se roulent dans la poussière et construisent des niches. Tous ces comportements leur sont refusés dans une cage. On peut voir souvent des poules enfermées faire ou essayer de faire les mouvements correspondant à un bain de poussière.

Si pondre est une activité naturelle, le rythme est ici contre nature : 265 œufs l'an par poule de batterie contre 170 en liberté à la ferme traditionnelle. Dans les batteries, elles deviennent stressées et agressives pendant la période qui précède la ponte à cause de l'impossibilité de se cacher dans un endroit isolé et de l'inexistence des matériaux susceptibles de construire un nid. Le célèbre zoologiste Karl Lorenz a écrit : « La pire torture infligée à une poule de batterie est l'impossibilité de se retirer quelque part pour pondre. Pour la personne qui connaît les animaux, il est déchirant de voir comment une poule essaie encore et encore de ramper sous ses compagnes de cage pour y chercher en vain un endroit abrité. »

Après la ponte, le cloaque s'élargit : rouge et humide, il attire l'attention des autres poules qui en proie à la frustration peuvent le picorer et aller jusqu'au cannibalisme. Dans une cage n'existe aucune possibilité de fuite.

Les conditions de vie dans les batteries fragilisent les os qui cassent quand les ramasseurs retirent les animaux des cages en les attrapant par les pattes ; les articulations sujettes à des déformations douloureuses se disloquent. Ailes et cous sont alors brisés sans ménagement. Souvent totalement déplumées, les pondeuses usées souffrent lors du transport à l'abattoir souvent lointain, entassées en vrac dans des caisses ou des conteneurs où souvent leurs membres sont coincés. Pendues par les pattes, elles y sont électrocutées puis égorgées. La tête trempe dans un bain électrisé, mais beaucoup d'oiseaux relèvent la tête et ne sont pas étourdis. Les couteaux automatiques sont réglés pour une taille moyenne. Les petits oiseaux les reçoivent dans la tête et les plus gros dans la poitrine ; les lames tranchent n'importe où. Certains entrent vivants dans l'eau bouillante servant au déplumage.

Les poulets de chair

Le poulet moderne est un malheureux monstre condamné à de nombreux maux physiques et mentaux, qui résultent d'une sélection visant à obtenir des oiseaux lourds, de l'ingestion d'aliment et drogues choisis pour accélérer le grossissement et surtout d'un environnement défini par la mauvaise ventilation, l'obscurité, la saleté de la litière, l'impossibilité de mouvements et d'exercice.

Les reproducteurs sont gardés par milliers dans des hangars, souvent débecqués. Pendant les vingt premières semaines leur nourriture est réduite car, s'ils mangeaient autant qu'ils le voudraient, leur fertilité serait basse : elle les laisse si affamés qu'ils picorent les mangeoires même quand elles sont vides, mangent la litière et les déjections, boivent beaucoup pour apaiser leur appétit et donc produisent des selles très liquides. La poule est une mère qui protège ses poussins, les garde sous son aile pendant les deux premiers mois de leur vie. Rien de cela ici. Les poulets de chair industriels (90 % du marché) passent leur courte existence dans d'immenses enclos sans fenêtres, sans présence maternelle pour les guider ; ils doivent se débrouiller seuls dans l'effroyable promiscuité. La tendance actuelle semble être de réduire l'alimentation des tout-jeunes afin d'éviter la mortalité due à une croissance trop rapide. Les petits affamés passent alors leur temps à fouiller la litière souillée de déjections, à la recherche d'une nourriture qui n'y est pas. Sélections et drogue conduisent à un « produit fini » qui est un poulet deux fois plus gras qu'il ne devrait l'être à sept semaines au moment où on le tue, et deux fois plus qu'il ne l'était avant la naissance de l'aviculture industrielle. Les oiseaux souffrent de nombreuses affections, dont l'ascite qui frappe des bêtes ayant beaucoup de chair, mais un cœur et des poumons pas assez développés pour fonctionner correctement ; elle se traduit par l'accumulation de fluide jaune sanguinolent. Beaucoup de poulets souffrent aussi de brûlures aux jarrets et d'ulcères aux pattes analogues aux escarres des humains.

Le poulet est devenu la viande la plus consommée, avant le porc, avec une production mondiale de 25 millions de tonnes par an, ce qui correspond, supposant 1 kilo par tête, à 25 milliards d'oiseaux.

Les dindes

Elles aussi, les dindes vivent entassées dans des hangars sans fenêtres qui peuvent en abriter 15 000. Bien que n'étant pas encagées, elles deviennent aussi serrées les unes contre les autres que les poules de batterie lorsqu'elles atteignent leur poids d'abattage. Là encore la promiscuité entraîne l'agressivité ; les oiseaux attaquent les yeux ou les doigts de leurs voisines. La plupart des dindes élevées dans un hangar où pénètre la lumière sont débecquées car leur agressivité devient plus grande si les oiseaux peuvent se voir clairement. Les dindonneaux commencent leur existence sans assistance maternelle et ont du mal à trouver la mangeoire.

Les dindons mâles ont été sélectionnés de façon à acquérir beaucoup de viande. Le mâle atteint 35 kilos, soit quatre fois le poids de son ancêtre sauvage. Des maladies des articulations des pattes sont fréquentes. La plupart pèsent 25 kilos ; ils sont toujours trop gros et larges de poitrine pour pouvoir s'accoupler avec les femelles qui sont beaucoup plus petites. L'insémination artificielle est donc utilisée. Tous les quelques jours, les mâles sont attrapés et subissent une traite de semence : les opérateurs stimulent la zone sexuelle mâle à la main, sans égards. Des lésions de la région génitale se produisent si l'on appuie trop fort sur l'abdomen. La semence est injectée dans le vagin des femelles avec une seringue ou un tube dans lequel l'opérateur souffle. Le procédé est si stressant pour les oiseaux que le ministère britannique de l'Agriculture recommande de ne s'y livrer que pendant la partie fraîche de la journée.

Jusqu'à 70 % des dindes reproductrices veulent couver et participer à l'éclosion de leurs œufs, malgré les efforts de l'éleveur pour décourager cette habitude. Environ 50 % des frais de personnel sont consacrés au temps qu'il passe à prévenir ou à perturber le comportement de couvaison.

Les dindes sont des oiseaux grands et forts, facilement effrayés. Des réactions violentes se produisent quand les ramasseurs doivent les attraper. Même mort pour les dindes que pour les poulets, mais de plus elles sont très lourdes et un gros effort est imposé à leurs pattes et à leur bassin lorsqu'elles sont suspendues sur la chaîne d'abattage.

Les canards

Les canards sont des oiseaux aquatiques qui passent leur temps dans l'eau, nageant et cherchant de la nourriture. Des millions de canetons sont aujourd'hui élevés industriellement à raison de 5 oiseaux par m^2, la plupart sur un sol en partie couvert de paille ou de copeaux et en partie fait de grillage. De nombreux canards ne connaissent qu'un abreuvoir peu profond où dans la plupart des cas ils peuvent à peine immerger leur tête.

Les reproducteurs sont parqués à raison d'un mâle pour cinq femelles avec une cuvette comme seul point d'eau. Un hangar peut contenir jusqu'à 5 000 oiseaux. Malgré des études montrant qu'un étourdissement réel des canards lors de l'abattage exige un courant électrique beaucoup plus fort que pour les poules, aucune recommandation spéciale n'est imposée par les autorités.

Les porcs

La hausse du cheptel mondial s'élève à 2 % par an. Cette progression est due essentiellement à la croissance des effectifs en Chine (3,4 %) et, dans une moindre mesure, au Brésil (4 %). Depuis plusieurs années, les Chinois ont bénéficié de l'introduction de la technologie moderne en alimentation. Même si la production fermière prédomine encore, une part croissante de la production est obtenue dans des fermes industrialisées (480 millions de têtes au total pour la Chine).

Dans les pays développés, l'élevage porcin est soumis à l'industrialisation maximale, avec 95 % de la production. L'Union européenne (à 25) a produit 152 millions de porcs en 1999, surtout grâce à de petites exploitations, utilisant néanmoins le « hors-sol ». En France, 15 000 « fermes » produisent chacune environ 2 600 porcs charcutiers l'an, avec un nombre moyen de 144 truies. Les États-Unis en produisent 60 millions l'an. La Caroline du Nord est l'État où l'industrialisation augmente le plus rapidement. Elle est passée de 2 millions en 1987 à 10 millions aujourd'hui. Au Canada, 15 millions de porcs sont élevés dans des fermes industrielles. Pour les pays en développement, sans nous arrêter sur le Brésil qui en produit 34 millions pour la plupart industriels, nous citerons l'exemple type des Philippines[1]. On y abat 500 millions de poulets et 20 millions de porcs par an. En 1995, le Philippin mangeait 21 kilos de viande et aujourd'hui 30 kilos. Les fermes Foremost qui élèvent 100 000 porcs par an sont les plus grandes porcheries d'Asie. À Bulacan seulement, le village situé à proximité des Foremost et autres Holly, on produit plus d'un million de porcs industriels. Le maire est heureux : « Nous donnons à ces fermes une grande liberté d'action, car leur contribution économique est importante. » Songez à ce que signifie cette liberté pour le bien-être des animaux sous la houlette de porchers à 1 euro par jour.

La vie des truies est entièrement vouée à la fécondation et à la mise bas. Au cours de leur vie leur sont infligées huit à dix grossesses. Après l'insémination, la truie attend trois mois enchaînée dans un box individuel à peine plus grand que son corps. Sans litière pour amoindrir le contact, les femelles doivent passer leur

1. Danielle Nierenberg, *Industrial Agriculture in the Developing World* , World Watch, 2005.

gestation sur un plancher de béton sale. Je me souviens qu'à l'âge de 8 ans je récitai avec sérieux à ma mère un passage de mon livre d'histoire naturelle, comme on disait à l'époque : « Le cochon est le plus propre des animaux ; c'est le seul qui ne souille pas sa litière. » J'ai pu m'apercevoir de la vérité de cette assertion quand j'en ai élevé un. On n'en tient pas compte pour traiter les bêtes industrielles. Moins les reproducteurs bougent, moins il leur faut de nourriture. Une semaine avant la naissance des porcelets, la truie est enfermée dans une cage de mise bas où aucun mouvement ne lui est permis, conçue pour que les petits puissent venir téter sans qu'elle les écrase en se couchant. Elles passent ainsi leur vie pleines et sanglées. Elles ont deux portées par an, soit 18 porcelets qu'elles allaitent deux semaines, au lieu de huit dans la vie naturelle. La frustration des instincts maternels, en l'absence de nid et de contact direct avec les petits, est traitée à coup d'anxiolytiques et d'antibiotiques. Une semaine après qu'on leur a retiré leur portée, on les immobilise et on les met en présence d'un verrat. Les jeunes sont sevrés tôt pour que la truie recommence son cycle au plus vite. À deux semaines, ils sont transférés dans des cages en batterie sur trois rangées superposées, dont le sol en claire-voie induit boiteries, déformations ou nécroses. Ceux qui survivent reçoivent une injection d'antibiotiques, ont la queue et les dents coupées à la pince, sans anesthésie, pour minimiser les plaies des batailles car le stress rend très agressifs ces animaux pourtant sociables. Les mâles sont castrés à vif.

Les porcs sont nourris d'aliments composés de céréales, de farines animales et d'accélérateurs de croissance, et de plus les femelles reçoivent hormones et stéroïdes pour augmenter le nombre de porcelets et stabiliser les cycles de fécondité. L'ennui, l'entassement et l'odeur provoquent souvent le « syndrome de stress porcin » : rigidité, peau pustuleuse, halètement et parfois mort subite.

Après une existence d'immobilisation et de malbouffe, leurs membres sont trop faibles pour les porter. Les bêtes sont donc traînées par treuil dans le camion qui les mène à la mort. Animaux sensibles, les porcs craignent l'inconnu, le bruit des interventions humaines, et les modifications de température. Il arrive que la peur les paralyse. Durant le chargement et le déchargement, les bêtes traumatisées sont rouées de coups de pied, de coups de bâton, de coups de barre métallique pour les forcer à monter ou à descendre. Particulièrement sensibles au froid parce que dépourvues de poils, au Canada elles sont entassées à 250 dans des camions à trois plates-formes par des températures comprises entre – 40° et + 40 °C. En hiver, elles sont nombreuses à geler, collées aux parois métalliques des camions dont elles sont arrachées au moyen d'un treuil à l'arrivée à l'abattoir. Le transport est le seul moment où elles peuvent respirer un air frais ou voir la lumière du jour. On les jette alors dans des enclos où elles seront gardées parfois jusqu'à vingt-quatre heures, sans boire ni manger. Puis on les assomme soit par un courant électrique appliqué aux tempes, soit par CO_2 dans une chambre à gaz. Le premier procédé est peu précis car le voltage est souvent inadéquat et parce qu'il dépend de la compétence de l'employé. Le second provoque la panique et l'hyperventilation avant la perte de conscience.

Après avoir été étourdis (peut-être), les animaux sont suspendus, tête en bas, à un système de rails et entraînés vers l'égorgeur.

Rassurez-vous, le plus grand producteur de porcs aux États-Unis avec plus de 15 millions de têtes, dans 187 fermes, répartis sur 8 États, Smithfield, basé en Virginie, a fait savoir, en 2007, qu'il remplacerait, d'ici 2017, les cages de gestation par des boxes plus *animal friendly*. On passera sans doute de 60 centimètres à 80. Je n'ai pas entendu dire que la Chine élargirait ses cages…

Les bovins

Les vaches laitières sont contraintes toute leur vie à un cycle de grossesses et de mises bas qui les force à une production régulière de lait. Elles fournissent aujourd'hui 6 000 litres par an, soit cinq fois plus que leurs grands-mères dans les années 1950. Dans le sud-ouest des États-Unis, les manipulations génétiques permettent d'atteindre dans certains cas dix fois plus que la production naturelle. Le corps des bêtes éprouve donc un stress permanent et se trouve constamment à la limite de la maladie qu'on évite par la distribution d'antibiotiques en dose élevée. La moitié des vaches laitières aux États-Unis souffre de mastite, une infection bactérienne du pis. Une vache mangeant de l'herbe ne pourrait produire autant de lait, et la vache industrielle reçoit donc des aliments enrichis en protéines végétales et en farine de viande qui créent des désordres métaboliques. Si la vache fournit continuellement du lait, c'est qu'elle est soumise à une gestation chaque année. La première a lieu à deux ans et elle dure neuf mois. Après la mise bas, la vache sera traite pendant dix mois, tout en ayant été refécondée au bout de trois mois. Épuisés après quatre ans, les animaux vont à l'abattoir alors que la durée normale de leur vie atteint vingt ans.

En élevage laitier, les veaux sont séparés de leur mère à l'âge de 8 jours pour être envoyés dans des parcs d'engraissement alors qu'en liberté le veau tête un an. Souvent la vache pleure et cherche son petit, et ce petit cherche sa mère. Il est aussitôt castré et décorné sans anesthésie, puis il vivra dans ses déjections jusqu'à ce qu'il ait atteint son poids marchand, confiné dans des étables de 60 × 150 centimètres où il ne peut ni bouger ni se retourner, piétinant des lamelles de bois sans paille, souffrant d'ulcères, de blessures aux pattes et de diarrhées chroniques. Le substitut de lait qui lui sert de nourriture est déficient en fer et en fibres pour que sa chair possède la blancheur exigée par le consommateur. Il sera abattu à quatorze semaines, ses pattes pourront à peine le soutenir. L'élevage en cage individuelle qui concerne un quart des veaux est, il est vrai, interdit en Europe depuis dix ans, mais il est pratiqué ailleurs.

En élevage allaitant, consacré à la production de viande, le veau reste avec sa mère jusqu'au sevrage, qui a lieu entre 6 et 9 mois.

Le bœuf de boucherie vit un peu plus longtemps. De grands troupeaux passent l'essentiel de leur existence cloîtrés sur le béton avec leurs pieds dans la bouse, foyer d'infections combattu là encore par de grandes quantités d'antibiotiques. Aux États-Unis, 35 millions de bovins sont abattus par an, dont 80 % appartiennent à de grandes sociétés. Une partie paît en semi-liberté, mais la plupart sont maintenus au moins pendant leurs derniers mois dans des *holdings parks* où ils sont entassés par milliers. Ils sont transportés de place en place fréquemment et les voyages induisent stress et mortalité qui coûtent environ 1 milliard de dollars par an. Ce qu'on appelle bœuf est souvent une vache laitière réformée. Selon un relevé du ministère de l'Agriculture au Canada, chaque année 3,5 millions d'animaux de boucherie arrivent mourants aux abattoirs soumis aux inspections fédérales. Ils sont maltraités pendant le transport : coups de bâton, chocs électriques, privation d'eau et de nourriture, entassement et fatigue pendant des voyages qui peuvent durer soixante-douze heures. La loi canadienne autorise le transport des bovins sans eau ni nourriture pendant cinquante-deux heures. Les méthodes d'abattage ressemblent à celles qui sont employées avec les porcs. Après avoir été amenés sans douceur dans des boîtes d'étourdissement, ils sont assommés au moyen d'un pistolet pneumatique tirant un piston rétractable au centre du front. Le procédé est imprécis et son efficacité dépend de la compétence de l'opérateur, qualité rare dans les abattoirs. Les abattoirs connaissent la plus forte rotation de main-d'œuvre en Amérique du Nord et emploient des travailleurs non expérimentés et sous-payés. Le journal *Meat and Poultry* note : « Il est impossible d'observer une bonne attitude envers le bétail si les employés doivent constamment travailler au-dessus de leurs forces (*overexert themselves*) et transférer leur stress aux animaux. »

Citons un article publié dans un journal qui n'est ni lu ni écrit par des *âmes sensibles*[1], le *Washington Post* : « Les bêtes étaient supposées mortes avant d'arriver jusqu'à Moreno. Mais trop souvent elles ne l'étaient pas. Elles clignent de l'œil, elles font des bruits, dit-il. La tête bouge, les yeux grands ouverts regardent tout autour. Moreno coupe. Dans les mauvais jours, d'après lui, des douzaines d'animaux arrivent à son poste de travail vivants et

1. *Washington Post* , avril 2001.

conscients. Quelques-uns survivent jusqu'au coupeur de queue, jusqu'à l'éventreur, jusqu'au *hide puller*. Ils meurent, dit-il, morceau par morceau (*piece by piece*). Dans les abattoirs partout aux États-Unis c'est le lot quotidien, dit Lester Friedlander, vétérinaire et ancien inspecteur principal du gouvernement dans une fabrique de hamburgers de Pensylvanie. Je l'ai constaté moi-même et j'en ai parlé à d'autres vétérinaires. Ils estiment que la situation est hors contrôle. »

Upton Sinclair n'avait rien vu…

En réaction à cet article du *Post* et à d'autres similaires, une résolution du Congrès a rappelé l'importance du *Human Slaughter Act*, mais rien n'indique dans les faits une amélioration du traitement infligé aux animaux. Le mot *human* vous fait-il réfléchir ? Pour moi le traitement *humain* des bêtes, tel que décrit ci-dessus, caractérise l'homme dans son rapport actuel avec la nature.

Une mise à jour opportune

Les professionnels de la viande affirment traiter les animaux avec respect. Ainsi, aux États-Unis, les règles sanitaires fédérales stipulent que tout bovin incapable de se tenir debout ou de se déplacer seul doit être retiré de la chaîne alimentaire, car il gît alors dans ses excréments, souffre d'un système immunitaire affaibli et offre un risque de contamination par *E. coli*, la salmonelle ou l'encéphalopathie spongiforme.

De temps en temps cependant le voile du mensonge officiel se déchire et laisse entrevoir les véritables pratiques. Ainsi la Human Society of the United States a-t-elle réalisé une vidéo clandestine et l'a transmise en janvier 2008 à la journaliste Nancy Cordes de la chaîne CBS. Des séquences de cet enregistrement[1] montrent des employés de la grande société Westland/Hallmark Meat Corp. frappant brutalement des vaches réformées apparemment trop malades ou blessées pour marcher, poussées par des

1. www.hsus.org, janvier 2008.

chariots élévateurs jusqu'à l'abattoir dans l'établissement de Chino (Californie).

Les industriels affirmèrent que la vidéo ne prouvait pas que les animaux montrés entraient effectivement dans la chaîne de production, et que les malades étaient effectivement inspectés par des vétérinaires agréés avant d'être tués.

Les poursuites engagées aussitôt (non contre Westland...) conduisirent au renvoi instantané de deux bouchers et à leur mise en examen le 15 février pour « cruauté envers animaux ». En fait, le ministre fédéral de l'Agriculture, Ed Schafer, annonça que son département possédait la preuve que les vétérinaires ne contrôlaient pas systématiquement les animaux devenus « non ambulatoires » après inspection et, le 7 février 2008, l'USDA[1] ordonna le rappel de 65 millions de tonnes de bœuf congelées depuis le 1er février 2006 par Westland qui, le 22, s'exécuta « volontairement » d'après ses dires. Dates et documents révèlent la réticence de l'industriel à reconnaître les faits. Je dis qu'il doit en être de même partout.

L'entreprise vendait sa viande à des chaînes de fast-food, mais aussi à des cantines scolaires publiques. Certains politiciens soucieux du risque encouru par les chères petites têtes blondes montèrent aussitôt à l'assaut contre l'USDA et exigèrent d'augmenter les inspections pour les protéger du bœuf contaminé (aucun cas n'a jamais été signalé d'encéphalite ni de salmonellose après ingestion des produits Westland). L'Union des consommateurs, par la bouche de Jean Halloran, sa directrice des questions de nourriture, s'inquiéta de ce que presque toute cette viande avait été mangée. Pour moi l'enseignement de cet épisode réside dans le fait que seul le danger improbable encouru par le public a engendré l'indignation générale. Ce n'est certes pas le sort des vaches qui inquiéta l'opinion.

1. USDA : ministère de l'Agriculture des États-Unis.

Je regrette

Nos crimes sont commis loin de notre regard. Les nazis ont exterminé les juifs au fond des forêts polonaises, les Soviétiques, parqué leurs bagnards dans la secrète Kolyma, les Khmers rouges, assassiné leurs élites à la campagne.

Là-bas, le dernier siècle a inventé l'industrialisation du massacre. Là-bas, plus près, la croissance de la population mondiale précipite l'industrialisation de l'élevage animal. Et les victimes de cette nouvelle pratique ne se comptent plus par millions, mais par milliards : environ 20 milliards de bêtes par an sont forcées à une existence réduite aux plus affreuses souffrances. Puisque la méthode se répand au rythme de 5 % l'an, elles seront 150 milliards à subir ce sort en 2050. L'esprit se perd devant ces nombres. Ils dépassent notre compréhension. Si je forme une chaîne en plaçant tous ces animaux les uns derrière les autres, accordant 1 mètre à chacun, avec cette chaîne je peux entourer quatre mille fois l'équateur : sa longueur vaudra cinq cents fois la distance de la Terre à la Lune. Chaque année, une nouvelle chaîne. Rien de semblable n'avait souillé notre globe depuis la naissance de la vie.

Athée résolu, je ne crois ni à Dieu ni aux religions. Cependant les mythes hérités de l'Antiquité contiennent à mes yeux une sagesse fondamentale, un enseignement sur l'homme et ses rapports avec le monde. Dans l'Ancien Testament se trouve un célèbre récit dont chacun a entendu parler. Je demande au lecteur qui m'aura suivi jusqu'ici de bien vouloir méditer le passage qui clôt ce chapitre. Sa force et sa pertinence aujourd'hui rendraient tout commentaire embarrassant.

GENÈSE VI

5. L'Éternel vit que les méfaits de l'homme se multipliaient sur la terre, et que les pensées de son cœur étaient uniquement, constamment mauvaises.

6. Et l'Éternel regretta d'avoir créé l'homme sur la terre, et il s'affligea en lui-même.
7. Et l'Éternel dit : « J'effacerai l'homme – que j'ai créé – de dessus la face de la terre ; depuis l'homme jusqu'à la brute, jusqu'à l'insecte, jusqu'à l'oiseau du ciel, car *je regrette de les avoir faits.* »
8. Mais Noé trouva grâce aux yeux de l'Éternel[1].

---

1. Traduction par les membres du rabbinat français sous la direction de M. Zadoc Kahn, grand rabbin, Durlacher, 1899.

Remerciements

C'est pour nous le plus agréable des devoirs que de remercier aussi bien le CNES pour son soutien de notre travail que les amis dont les conseils nous ont été si précieux : Jacques Andreissens, Marie-Lise Chanin, Jean-Louis Fellous, Tom Heinsheimer, le TRP Joseph Joblin sj, le RP Antoine Kérhuel sj, Nicole Le Douarin, Pierre Léna, Marc Ullmann, Alain de Vulpian. Avec une mention particulière pour Jean-Daniel Lévi qui, le premier, nous a permis de nous rencontrer.

Notre reconnaissance va aussi à Rose-Marguerite Mauve qui a pris soin de notre manuscrit avec son admirable efficacité. Christian Malique a bien voulu préparer les figures.

Table

DOCUMENTS
par Jacques Blamont

DES MÊMES AUTEURS

OUVRAGES DE JACQUES BLAMONT

Vénus dévoilée, Odile Jacob, 1987.
Le Chiffre et le Songe, Odile Jacob, 1993 ; 2005.
Le Lion et le Moucheron, Odile Jacob, 2000.
Introduction au siècle des menaces, Odile Jacob, 2004.

Le Chiffre et le Songe a été couronné par le prix Roberval 1993 de l'université de technologie de Compiègne et du conseil général de l'Oise, le prix Maurice-Pérouse 1993 de la Fondation de France et le prix du Livre d'histoire 1994 de la Société des gens de lettres.

OUVRAGES DE JACQUES ARNOULD

La Théologie après Darwin, Cerf, 1998.
La Seconde Chance d'Icare. Pour une éthique de l'espace, Cerf, 2001.
La Marche à l'étoile. Pourquoi sommes-nous fascinés par l'espace ?, Albin Michel, 2006.
Dieu versus *Darwin. Les créationnistes vont-ils triompher de la science ?*, Albin Michel, 2007.
Requiem pour Darwin, Salvator, 2009.

Achevé d'imprimer par SAGIM en août 2009
sur rotative Variquik
à Courtry (77181)

Cet ouvrage a été transcodé et mis en pages
chez NORD COMPO (Villeneuve-d'Ascq)

Imprimé en France

Dépôt légal : septembre 2009
N° d'impression : 11500
N° d'édition : 7381-2240-X

L'imprimerie Sagim est titulaire de la marque
Imprim'vert® depuis 2004